Die alternative Herausforderung:
Institutionen im Konflikt mit sozialen Bewegungen

Über die Autorin:

Ute Volmerg, Dr. phil., Jahrgang 1949, Studitum der Politikwissenschaft und Germanistik, Spezialisierung auf politische Psychologie und Friedensforschung; seit 1972 wissenschaftliche Mitarbeiterin an der Hessischen Stiftung für Friedens- und Konfliktforschung; Projekte und Publikationen zu Gewalt in der Familie, zur Sozialpsychologie des Ost-West-Konflikts, Aggressionsproblematik, Konfliktdynamik zwischen Institutionen und sozialen Bewegungen; Ausbildung zur Trainerin im Deutschen Arbeitskreis für Gruppentherapie und Gruppendynamik (DAGG); freiberufliche Tätigkeit als Trainerin, Konfliktberaterin und Supervisorin von einzelnen, Gruppen und Institutionen; Initiatorin von Konfliktgesprächen zwischen verfeindeten gesellschaftlichen Gruppen; Tätigkeit in der beruflichen Weiterbildung für unterschiedliche Berufsgruppen; Fortbildung von Mitgliedern politischer Basisinitiativen in Gruppendynamik und politisch / sozialer Handlungskompetenz.

Ute Volmerg

Die alternative Herausforderung: Institutionen im Konflikt mit sozialen Bewegungen

Nexus

Die Untersuchung wurde von der Hessischen Stiftung Friedens- und Konfliktforschung und von der Stiftung Volkswagenwerk gefördert.

CIP-Titelaufnahme der Deutschen Bibliothek

Volmerg, Ute:
Die alternative Herausforderung: Institutionen im Konflikt mit sozialen Bewegungen / Ute Volmerg. - Frankfurt am Main : Nexus-Verl., 1990
ISBN 3-923301-49-9

Fichardstr. 38, D-6000 Frankfurt am Main 1
Gesamtherstellung: Nexus Verlag
Umschlaggestaltung: Anja Harms und Ulrike Stoltz
Printed in Germany

ISBN 3-923301-49-9

Inhalt

1. Einführung in die Anlage und die Ziele der Untersuchung

Die Idee, Konflikte zwischen Vertretern gesellschaftlicher Institutionen und Anhängern neuer sozialer Bewegungen zu untersuchen, entstand im Jahre 1983. Auf dem Arbeitsmarkt zeichnete sich eine Krise ab, die mit strukturellen Veränderungen der westlichen Industriegesellschaften nach dem Zweiten Weltkrieg in Zusammenhang gebracht wurde; wirtschaftswissenschaftliche Prognosen kündigten ein Anhalten der Massenarbeitslosigkeit bis mindestens 1995 an (Offe, 1984). Kann es so weitergehen? Kann unser Wirtschafts- und Gesellschaftssystem diese Krise in seinem Rahmen bewältigen, oder ist grundsätzliches Umdenken, eine Orientierung staatlichen und individuellen Handelns an alternativen Werten, erforderlich?

Dies war keine neue Frage. Schon der Club of Rome (1972, 1976) und die Studie „Global 2000" (1980) hatten auf die Grenzen des Wachstums aufmerksam gemacht. In der ersten Hälfte der 80er Jahre zeichneten sich jedoch auf politischem, ökonomischem und ökologischem Gebiet krisenhafte Entwicklungen ab, die eine Neuorientierung immer dringlicher machten.

Was geschieht, wenn junge Menschen nach Abschluß der Schule nicht in Betrieben und Büros, sondern auf der Straße weiter sozialisiert werden? Wie werden sie mit ihrer Wut, mit ihrer Enttäuschung und Hoffnungslosigkeit umgehen? In Zürich antworteten Jugendliche auf ihre Lage mit Gewalt. Die Züricher Jugendunruhen schreckten auf. Sie setzten eine Reihe von Untersuchungen in Gang, in denen die Gefahr gewaltsamer Entwicklungen beschrieben wurde (Haller, 1981; Enquetekommission, 1982). Die Bandbreite kollektiver Zukunftsvorstellungen wurde von zwei Begriffen markiert: „No Future" drückte die Hoffnungslosigkeit derer aus, die für die neue Generation keine Chance auf ein Leben in Sicherheit und Wohlstand sahen. Den anderen, gewissermaßen entgegengesetzten Pol der Stimmungen symbolisierte der Begriff „New Age". Er stand für die Hoffnung, daß in der Krise bereits die Anzeichen eines neuen Zeitalters, des Wassermannzeitalters, zu erkennen seien (Ferguson, 1984). So entgegengesetzt diese Stimmungen und Zukunftsbilder waren, eines hatten sie gemeinsam: Sie schrieben dem erreichten gesellschaftlichen Zustand endzeitlichen Charakter zu.

In der Politik fiel in dieser Zeit die Entscheidung der damaligen SPD-Regierung für die „Nachrüstung“ mit Pershing-II-Raketen und Cruise Missiles, die mit massenhaften Protesten aus der Bevölkerung beantwortet wurde. Viele zweifelten am Friedenswillen der verantwortlichen Politiker und glaubten, ein Atomkrieg stünde unmittelbar bevor (Volmerg, 1983). Es entstand eine breite Friedensbewegung mit Anhängern aus allen Schichten und allen Altersstufen. Zur Arbeitsmarkt- und Wertekrise gesellte sich eine Legitimationskrise des politischen Systems, die durch politische (Flick) und ökologische Skandale (Waldsterben) ständig neue Nahrung erhielt. Enttäuscht über die Erfolglosigkeit des politischen Protests gegen die sogenannte Nachrüstung entstanden bei vielen Engagierten Zweifel, ob das politische System überhaupt auf legalem Wege zu beeinflussen und zu verändern sei. Unter den Protestierenden formierte sich der sogenannte autonome Flügel, der gezielte Gewaltanwendung als legitimes Mittel politischen Kampfes gegen ein erstarrtes System proklamierte. Die Entwicklung der nachfolgenden Jahre ist bekannt, sie gipfelte in den geplanten Morden an zwei Polizisten an der Startbahn West in Frankfurt im Jahre 1987.

1.1. Die Forschungsfrage

Auf dem Hintergrund dieses hier nur grob umrissenen Bildes formulierten wir unsere Forschungsfrage: „Integration oder Polarisierung?“ Wir wollten empirisch untersuchen, wie die Auseinandersetzungen zwischen Vertretern etablierter gesellschaftlicher Institutionen und Anhängern der Protest- und Alternativbewegung verlaufen. Gibt es die Chance eines sozialen Wandels durch Integration im Sinne einer Aufnahme der Impulse, die von den neuen sozialen Bewegungen ausgehen, oder werden die Auseinandersetzungen so geführt, daß sie zu Polarisierung und Gewalt führen?

Diese Frage kann man von zwei Seiten her untersuchen. Was sind die Interessen, Motive und Verhaltensweisen der Anhänger sozialer Bewegungen, wie bestimmen sie die Dynamik der Auseinandersetzungen? Und: Wie verhalten sich die Adressaten des Protestes bzw. der Veränderungswünsche, diejenigen, die in sicheren Positionen Werte, Normen und Ansprüche der institutionalisierten Ordnung vertreten?

Wir haben uns entschieden, die Konfliktdynamik aus der Perspektive derjenigen zu untersuchen, die die institutionalisierte Macht vertreten. Wie erleben und verarbeiten sie die Herausforderung durch den Protest und die alternativen Lebensvorstellungen, die von den neuen sozialen Bewegungen vertreten werden?

Unter dem Begriff „neue soziale Bewegungen" fassen wir ein weites Spektrum von Individuen und Gruppen, das von der Öko-, Frauen-, Friedens- und Antiatomkraft- bis zur Selbsthilfebewegung reicht. Als Protest verstehen wir in diesem Zusammenhang nicht nur Formen des aktiven und politisch motivierten Widerstandes, sondern auch Haltungen der Verweigerung, der Flucht, der Apathie und der Selbstzerstörung, die einen Protest gegen die „etablierte Gesellschaft" und ihre Institutionen ausdrücken können.

Das Erkenntnisinteresse bei dieser Fokussierung auf die *Institutionen* im Konflikt mit sozialen Bewegungen richtet sich auf die Fähigkeit der Institutionsvertreter, auf neue Anforderungen flexibel und kreativ zu reagieren; wir vermuten, daß die Lösungsstrategien und das unmittelbare Kommunikationsverhalten der Vertreter staatlicher Institutionen wesentlich mit dazu beitragen, wie sich das gesellschaftliche Konfliktpotential entwickelt: ob Teile der Bevölkerung ausgegrenzt, in die Subkultur abgedrängt werden und letztendlich zu Gewalt Zuflucht nehmen oder ob sie in der Hoffnung, Gehör zu finden, bei demokratisch legitimierten Formen der Interessenverfolgung bleiben.

Diese Entwicklung hängt natürlich nicht nur von der Innovations- und Integrationsfähigkeit der gesellschaftlichen Institutionen ab, denn diese sind selbst wieder auf politische Vorgaben angewiesen, die Werte und Rahmenbedingungen definieren. Ob sich neokonservative Modelle mit einer Dualisierung der Gesellschaft in Erwerbstätige und Erwerbslose, die ihr Dasein in der Schattenwirtschaft fristen, durchsetzen oder ob sich Modelle der Neudefinition und Umverteilung der Arbeit verwirklichen lassen bei einer gleichzeitigen Anerkennung der Arbeit im alternativen Sektor durch staatliche Förderung, ist auch auf gesellschaftspolitischer Ebene noch nicht ausgemacht (Offe, 1984, S. 340).

Um so wichtiger erschien es uns zu untersuchen, wie die Lösungsstrategien der Institutionenvertreter aussehen, die unmittelbar und hautnah mit dem Protest, dem Elend oder auch den Ansprüchen und Utopien der eher – sei es politisch, sei es ökonomisch – randständigen Bevölkerungsgruppen umgehen. Wie wirkt es sich auf die Berufspraxis und das Selbstverständnis von Polizisten aus, daß sie in die politischen Auseinandersetzungen um den Kurs in der Friedens- und Energiepolitik hineingezogen werden? Wie reagieren Vertreter sozialer Behörden auf den neuen Typ des Sozialhilfeempfängers? Wie verarbeiten Offiziere der Bundeswehr den Legitimationsverlust der staatlichen Sicherheitspolitik und die Konfrontation mit den Ängsten und Zweifeln der Bevölkerung? Welche Konsequenzen ziehen Hauptschullehrer aus der Tatsache, daß ein Großteil ihrer Schüler keine Lehrstelle und keine Arbeit finden wird?

1.2. Die Untersuchungsgruppen

Polizisten, Offiziere, Mitarbeiter sozialer Behörden und Lehrer gehören zu den gesellschaftlichen Gruppen, die eine Schlüsselposition im Konflikt zwischen Institutionen und sozialen Bewegungen einnehmen.

Polizisten sind verpflichtet, die verfassungsmäßige Ordnung zu schützen. Sie geraten häufig in die Rolle des stellvertretenden Gegners von Demonstranten, und zwar gerade dann, wenn es, wie in der Energie- und Sicherheitspolitik, um Richtungsentscheidungen geht, die zwar formal demokratisch zustande gekommen sind, dennoch aber nur bestimmte gesellschaftliche Interessen ausdrücken.

Die Institution Bundeswehr steht für die Einbindung der Bundesrepublik in das westliche Verteidigungsbündnis und die Entschlossenheit der politisch-militärischen Elite, die Gesellschaftsordnung, die sich nach dem Zweiten Weltkrieg herausgebildet hat, notfalls mit Gewalt zu verteidigen. Im Widerstand gegen die offizielle Sicherheitspolitik verbinden sich Zweifel an der Legitimität militärischer Verteidigung mit Zweifeln an der Verteidigungswürdigkeit einer Wert- und Gesellschaftsordnung, die als friedensunfähig erlebt wird.

In den Institutionen, die soziale Sicherheit vermitteln sollen, ist die „Krise des Wohlfahrtsstaates und die Erschöpfung utopischer Energien“ (Habermas, 1985) am deutlichsten zu spüren. Auf der einen Seite sind die Kassen leer, auf der anderen gibt es immer mehr Langzeitarbeitslose, die soziale Hilfe in Anspruch nehmen müssen. Das System, daß der, der einzahlt, auch Hilfe beanspruchen kann, ist aus dem Gleichgewicht geraten und kann auch durch keinerlei Anstrengungen der Individuen wieder ins Lot gebracht werden. In den Amtsstuben versammeln sich die Opfer der ökonomischen Strukturkrise: die Ausgegrenzten, Herausgefallenen und Übriggebliebenen; sie dokumentieren durch ihre Existenz das Ende wohlfahrtsstaatlicher Utopien.

Die Institution Schule ist für die Vermittlung von Grundqualifikationen zuständig, damit die Heranwachsenden am gesellschaftlichen Leben teilnehmen können. Es geht dabei sowohl um zentrale Werte und Normen sozialen Verhaltens, die politische Teilhabe ermöglichen, als auch um Fähigkeiten, die auf einen Beruf vorbereiten. Die Strukturkrise des Arbeitsmarktes erschüttert auch diese Institution: Zum ersten ist es infolge des schnellen technologischen Wandels unsicherer als früher, welche Qualifikationen im Arbeitsleben verwertbar sind. Zum zweiten muß die Tatsache verarbeitet werden, daß ein Großteil der Hauptschüler auf dem Arbeitsmarkt von vornherein keine Chance hat. Zum dritten hat die Wertediskussion in der Gesellschaft auch zur Folge, daß unsicher wird, welche Werte in der Schule an die nachfolgende Generation vermittelt werden sollen.

Ausgehend von diesen Überlegungen, haben wir vier Berufsgruppen für die empirische Untersuchung ausgewählt: Bereitschaftspolizisten, Jugendoffiziere, Mitarbeiter sozialer Behörden, Hauptschullehrer.

Wir haben Hauptschullehrer und nicht Schuldirektoren, Sozialarbeiter und nicht Amtsleiter, Jugendoffiziere und nicht Generäle, Bereitschaftspolizisten und nicht Einsatzleiter für eine Teilnahme an unserem Forschungsvorhaben angesprochen, weil es um die Konfliktverarbeitung derjenigen gehen sollte, die in unmittelbaren Konfrontationen zum Handeln gezwungen sind. Wir wollten erfahren, ob und wie sie solche Konfrontationen erleben, wie sie sich selbst als Institutionsvertreter und wie sie ihr Gegenüber wahrnehmen, wie sie Wertkonflikte lösen und ihr Handeln begründen.

Diese offenen Fragestellungen erforderten ein offenes Forschungsdesign, in dem die Betroffenen ihre Erfahrungen beschreiben und ihre Wertkonflikte selbst definieren konnten. Hierfür haben wir versucht, möglichst günstige Rahmenbedingungen zu schaffen: das waren

- die Zusammenarbeit mit Angehörigen der uns interessierenden Berufsgruppen über einen längeren Zeitraum von drei bis fünf Tagen;
- die Diskussion der Forschungsfragen mit einer Gruppe von Menschen, die in gleichen oder ähnlichen Berufsfeldern arbeiten;
- das Verständnis der Zusammenarbeit zwischen Forschern und Erforschten als Forschungskooperation, die nicht nur Erkenntnisse für

die Wissenschaft produziert, sondern auch den Betroffenen zu einer besseren Bewältigung ihrer beruflichen Aufgaben verhilft.

Um Teilnehmer für diese Art der Zusammenarbeit zu gewinnen, haben wir potentiell Interessierte zu einem „Forschungsseminar" eingeladen. Die Einladungen (siehe Anhang) fokussierten die Forschungsfragen auf die vermuteten Konflikte der jeweiligen Berufsgruppe:

- „Wertwandel und ökonomische Krise, die Situation des Bereitschaftspolizisten in den aktuellen Auseinandersetzungen um die Zukunft unserer Gesellschaft"
- „Jugendoffizier für eine Jugend in der Krise?"
- „Auf der Suche nach alternativen Lebensformen, Sozialarbeit zwischen Integration und Polarisierung"
- „Hauptschule für das Leben, Lehrer sein von Schülern ohne Perspektive".

Das Lehrerseminar und das Forschungsseminar mit Fachkräften aus sozialen Behörden kamen durch öffentliche Ausschreibung zustande. Hier arbeiteten wir mit den Institutionen zusammen, die traditionell Fortbildung für diese Berufsgruppen anbieten. Bei der Kooperation mit der Bundeswehr und der Polizei mußten wir andere Wege gehen. Zunächst mußten wir die Führungsspitze vom Sinn unseres Vorhabens überzeugen, um eine Freistellung potentiell interessierter einzelner zu erreichen. Unser Angebot wurde von oben in der Institution bekanntgemacht. Wer sich für eine Teilnahme am Forschungsseminar meldete, bekam unser Einladungsschreiben.

Die Forschungsseminare fanden in verschiedenen Tagungsstätten statt, in denen die Teilnehmer auch übernachteten. Sie wurden von meinem Kollegen Christian Büttner und mir geleitet; wir haben alle Teile des Projekts gemeinsam erarbeitet und unter unterschiedlichen Aspekten ausgewertet. Die Forschungsseminare, die auf Tonband und Videoband aufgenommen wurden, erbrachten reichhaltiges Material zur Dynamik von Gruppenprozessen *in* Institutionen und zu Konfliktbewältigungsstrategien *zwischen* Institutionen und sozialen Bewegungen. Wir haben uns entschlossen, beide Aspekte auszuwerten. Die eine Auswertungsperspektive, die von Christian Büttner (Büttner, 1989) verfolgt wurde, hat die innere Logik institutionsinterner Gruppenprozesse bei der Bewältigung von Wertkonflikten im Blick. Die andere Auswertung, die ich mit dieser Studie vorstelle, ist auf das Verständnis der Konfliktdynamik *zwischen Institutionen und Bewegungen* gerichtet. Die gruppenanalytisch orientierte Studie von Christian Büttner reflektiert Anwendungsmöglichkeiten für die interne berufsbegleitende Fortbildung von Institutionsmitarbeitern. Mit meiner politisch-psychologischen Untersuchung möchte ich zur Auflösung von Fronten zwischen Institutionen und sozialen Bewegungen und zu gesellschaftlichen Lernprozessen beitragen. In dieser Absicht sind die Einzelergebnisse der Forschungsseminare in Form von Reports und Forschungsberichten an die beteiligten Institutionen und Mitarbeiter jeweils rückvermittelt worden.

Generell ist zu sagen, daß wir für unser Forschungsvorhaben unerwartete Offenheit und Unterstützung fanden. Es schien, daß wir ein virulentes Thema aufgegriffen hatten. Nur der Begriff der „Integration“ in unserem Projekttitel weckte Irritation und Mißtrauen gegenüber eventuell nicht deklarierten politischen Zielen des Projektes. Die einen vermuteten, es ginge darum, daß die neuen sozialen Bewegungen durch Integration beseitigt werden sollten, die anderen dachten an eine bessere Integration ihrer Institution in die Gesellschaft. Wir mußten uns erklären. Die Vorverhandlungen zeigten bereits, daß wir selbst in dem Konfliktfeld, das wir untersuchen wollten, keine neutralen Personen darstellten.

Die Hessische Stiftung für Friedens- und Konfliktforschung als Veranstalterin der Seminare und die Finanzierung des Projekts durch die Stiftung Volkswagenwerk lösten, je nach Zugehörigkeit der Teilnehmer, politische Zuschreibungen aus. Sie reichten von einer Gleichsetzung der Friedensforschung mit der Friedensbewegung bis zu der Annahme, wir würden im Auftrag des VW-Konzerns für die Verwertungsinteressen der Industrie arbeiten. Unsere Verhandlungspartner in den Institutionen und die Teilnehmer in den Forschungsseminaren wollten wissen, wo wir stehen, welche Wertvorstellungen hinter unserem Begriff der Integration versteckt seien.

1.3. Integration oder Polarisierung: Begriffsklärung

Der Begriff der Integration löst nicht zufällig Irritation aus. Im Alltagsverständnis wird er häufig gleichgesetzt mit: etwas Störendes zum Verschwinden bringen. Integration bezeichnet in unserem Verständnis jedoch weniger eine Tätigkeit als vielmehr einen ausgewogenen Zustand: den Zustand eines dynamischen Gleichgewichtes, in dem Gegensätze aufeinander bezogen sind und die Pole einer gemeinsamen Ganzheit bilden. Unter Polarisierung verstehen wir die entgegengesetzte Tendenz, einen Pol an die Stelle der Ganzheit zu setzen.

Auch in der sozialwissenschaftlichen Literatur wird der Begriff Integration unterschiedlich verwendet. Integration war im Entwurf der Parsonsschen Soziologie im wesentlichen strukturkonservativ, als Anpassung abweichenden Verhaltens an ein bestehendes und sich perpetuierendes Normengefüge, verstanden worden (Parsons, Shils, 1951). Die funktional-systemtheoretische Soziologie hat diese Definition bald als zu statisch kritisiert. Merton hat die positive Bedeutung abweichenden Verhaltens für die Lern- und Anpassungsfähigkeit der Gesellschaft nachgewiesen (Merton, 1968, S. 185). In der modernen Konfliktsoziologie schließlich ist die wichtige Funktion von Konfliktverhalten für den sozialen Wandel, für die Weiterentwicklung von Gesellschaften in einer sich verändernden Umwelt und unter den Bedingungen neuer, nicht antizipierbarer Problemlagen herausgearbeitet worden (Coser, 1972; Dahrendorf, 1961).

Damit hat auch der Begriff der Integration einen Bedeutungswandel erfahren, der an die integrierenden Institutionen wesentlich höhere Ansprüche stellt als die alte, statische Version. Integration heißt nicht mehr einfach Disziplinierung durch Normenübertragung, soziale Kontrolle und äußerstenfalls Drohung und Zwang; vielmehr müssen die integrierenden Institutionen in der Lage sein, das für den sozialen Wandel Relevante aus dem Protestverhalten aufzunehmen und weiterzutragen. Dies verlangt eine grundsätzliche und dauerhafte Offenheit der Institutionen für Werte und Verhaltensweisen, die dem Gefüge, aus dem sie sich selbst ableiten, zunächst fremd sind. Zwangsläufig bringt dies für die in der Institution Arbeitenden Rollenkonflikte mit sich, die jedoch nicht dysfunktional sind, sondern geradezu einen wichtigen Anteil ihrer institutionellen Aufgaben ausmachen.

Diese Rollenkonflikte lassen sich noch konkreter antizipieren. Die in einer Institution Arbeitenden sind einerseits an die institutionellen Handlungsregeln gebunden, andererseits sind sie aber auch selbst Subjekte, die von den allgemeinen Wertkonflikten erfaßt werden; auch sie kommen als Persönlichkeiten in unterschiedlichem Ausmaß mit den Folgen gesellschaftlicher Konflikte in Berührung und sind von ihnen betroffen. Sie sind in jeweils unterschiedlicher Weise in der Lage, auf der Grundlage ihrer individuellen lebensgeschichtlichen Erfahrungen mit Krisen zu einem institutionellen Konsens über den Umgang mit den Anforderungen der Klientel zu kommen. Hier sind sie gefordert, die Anwendbarkeit der bestehenden institutionellen Rahmenvorgaben und Handlungsregeln auf neue gesellschaftliche Problemlagen zu überprüfen und ihre Lösungsmöglichkeiten gegebenenfalls zu erweitern.

Auf dieser Ebene der unmittelbaren Kommunikation zwischen Institutionsvertretern und Klienten möchte ich den Begriff der Integration handlungsorientiert in einem sozialpsychologischen Rahmen definieren:

Integration hat zur Voraussetzung, daß der andere oder „das andere“ (in einem umfassenden Sinne) in seiner Existenzberechtigung anerkannt wird. Integratives Verhalten möchte dieses „andere“ nicht verleugnen oder vernichten, sondern mit ihm in Verbindung kommen. Dabei geht es nicht darum, sich anzupassen oder sich „das andere“ einzuverleiben. Vielmehr muß dieses „andere“ gerade in seiner Identität akzeptiert werden, damit aus der Begegnung ein konstruktiver Prozeß wechselseitiger Veränderung werden kann. Integratives Verhalten setzt die Bereitschaft voraus, sich verändern zu lassen. Es bedeutet, sich selbst in seinen Abhängigkeiten von und Wirkungen auf andere zu reflektieren und sich gegebenenfalls zu korrigieren. Dennoch besteht das Ziel nicht darin, Spannungen und Gegensätze zu beseitigen, sondern darin, sie als Wachstumsimpulse zu nutzen.

Polarisierendes Verhalten hat dagegen die Wirkung, Gegensätze zu verschärfen. Es treibt die Kontrahenten in ein affektgeladenes feindliches Gegeneinander, in dem gemeinsame Interessen und Werte kein Gewicht mehr haben. Vielmehr werden die eigenen Sympathien für die Gegenposition verleugnet und als Bedrohung von außen erlebt. Polarisiertes Denken funktioniert nach dem Entweder-Oder-Prinzip. Gegensätze dürfen nicht nebeneinander existieren, sondern nur das eine oder das andere kann richtig sein. Dementsprechend wird der andere oder „das andere“ als eine totale Infragestellung der eigenen Existenzberechtigung gesehen. Konfliktverhalten tendiert unter diesen Voraussetzungen zur Gewalt. Die bedrohliche Spannung zwischen den Gegenpolen muß beseitigt werden, in der Regel dadurch, daß einer der Kontrahenten gezwungen wird, von der Bühne abzutreten. Konflikte und Spannungen können deshalb nicht als fruchtbar anerkannt, sondern müssen abgeschafft werden.

Dieses theoretische Vorverständnis integrierenden bzw. polarisierenden Verhaltens hat die Erhebung und Interpretation der Daten geleitet. Unser Ansatz, die Integrationsfähigkeit gesellschaftlicher

Institutionen gegenüber Impulsen aus der Protest- und Alternativbewegung an den Deutungs- und Konfliktlösungsmustern der Mitarbeiter zu untersuchen, soll die Verantwortung für den Wandel der Institutionen nicht allein diesen Mitarbeitern zuschreiben. Es geht vielmehr um einen empirischen Zugang zu dem, was an dieser einen Nahtstelle sozialen Wandels zwischen Institutionen und sozialen Bewegungen geschieht.

1.4. Das Forschungsdesign

Alle vier Forschungsseminare hatten die gleiche methodische Struktur (zur jeweiligen Zusammensetzung der Teilnehmer s. Fallstudien). Zu Beginn des Seminars forderten wir die Teilnehmer auf, eine typische Konfliktsituation aus ihrem Berufsalltag zeichnerisch darzustellen, in der sie mit der Protest- und Alternativbewegung konfrontiert worden waren. Die entstandenen Bilder wurden in der Gruppe nacheinander auf folgende Weise besprochen: Einer legte sein Bild in die Mitte, die anderen Gruppenmitglieder versuchten frei assoziierend, Inhalt und Bedeutung des Dargestellten zu entschlüsseln. Dann erst erklärte der jeweilige Maler sein Bild. Auf diese Weise entstand eine Sammlung konfliktträchtiger Themen, aus der im zweiten Seminarabschnitt von den Teilnehmern ein Rollenspiel entwickelt wurde. Die Simulation einer typischen Szene aus dem Berufsalltag sollte deren Konfliktdynamik erlebbar und anschaulich machen. Im dritten Seminarabschnitt werteten wir mit den Teilnehmern gemeinsam diese Szene anhand der mitgeschnittenen Videoaufnahmen aus.

Hinter dieser Methodenkonstruktion stehen gruppentheoretische und forschungspraktische Überlegungen. Der Einstieg über das Medium Bild erleichterte den Teilnehmern die Anfangsphase des Kennenlernens. Jeder konnte sich mit seiner Besonderheit in der Gruppe darstellen; zugleich sorgte die Art und Weise der Bildbetrachtung dafür, daß sich die anderen Gruppenmitglieder darauf bezogen. Durch deren Bemühen, den Bildinhalt zu entschlüsseln, wurde Gemeinsames und Trennendes deutlich. Eine Bildmitteilung geht über das hinaus, was man am Anfang einer Gruppe mit Worten sagen würde. Die symbolische Gestaltung kann etwas ausdrücken, was dem Maler noch nicht bewußt ist, und spricht auch beim Betrachter die Ebene des Vorbewußten an. Das freie Assoziieren fördert die Verbalisierung solcher Inhalte. Auf diese Weise halfen die Mitteilungen der Gruppenmitglieder zum Bild dem jeweiligen Maler, den dargestellten Berufskonflikt besser zu verstehen.

Die vergleichende Betrachtung der Bilder erbrachte Hinweise auf sich wiederholende Konfliktkonstellationen, Wahrnehmungs- und Verarbeitungsmuster. Auf dieser Basis wurde von den Teilnehmern eine alle interessierende Konfliktkonstellation für die Simulation und weitere Bearbeitung im Rollenspiel ausgewählt.

Das Rollenspiel ist eine Methode, die vorwiegend in pädagogischen und therapeutischen Gruppen angewendet wird. Zum einen geht es darum, erlebte Konflikte szenisch darzustellen, um sie besser diagnostizieren zu können, zum anderen können mit Hilfe des Rollenspiels alternative Verhaltensmöglichkeiten vorwegnehmend erprobt werden. Auf diese Weise kann auch die Starrheit eines bestimmten Verhaltensmusters erkannt, und es können Veränderungswiderstände aufgeklärt werden.

Dieses zweite Methodenangebot schaffte eine soziale Situation, in der die Teilnehmer des Forschungsseminars spontan handelten. Sie erlebten sich selbst und die anderen Gruppenmitglieder in unterschiedlichen Rollen als Konfliktbeteiligte, die aufeinander reagieren müssen.

Ein simulierter Konflikt stellt eine künstliche Situation dar. Dennoch ist das, was abläuft, nicht Spiel, sondern Ernst. Auch zur Bewältigung eines inszenierten Konflikts haben die Spieler keine anderen Mittel als die zur Hand, die sie auch sonst in ihrer alltäglichen Berufspraxis anwenden: ihre Vorstellungen, ihre Wahrnehmungen, ihre Berufsregeln, ihr Erfahrungswissen, ihre Gefühle und ihre Werte. Gerade weil im Rollenspiel auf unverhoffte Entwicklungen reagiert werden muß, müssen die Spieler auf dieses Repertoire zurückgreifen und können nichts konstruieren.

Ein Rollenspiel gibt in erster Linie nicht darüber Auskunft, wie ein Konflikt real ablaufen würde, vielmehr macht es Perzeptionen und Handlungsmuster, Werte und Gefühle deutlich, mit denen die Spieler die Situation gestalten. Die Wahl des Konflikts, die Wahl der Rollen und die Lösung stehen ihnen ja frei. Gerade weil sich die Spieler auch in die andere Seite einfühlen müssen, um sie darzustellen, wird ihr Verhältnis zu den neuen sozialen Bewegungen und deren Zielen deutlich. Das Rollenspiel ist eine Methode, die über die subjektive Konstruktion der Wirklichkeit durch die jeweils beteiligte Berufsgruppe Aufschluß gibt.

Im dritten Seminarabschnitt wurden die Konfliktsimulationen anhand der mitgeschnittenen Videoaufnahmen in der Gruppe ausgewertet. Das Rollenspielsetting wurde aufgelöst und alle Beteiligten (Spieler und Beobachter) diskutierten nun wieder in den Rollen der Berufskollegen das Geschehene.

Einerseits wurden die Teilnehmer durch die Videoaufnahme mit Konfliktverläufen aus ihrer Alltagspraxis konfrontiert, andererseits konnten sie sich aber auch als Analysierende distanzieren. Die Teilnehmer waren aufgefordert, nun aus der Distanz Stellung zu nehmen. Dabei wurde das berufliche Rollenhandeln erläutert und begründet. Institutionelle Einflußfaktoren, formelle und informelle Regeln der Berufsgruppe und individuelle Handlungsgründe wurden deutlich.

Diese Reflexion, mit der das Forschungsseminar abgeschlossen wurde, hatte zum Ziel,

- die Konflikte, die die Mitarbeiter in ihren Institutionen mit Protesthaltungen und alternativen Vorstellungen haben, besser zu verstehen;
- am Beispiel der simulierten unmittelbaren Kommunikation der Konfliktparteien ihre wechselseitige Beeinflussung aufzuklären;
- die Konfliktlösungsstrategien mit den bewußten Zielen der Teilnehmer zu vergleichen und ggf. neues Verhalten zu entwickeln.

Diese Ziele des Forschungsseminars wurden von uns jeweils am Anfang erläutert und standen auch in der Ausschreibung, mit der wir um Teilnehmer geworben haben. Sie weisen den Fortbildungscharakter des Seminars aus. Die Forschung sollte nicht nur der Wissenschaft, sondern auch den Betroffenen dienen, berufliche Konflikte besser zu bewältigen. Das war die Vertragsbasis der Zusammenarbeit, auf der uns Forschern von den Teilnehmern erlaubt wurde, ein Tonband mitlaufen zu lassen, das Rollenspiel auf Video aufzunehmen und das gesamte Material in einem zweiten Schritt wissenschaftlich auszuwerten.

Dieser Doppelcharakter der Seminare brachte auch uns in eine Doppelrolle. Einerseits waren wir Leiter eines Fortbildungsseminars, die durch methodische Strukturierung und Interventionen den Lernprozeß der Teilnehmer fördern wollten. Andererseits waren wir als Wissenschaftler daran interessiert, daß sich die Verhältnisse möglichst realitätsnah im Seminar abbildeten.

Wir haben dieses Dilemma so gelöst, daß wir den Schwerpunkt auf die diagnostische Arbeit gelegt haben in der Hoffnung, daß Diagnose der erste Schritt zur Therapie ist.

1.5. Objektivität und Reichweite

Die Ergebnisse der Forschungsseminare lassen sich im streng methodischen Sinne nicht verallgemeinern. Sie haben aber den Charakter von Fallstudien insofern, als sie für die jeweilige Berufsgruppe und Institution Typisches zeigen. Die relativ homogene Zusammensetzung der Untersuchungsgruppen mit Teilnehmern aus dem gleichen Beruf sorgte dafür, daß gruppenspezifische Erfahrungen und Orientierungen zur Sprache kamen. Bei der Analyse und Erklärung ihrer Realität in einer Gruppe orientieren sich Menschen in der Regel an den vermuteten Gruppennormen. Hierauf basiert auch der Anspruch der Untersuchung, daß die Ergebnisse nicht zufällig und einmalig sind, sondern daß sie typische Rollenkonflikte von Mitarbeitern in den ausgewählten Institutionen beschreiben.

Ein weiterer Prüfstein für den Realitätsgehalt der Ergebnisse ist das Verhalten der Forscher. Die Angleichung der Forschungssituation an die entsprechende Realsituation gelingt immer nur tendenziell. Im Alltag werden berufliche Probleme auch im Kollegenkreis besprochen. Die Situation verändert sich jedoch sofort, wenn ein Fremder in der Rolle des Leiters dabei ist. Nun bestimmen die Vorstellungen der Gruppenmitglieder über diese Person und ihr Verhältnis zur Autorität der Leiterrolle die Dynamik des Gespräches mit. Es ist nicht unerheblich, ob diese Rolle von einem Mann oder einer Frau besetzt wird oder gar, wie in unseren Forschungsseminaren, von einem Leiterpaar. Auch unser beruflicher Hintergrund wirkte sich auf die Kommunikation aus. In der Öffentlichkeit wird zwischen Friedensforschung und Friedensbewegung nicht differenziert. Schon bei den Vorgesprächen hatten wir die Erfahrung gemacht, daß wir eher auf der „anderen Seite“, der Seite der neuen sozialen Bewegungen, vermutet wurden.

1.6. Auswertungsgesichtspunkte

Ich habe diese Voraussetzungen des Forschungsprozesses nicht als Gefahr für die Gültigkeit, sondern als Chance einer zusätzlichen Auswertungsebene begriffen.

Auf der inhaltlichen Ebene habe ich ausgewertet, was die Teilnehmer über ihre Konflikte mit Demonstranten, Jugendlichen und

Klienten, die alternative Werte vertreten, berichtet bzw. im Rollenspiel dargestellt haben.

Auf der Prozeßebene habe ich ausgewertet, welche Konflikte sich im Seminar aktuell zwischen den Teilnehmern (Institutionen) und uns Friedensforschern (Bewegung) abgespielt haben.

Der Vergleich beider Auswertungen galt der Frage, ob und in welcher Weise sich aus der Praxis berichtete Konflikte im Seminar wiederholt hatten. Auf diesem Wege bekamen wir Aufschluß über unsere eigene Beteiligung an der Datenproduktion und konnten sie zugleich nutzen, um die Konflikte besser zu verstehen. Dieser Schritt war allerdings nur mit analytischer Hilfe eines Supervisors, eines außenstehenden unabhängigen Dritten, möglich, dem wir die Seminarereignisse und unsere Wahrnehmungen und Gefühle mitteilten.

Als Grundlage für diese Auswertung schrieben wir Forscher unabhängig voneinander ein Protokoll, in dem die Stellen der Forschungsinteraktion beschrieben waren, die uns irritiert, besonders betroffen hatten oder von uns nicht verstanden worden waren. Mit Hilfe des Supervisors haben wir untersucht, was diese Gefühlsreaktionen mit uns ganz persönlich zu tun hatten und was sie von dem spiegelten, worüber die Teilnehmer berichtet hatten. Es galt auseinanderzuhalten: die Seminarkonflikte, in denen wir in die Rolle des Gegenübers der Institutionsmitarbeiter geraten waren, und die Kommunikationsstörungen, die auf unseren ganz persönlichen Ängsten, Sympathien oder Antipathien beruhten. Wo sich das Berichtete im aktuellen Hier und Jetzt zwischen den Institutionsmitarbeitern und uns Friedensforschern wiederholte, hatten die Konflikte und Lösungsstrategien eine besondere Evidenz.

Bei der Aufbereitung des Datenmaterials (ca. 800–1000 Seiten Text pro Untersuchungsgruppe) für die Interpretation habe ich deshalb diese Stellen ausgewählt, um von dort ausgehend das Material aufzuschlüsseln. Auch bei der Darstellung der Ergebnisse habe ich dieses Prinzip der Schlüsselszenen beibehalten. Auf diese Weise kann sich der Leser selbst ein Bild von der Beziehungsdynamik zwischen Forschern und Gruppe machen und deren Einfluß auf die Produktion der Daten überprüfen. Die Tatsache, daß jeder Sozialforscher das, was er untersucht, auch beeinflußt und umgekehrt selbst beeinflußt wird, kann keine Sozialforschung ausschließen (Devereux, 1984; Zedler, Moser, 1983). Ich habe dieses Dilemma so gelöst, daß ich diese wechselseitige Beeinflussung mit ausgewertet habe und sie auf diese Weise der Überprüfung durch den Leser zugänglich mache. Es liegt an ihm, das

Dargestellte für seine Erfahrungen in anderen sozialen Kontexten – sei es auf seiten der Bewegung, sei es auf seiten der Institutionen – zu nutzen.

Die vier Fallstudien richten sich nicht an einen primär wissenschaftlich orientierten Leserkreis. Hier verweise ich auf die Parallelstudie von Christian Büttner (Büttner, 1988), der gruppenanalytische und methodische Aspekte in den Vordergrund seiner Auswertung gestellt hat. Die vier Fallstudien sind nach Fertigstellung einzeln vorab veröffentlicht worden. In einer kleinen Auflage von 300–400 Exemplaren haben wir sie an die Teilnehmer der Forschungsseminare und an Entscheidungsträger in den untersuchten Institutionen geschickt. Sie sind so geschrieben, daß jede für sich gelesen werden kann. Ihr Ziel ist, durch Konfliktanalysen die Integrationsfähigkeit derjenigen zu unterstützen, die in Institutionen arbeiten. Wir hoffen, auf diese Weise zu gesellschaftlichen Lernprozessen zwischen Institutionen und sozialen Bewegungen beizutragen.

Während in den Fallstudien die je institutionellen Besonderheiten herausgearbeitet worden sind – Polizisten geraten in andere Wertkonflikte als Hauptschullehrer –, frage ich in dem letzten Kapitel der Studie, was sich trotz aller Unterschiedlichkeit in den Forschungsseminaren wiederholt. Was läßt sich aus dem Vergleich über den Grundkonflikt zwischen Institutionen und sozialen Bewegungen erkennen, und was läßt sich über die Chance eines gesellschaftlichen Wandels durch Integration daraus schließen?

An dieser Stelle möchte ich all denen danken, die an der Studie mitgearbeitet haben. Zuallererst den Teilnehmern der Forschungsseminare, die sich mit den Tonband- und Videoaufnahmen einverstanden erklärt haben und ihre Erfahrungen zur Verfügung gestellt haben. Ihre Namen wurden für die Auswertung geändert. Herrn Dr. Willi Baumann, der uns als Supervisor beim Verständnis schwieriger Situationen geholfen hat, möchte ich an dieser Stelle ebenfalls danken. Dank und Anerkennung gilt auch Frau Maria Ernst und Frau Evelyn Gosing-Ende, die zuverlässig und ausdauernd die Ton- und Videobänder transkribiert haben und so wesentlich zum Gelingen der Untersuchung beigetragen haben. Schließlich ist auch denjenigen zu danken, die in den Institutionen sich für die Freistellung der Mitarbeiter eingesetzt haben. Der Stiftung Volkswagenwerk, die die Untersuchung finanziert hat, und der Hessischen Stiftung für Friedens- und Konfliktforschung – insbesondere meinem Forschungsgruppenleiter Prof. Dr. Hans Nicklas – danke ich, daß sie die Arbeit ermöglicht und unterstützt haben.

2. Bereitschaftspolizisten

2.1. Eine Schlüsselszene: „Einhaken und räumen“

Eine Straßenkreuzung, Bannmeile Bonn, große Friedensdemonstration gegen Pershing-Stationierung. Zahllose Menschen sind über die Kreuzung verteilt, die meisten haben die Markierungen der Bannmeile bereits hinter sich gelassen. Vor ihnen die Polizei, die das Regierungsgelände absperrt. In der Mitte der Straße ist es besonders dicht, da scheint etwas passiert zu sein, schwarze Leiber knäulen sich zusammen, die Polizei eingehakt, eine lebendige Kette bildend, die Friedensdemonstranten in Auflösung, zur Flucht gewendet. Jemand scheint gefallen zu sein, scheint die Bewegung aufzuhalten.

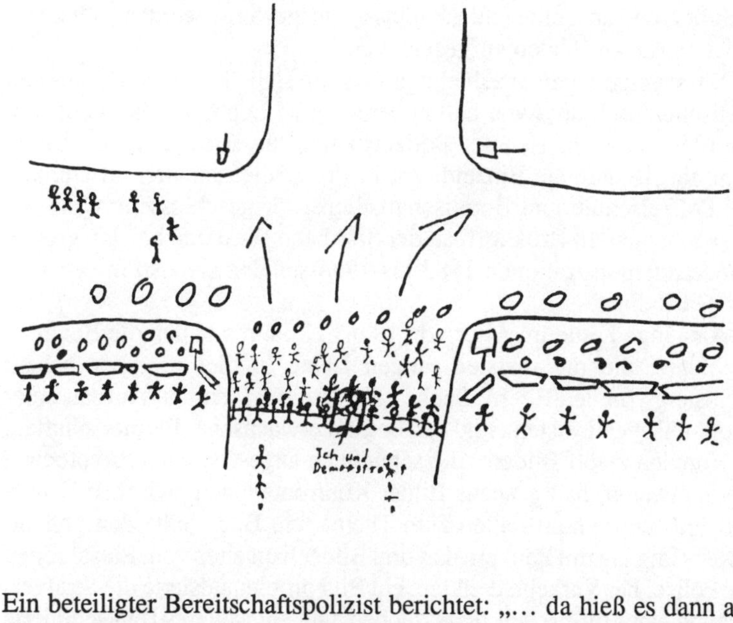

Ein beteiligter Bereitschaftspolizist berichtet: „… da hieß es dann auf einmal ‚Polizeikette!‘ und ‚Einhaken und räumen!‘. Und die Demonstranten standen also schon dicht auf, und wir mußten uns dann einhaken und los. Und die Demonstranten natürlich dagegen, und da kam es dann, daß so ’ne Frau … zu Boden gefallen ist. Und dann kamen die von hinten dann im Nachschub, und dann hat alles noch mitgedrückt, weil keiner vorwärtskam ..." Diese Szene beschreibt eines der Ereignisse, die von zwölf Bereitschaftspolizisten zu Beginn des Forschungsseminars auf zwölf Bildern festgehalten wurden. Das Seminar stand unter dem Thema „Wertwandel und ökonomische Krise – die Situation des Bereitschaftspolizisten in den aktuellen Auseinandersetzungen um die Zukunft unserer Gesellschaft" (Einladungsschreiben s. Anhang). Das Seminar fand im September 1984 in einer Polizeischule als Dreitagesveranstaltung statt. Die Teilnahme war freiwillig.

Wir hatten die Teilnehmer zu Beginn des Seminars gebeten, eine Situation aus ihrem Berufsalltag zu malen, in der sie selbst in Wertekonflikte geraten waren. Auf diese Weise entstand eine Sammlung konfliktträchtiger Themen; gleichzeitig konnte jeder den anderen etwas über sich und seine beruflichen Probleme mitteilen. Im weiteren Verlauf des Seminars stellten wir den Teilnehmern die Aufgabe, sich auf einen besonders typischen Konflikt zu einigen, der im Rollenspiel simuliert und anschließend gemeinsam ausgewertet werden sollte. Das Spiel wurde auf Video aufgezeichnet.

Nur wenige Seminarteilnehmer kannten sich. Sie hatten Haupt- und Realschulabschluß; zwei hatten bereits eine Lehre in einem anderen Beruf hinter sich. Bei der Polizei waren sie sozusagen im dritten Lehrjahr, in dem sie Einzeldienst in Polizeidienststellen im Umland der Polizeischule und Bereitschaftsdienst für geschlossene Großeinsätze machten. In Brokdorf, an der Startbahn West und bei den großen Friedensdemonstrationen 1982 bis 1984 standen sie also in den vordersten Reihen.

Als junge Leute im Alter von 18 bis 22 Jahren hatten die Beamten Probleme, die die meisten jungen Leute in diesem Alter haben: Ablösung von den Eltern, Suche nach eigener Identität, Aufbau einer ökonomischen Existenz und der Beginn erwachsener Partnerschaften.

Von den zwölf Bildern, die schließlich angeschaut und besprochen worden waren, hatten sechs Bilder Konfrontationen zwischen Polizei und Friedensdemonstranten zum Thema, ein Bild stellte den polizeilichen Umgang mit Punkern dar, drei Bilder handelten vom Einschreiten der Polizei bei Verkehrsdelikten, ein Bild problematisierte die Strafverfolgung eines türkischen Jugendlichen, und ein weiteres Bild schilderte das Privatleben des Polizeibeamten außerhalb des Dienstes zwischen eigenen Wünschen und Rollenfestlegungen durch die Nachbarn.

Was es bedeutet, selbst auf der Schwelle zwischen Jugend- und Erwachsenenalter zu stehen und Polizist zu sein, der Autorität darstellen soll, urteilen und handeln muß gegenüber Jugendlichen und Erwachsenen, wird auf mehreren Bildern problematisiert. Gerade das Einschreiten bei Verkehrsdelikten konfrontiert den Polizeibeamten sowohl mit Jugendlichen als auch mit Personen, die eigentlich seine Eltern sein könnten. Doch nicht diese Bilder sollen im Vordergrund der Analyse stehen.

Für meine Fragestellung – Wie verhalten sich Bereitschaftspolizisten in Wertkonflikten? – möchte ich die eingangs geschilderte Szene zum Ausgangspunkt der Ordnung und Interpretation des Materials nehmen. Sie liegt gewissermaßen im Fadenkreuz der Ereignisse, die sich zum einen im *Hier und Jetzt* der Seminarsituation abspielten, zum anderen im *Dort und Damals* jener Friedensdemonstration 1983, in deren Verlauf die Bannmeile überschritten wurde, eine Polizeikette gewaltsam räumte, eine Frau zu Boden stürzte und beinahe unter die Polizeistiefel geraten wäre, wenn sie sich nicht im letzten Moment selbst gerettet hätte.

Die Demonstrationsereignisse 1983, die ich im folgenden im Wortlaut vorstellen und interpretieren möchte, wie sie der junge Bereitschaftspolizist in der Gruppe erzählt hat, lösten sowohl bei dem Forscher als auch bei der Forscherin große Betroffenheit aus – und zwar sowohl die Szene selbst als auch die Art und Weise, wie darüber in der Gruppe diskutiert wurde. Im folgenden verwende ich die objektivierenden Begriffe „Forscher" und „Forscherin" um deutlich zu machen, daß ich unser Verhalten in der Forschungsinteraktion ebenso zum Gegenstand der Interpretation mache wie das der Seminarteilnehmer oder anderer Vertreter der Institution, mit denen wir zu tun hatten. Doch zunächst die Schilderung im Wortlaut:

Klaus: „Ja, das ist schon richtig, das war also auch Einsatz Bonn, die Friedensdemonstration; das war eine Kreuzung davor, wo der Wasserwerfer eingesetzt war, da waren wohl [unverständlich] Ich weiß nicht, ob ihr das noch wißt, da hieß es dann auf einmal ‚Polizeikette!' und ‚Einhaken und räumen!'. Und die Demonstranten standen also schon dicht auf, und wir mußten uns dann einhaken und los. Und die Demonstranten natürlich dagegen, und da kam es dann, daß so 'ne Frau, die dann zu Boden gefallen ist. Und dann kamen die von hinten dann im Nachschub, und dann hat alles noch mitgedrückt, weil

> keiner vorwärtskam, und ich saß da drinnen, konnte also nicht rüber und hätte da beinahe drübersteigen müssen. Und glücklicherweise ist sie dann doch noch hochgekommen und konnte mitlaufen." (Tonband Nr. 4, Abschrift S. 53)

Die Anweisung, einen Wertkonflikt aus dem Berufsalltag bildlich darzustellen, löste in dem Teilnehmer Erinnerungen an Ereignisse aus, in deren Verlauf er in einer Kette von Bereitschaftspolizisten unmittelbar körperliche Gewalt anwenden mußte, um eine Straßenkreuzung von Friedensdemonstranten zu räumen. Wie es zu diesem Einsatzbefehl kam, wer ihn ausgegeben hatte und was ihn rechtfertigte, war für ihn selbst nicht durchschaubar. „Da hieß es dann auf einmal ‚Polizeikette!' und ‚Einhaken und räumen!'", ohne daß sich etwas Sichtbares ereignet hätte. So kommt der Befehl zum Räumen „auf einmal", das heißt überraschend. Er bringt plötzlich Bewegung in ein äußerst dichtes Gegenüber von Friedensdemonstranten und Polizeibeamten. Vorher „standen" die Demonstranten, allerdings standen sie „also schon dicht auf". Dicht auf dicht oder zu dicht „auf" den Polizeibeamten, fragt man sich da unwillkürlich. Könnte das schon ein Grund zur Räumung gewesen sein? Der Berichterstatter der Szene stellt indirekt diesen Zusammenhang her. Jedenfalls wird die Dichte der Demonstranten mit einem dichteren Zusammenschluß der Polizeibeamten beantwortet. „Wir mußten uns dann einhaken und los." Dies „los" wird zum Auslöser der Eskalation, denn wie jeder sich vorher denken konnte, halten „die Demonstranten natürlich dagegen". Für den Teilnehmer scheint klar zu sein, daß Druck in einer solchen Lage Gegendruck erzeugt. Der Befehl „los" wird zum Funken, der die geballte Energie zur Entladung bringt. Sie reißt den einzelnen mit und, wenn er Pech hat, zu Boden. „Und da kam es dann, daß so 'ne Frau, die dann zu Boden gefallen ist." Das Hindernis, die gefallene Frau, hält die Masse nicht etwa auf, sondern erhöht den Druck. „Dann hat alles noch mitgedrückt, weil keiner vorwärtskam." Die Situation hat längst Eigendynamik, und der einzelne kann sich ihr nicht mehr entziehen, er ist Teil der Masse geworden und ihrer Gewalt (zu solchen Massenphänomenen s. Canetti, 1960). „Ich saß da drinnen, konnte also nicht rüber" schildert den Teilnehmer in dieser passiven Haltung, in der ihm plötzlich die Frau im Weg liegt. Daß er dann doch nicht „drübersteigen" mußte, was schon unvermeidlich schien, ist allein der Frau zu verdanken, „die dann doch noch hochgekommen" ist und

„mitlaufen" konnte. Damit hat die Frau nicht nur sich selbst gerettet, sondern auch den Polizeibeamten vor einer Tat bewahrt, die er unter dem Druck der Gruppe hätte ausführen müssen: „drübersteigen". „Sonst hätt'ste jetzt Alpträume", heißt es an späterer Stelle der Gruppendiskussion über das Bild (4/55).

Das Wort „drübersteigen" verweist im Zusammenhang mit der gefallenen Frau, die beinahe Opfer der Gewalt der Polizeikette geworden wäre, auf eine sexuelle Bedeutungsdimension der Szene. In der Männersprache heißt „drübersteigen" eine Frau zum Lustobjekt machen, das erniedrigt und mit Füßen getreten wird. Drübersteigen heißt auch, die Frau hinter sich lassen, möglichst schnell für einen anderen Mann Platz machen. Bei dem beschriebenen Demonstrationseinsatz standen die Polizisten in drei Reihen hintereinander. Der Konflikt, in den der Teilnehmer gerät, besteht darin, daß er also nicht hinüberkonnte und daß er „hätte da beinahe drübersteigen müssen". Als Person – hier spricht er bei der ganzen Schilderung erstmals von „ich" – konnte er das nicht tun, als Glied der Kette aber wäre ihm keine andere Wahl geblieben. Warum nicht, muß er im folgenden immer wieder betonen, obwohl er ja in Wirklichkeit gar nicht auf die Frau getreten war.

Klaus: „Und die haben dann von hinten, die haben alles und die Ausbil... ach, die Ausbilder sag ich schon, die Stammbeamten und die Führer da, alle mit von hinten gedrückt, da konnte man dann auch nicht ausweichen. ... Also man kommt auch nicht los, wenn man eingehakt ist, wenn man ganz innen drin ist. ..."

Rüdiger: „Das ist so'ne Situation, da steht man mit drei Mann hintereinander, die drücken alle nach vorne. ..."

Klaus: „Und wir waren genau in der Mitte drin, wir waren zusammengedrückt." (4/53/54)

Die Situation scheint dem Teilnehmer in qualvoller Erinnerung. Der Gedanke, was man denn statt dessen hätte tun können, wenn man nicht so „eingehakt", „ganz innen drin" und „zusammengedrückt" gewesen wäre, kommt zuerst im Zusammenhang mit den Demonstranten auf:

Klaus: „Die Demonstranten kannten da auch ihre Freunde nicht mehr und haben da auch keinem geholfen."

Forscher: „Die haben die also glatt liegengelassen?"
Klaus: „Ja, die haben die liegengelassen, konnt' keiner aufhelfen ..." (4/54)

Mitgeteilt wird eine extrem polarisierte Zwangssituation, in der Empathie und Hilfsbereitschaft außer Kraft gesetzt sind und Gewalt unausweichlich wird. Es scheint fast so, als wolle der Teilnehmer zu seiner Entschuldigung anführen, daß ja nicht einmal die viel stärkeren freundschaftlichen Bindungen der Demonstranten untereinander noch funktionierten, wie hätte er dann Hilfe leisten können. So ist das Unglück in der Phantasie des Teilnehmers geschehen, obwohl es ja in der Realität vermieden wurde: „... und da bin ich dann bald drübergestiegen."

Daß es nun ausgerechnet eine Frau war, scheint nicht nur dem Teilnehmer Konflikte zu bereiten, sondern auch der Forscherin, der einzigen Frau in der Männerrunde, in der dieses Erlebnis geschildert wurde. Sie geht darauf ein mit den Worten:

> „Ganz schön unangenehm. Also ich finde eigentlich, dieser Druck, keine Auswegmöglichkeit, da fällt jetzt einer und dann trampelst du auf dem rum." (4/54)

Die Forscherin identifiziert sich hier nicht mit der Frau, dem Opfer, sondern mit den unangenehmen Gefühlen der Polizeibeamten, die unter dem Druck stehen, Gewalt auszuüben. Sie hätte ja auch sagen können, ganz schön unangenehm, wenn ich bei einer solchen Friedensdemonstration in der Lage der Frau gewesen wäre, was hätte ich da für eine Todesangst gehabt. Statt dessen reiht sich die Frau in die Kette der Männer (Täter) ein. Sie befindet sich plötzlich nicht mehr auf der anderen Seite, bei den Friedensdemonstranten, sondern mitten unter den Bereitschaftspolizisten, und ihre Phantasie von dieser Situation bezieht sich bezeichnenderweise nicht auf eine gefallene Frau, sondern auf einen gefallenen Mann: „... da fällt jetzt *einer* und dann trampelst *du* auf dem rum."

Die Reaktion der Gruppe auf diese Umkehrung der Verhältnisse gibt im weiteren Aufschluß darüber, was die Szene von 1983 zum einen mit der aktuellen Gruppensituation, zum anderen mit den Integrationsproblemen der Bereitschaftspolizei zu tun hat.

Rüdiger: „Wenn da drei Mann drübergehen, dann ist se zwar in Sicherheit“
(Gelächter)

Forscherin: „Dann ist man …“

Rüdiger: „Ja, in diesen Stiefeln da, ich sag ja, wenn man da vorbei ist, dann isse zwar in Sicherheit, hinter der Polizeilinie, da ist wieder Platz dann. Die Schnürstiefel sind so schwer.“

Gerd: „Man wird ja auch meistens ’n bißchen vor und wieder zurück …“
(Durcheinandergerede)

Forscher: „Und dann eine Frau“

Gerd: „Obwohl man sagt, daß sie physisch stärker sind als Männer. Die sind ausdauernder.“

Forscherin: „Da kann man sich dann trösten.“
(Gelächter in der Gruppe) (4/55).

Unter starker affektiver Beteiligung, worauf das Gelächter hinweist, schwelgen die Teilnehmer in kollektiven Gewaltphantasien gegen die Frau. Sie wird in der Phantasie zum Opfer der Kette gemacht, was in der Realität ja gar nicht geschehen ist. Diese Schilderung gilt auch der Macht, die die Forscherin als einzige Frau und Leiterin in der Gruppe innehat. An früherer Stelle des Seminarprozesses wurde von einem Teilnehmer vorgeschlagen, ihr die Wirkung von CN-Gas, das in Wasserwerfern eingesetzt wird, fühlbar zu demonstrieren (4/41). Die Konfrontation der Polizeikette mit der gefallenen Friedensdemonstrantin gibt den Teilnehmern Gelegenheit, ihren Phantasien freien Lauf zu lassen. Dabei treten *sexuell aggressive* Impulse auf Kosten von Mitgefühl und Hilfsbereitschaft in den Vordergrund (zur Psycho-Logik solcher Prozesse s. Freud, 1921, Theweleit, 1978).

Daß diese Vorstellungen auch Angst erzeugen, zeigt das Gelächter, mit dem sich die Teilnehmer zugleich entlasten und zusammenschließen. Mit dem Hinweis „Und dann eine Frau …“ hakt sich selbst der Forscher in diese Gruppenphantasie mit ein. Er gibt das Stichwort für die nun folgende Entlastung von Schuldgefühlen: „Obwohl man sagt, daß sie physisch stärker sind als Männer. Die sind ausdauernder.“

„Obwohl“ formuliert einen Einwand gegen etwas Unausgesprochenes, das in der Äußerung des Leiters enthalten war. „Und dann eine Frau …“ rief auch in Erinnerung, daß Frauen als das schwächere

Geschlecht gelten. Daran werden jetzt Zweifel angemeldet: Die Frauen seien physisch stärker und ausdauernder als Männer. So betrachtet, geschieht ihnen recht, wenn Männer Gewalt gegen sie anwenden. Gleichzeitig werden die Folgen der Körperverletzung verharmlost: Frauen halten viel aus.

Diese Rechtfertigung verrät auch, warum sich die Seminarteilnehmer auf solche Vergewaltigungsphantasien einigen. Man stellt sich die Frau als dem eigenen Geschlecht überlegen vor. Nicht nur Schuldgefühle, die aggressiv abgewehrt werden, sondern auch Angst vor der „überlegenen Frau" kommen in dieser Aussage zum Ausdruck. Es scheint so, als hätte die Forscherin, die sich als Seminarleiterin ja tatsächlich in einer überlegenen Position befindet, diese Ängste verstärkt. Gleichzeitig wird damit ein Konflikt sichtbar, der für die Institution Bereitschaftspolizei und ihre Integrationsmöglichkeiten insgesamt von zentraler Bedeutung ist.

2.2. „Wir haben jetzt auch Frauen hier": Integrationshoffnung und Integrationsproblem für die Polizei

Die institutionelle Bedeutung der Mann-Frau-Thematik und ihrer Behandlung in der Gruppe läßt sich auf dem Hintergrund von Umfelddaten besser verstehen, die ich an dieser Stelle heranziehen möchte: zum einen unsere unmittelbaren Erfahrungen als Forscherpaar in der Polizeischule, zum anderen Informationen aus Gesprächen mit den vorgesetzten Vertretern der Institution. Beim ersten Vorbereitungsgespräch in der Polizeischule wurden wir mit den Worten begrüßt: „Wir haben jetzt auch Frauen hier." Dieses Thema zog sich wie ein roter Faden durch den gesamten Forschungskontakt. Die Bemerkung bezieht sich auf eine grundlegende Neuordnung der Personalstruktur der Bereitschaftspolizei durch das Innenministerium, nach der bis zu 20% Frauen aufgenommen werden sollen. Seit zwei Jahren nun wurden in der Polizeischule Frauen und Männer gemeinsam unterrichtet. Unsere Teilnehmer befanden sich bereits im dritten Ausbildungsjahr, also noch in einer reinen Männergruppe.

Wie sich bei unseren Gesprächen mit Führungskräften in der Polizei herausstellte, erhofft man sich von den Frauen eine Veränderung der Verkehrsformen im Umgang mit der Bevölkerung: mehr Kommunikation und Schlichtung in Konflikten, weniger Gewaltanwendung. Frauen fiele in einer schwierigen Situation immer noch etwas ein, hieß es. Frauen bei der Polizei sind Teil einer Integrationsstrategie, mit der die Führungsspitze hofft, flexibler, gewaltfreier und kommunikativer auf neue Anforderungen reagieren zu können. In der Konsequenz soll damit auch das Image der Polizei in der Öffentlichkeit verbessert werden: weg von der Identifikation mit dem preußischen Obrigkeitsstaat und nationalsozialistischen Willkürmethoden, hin zu einem Verständnis der Ordnungskräfte, die nach streng legalen Prinzipien Aufgaben der Gewaltprävention wahrnehmen (vgl. zum Wandel in der Organisation und im Selbstverständnis der Polizei Werkentin, 1984; Busch u. a., 1985). Leider sei im Bewußtsein der Öffentlichkeit eine „Polizeiaktion" immer noch gleichbedeutend mit einer illegalen Aktion, erklärte uns der Leiter der Polizeischule.

Andere Maßnahmen, die Beziehung zwischen Polizei und Bevölkerung zu verbessern, stellen die Kommunikations- und Konflikttrainings dar, die an dieser Polizeischule für alle durchgeführt werden sollen. Sie sollen den einzelnen Beamten befähigen, mit Streß, Konflikten und Angst besser fertigzuwerden. Letztendlich empfanden wir auch die Unterstützung unseres Forschungsvorhabens als Ausdruck der Bereitschaft der Institution, sich dem Wertwandel zu öffnen.

Während auf der obersten Hierarchieebene mehr die Vorteile und Hoffnungen betont wurden, die mit mehr Frauen bei der Polizei verknüpft sind, schilderten die nachgeordneten Führungskräfte eher die Konflikte und Nachteile: Da müsse sich manch einer noch ganz schön umstellen, wenn die jungen Polizistinnen die gleichen Rechte, Pflichten und Aufstiegschancen wie die Männer beanspruchen würden. Besondere Beunruhigung erweckte die Tatsache, daß die Frauen durchweg gute Polizeischülerinnen sind und nicht selten bei der Leistungskonkurrenz besser abschneiden als die Männer.

Neben der Angst vor der leistungsmäßigen Überlegenheit der Frau stand die Befürchtung, was wohl werden würde, wenn Mann und Frau zusammen Streife gehen müßten. Aufgrund der emotionalen und sexuellen Anziehungskraft der Geschlechter könnten ganz andere als kameradschaftliche Bindungen entstehen. Unsere Gesprächspartner beschäftigte die Frage: Kann man sich auf die Frau wie auf einen Kameraden verlassen, oder ist man dann verlassen? Wenn eine Frau dabei ist, besteht vielleicht die Chance, daß ein Konflikt nicht bis zur Gewaltanwendung eskaliert, andererseits könnte einen aber auch der Gegner nicht ernst nehmen und dadurch zum Angriff erst ermutigt werden. Hier steht das Interesse an einer glaubwürdigen Gewaltdrohung im Gegensatz zu der integrativen Wirkung, die man sich von den Frauen erhofft: daß sie durch ihr bloßes Auftreten die Situation schon entspannen. Wenn Frauen dabei sind, erscheint den Männern die Drohung mit Gewalt weniger glaubwürdig, weil ihr Einsatz unwahrscheinlicher wird.

Eine Vorstellung, wie man diesen Zielkonflikt lösen könnte, bestand darin, Frauen aus den harten Einsätzen herauszuhalten. Dies rief jedoch Neid- und Eifersuchtsgefühle auf den Plan. Wenn Frauen schon die gleichen Rechte bekämen, sollten sie auch die gleichen Pflichten haben, sprich: auch die „harte Dreckarbeit" machen. Außerdem, wenn für Frauen die ruhigeren Plätze im Innendienst reserviert würden, nähmen sie ihren männlichen Kollegen auch noch die Möglichkeit weg, im Alter einmal weniger gefährlichen und anstrengenden Dienst zu tun.

Diese Hintergrundinformationen, die uns von verschiedenen Personen eher am Rande des Seminars mitgeteilt wurden, lassen vermuten, welcher Konfliktstoff durch die vermehrte Aufnahme von Frauen in den Polizeidienst in der Institution selbst entstanden ist. Sie helfen auch, die widersprüchlichen Gefühle zu verstehen, die bei der Betrachtung der Demonstrationsszene in der Gruppe gegen „die Frau" aufkommen: einerseits Mitgefühl und Beziehungswünsche, wo sie als schwache Frau, andererseits sexuelle Gewaltbereitschaft, wo sie als überlegene Frau phantasiert wird.

Der „Integrationsfaktor Weiblichkeit" wirkt eben nicht nur nach außen im Sinne der Gewaltminderung, sondern auch nach innen in die Institution selbst. Hier löst er erst einmal Ängste und Konflikte aus, denn etwas, was sich bisher außerhalb der Grenzen der Männerinstitution Polizei befand, soll aufgenommen werden: die Frau als gleichberechtigte Kollegin; und es sind gerade die Besonderheiten ihrer Geschlechtsrolle, Konflikte anders als mit körperlicher Gewalt lösen zu müssen, die dem Polizeidienst zugute kommen sollen.

Durch die Frauen sollen Werte in der Institution Geltung erhalten, die im traditionellen Rollenverständnis des Mannes einen niedrigeren Status haben: Sprechen statt Handeln, Verständigungs- und Hilfsbereitschaft statt Polarisierung durch Gewaltdrohung und Gewaltanwendung, Vermeidung von Gewaltentwicklung statt Gewalteskalation. Daß diese „integrativen Werte", für die die Frauen als Symbol stehen, nicht die Oberhand gewinnen, dafür sorgt schon allein die Quotierung des Frauenanteils bei der Polizei auf 20%. Dennoch, der

Versuch der Integration traditionell weiblicher Werte in den Polizeidienst nimmt einen Konflikt in die Institution hinein, der sich bisher „draußen“ abspielte. Das heißt einerseits, daß die Institution auf ein bisher wesentliches abgrenzendes Identitätsmerkmal verzichtet, nämlich eine reine Männerinstitution zu sein, die die Werte verstärkt, die Männer unter sich teilen; das heißt andererseits, daß die Grenzen der Institution für gesellschaftliche Wertwandelprozesse durchlässiger werden.

2.3. Grenzüberschreitung

Nicht alle Begegnungen zwischen Bereitschaftspolizei und Friedensdemonstranten werden von Gewalt bestimmt. Genauso war in der Gruppe der Seminarteilnehmer auch von Gesprächen und freundlichen Gesten die Rede. In welche Schwierigkeiten man als junger Beamter gerät, wenn man mit der anderen Seite Kontakt aufnimmt, schildert ein Teilnehmer auf folgendem Bild.

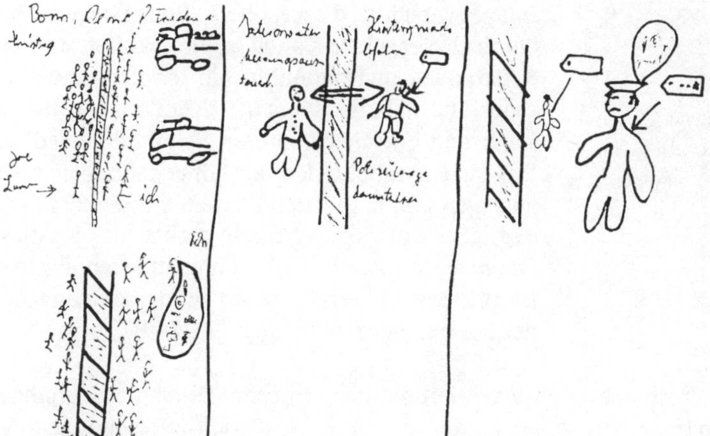

„Das ist also praktisch die Situation an der Bannmeile. Auf der einen Seite das Blaue stellt die Demonstranten dar ... und da unten ist der Jo Leinen, der mir da direkt gegenübersteht, so praktisch Auge in Auge. Mit dem unterhalte ich mich ... Das war unheimlich interessant für mich, auch mal die Meinung von etwas höheren Leuten auf der anderen Seite zu erfahren, also ein bißchen Hintergrundwissen auch mitzukriegen. Und das hat wohl jemand gesehen ... jemand da oben. Da kam von oben die Weisung, daß das doch zu unterbleiben hätte, weil sich das nicht gehörte oder was weiß ich, welche Gründe da mitspielten. Ich sollte mich doch mal ganz nach hinten bewegen. Das habe ich dann da dargestellt, daß ich also praktisch überhaupt nicht mehr an die Leute rankann, um so vielleicht ein bißchen das Image, das hier etwas gegeneinandersteht, abzubauen, weil mir das stinkt, daß immer gesagt wird: Polizei gegen Demonstranten, weil ja letztendlich nicht gesagt ist, daß der einzelne nicht vielleicht genau der gleichen Meinung ist oder zumindest Verständnis für die anderen hat. Und das Image verstärkt dieser obere Polizeibeamte dadurch, daß er solche Kontakte, die geknüpft werden, unterbindet, und daraufhin bin ich dann ziemlich sauer und habe versucht ... [Rückfrage von Forscher und Forscherin zu den Schulterklappen] ... Das sind Symbole, daß der höhersteht. Wer mehr zu sagen hat, hat letztendlich zu entscheiden, und daß ich da als kleiner Mann nichts bin. So diese Ohnmacht vielleicht auch. Ich weiß jedenfalls, daß ich im Moment eine Stinkwut auf denjenigen hatte, der das da angezettelt hat ..."(3/8–9)

Der Teilnehmer argumentiert auf zwei Ebenen: Einmal beschreibt er sein ganz persönliches Interesse an der anderen Seite. Zum anderen bezieht er sich auf „integrative Werte", von denen er annehmen kann, daß sie von der den Forschern gutgeheißen werden. Sein Konflikt besteht darin, etwas getan zu haben, das sich durchaus positiv legitimieren läßt im Sinne einer Verbesserung des Images der Polizei, daß er dafür aber von seinen Vorgesetzten nicht gelobt, sondern bestraft worden ist.

Was hat er nun „Schlimmes" getan? Er ergriff die Chance, sich mit Jo Leinen, der ihm direkt gegenüberstand, zu unterhalten, um so „auch mal die Meinung von etwas höheren Leuten auf der anderen Seite zu erfahren, also ein bißchen Hintergrundwissen auch mitzukriegen". Genau dies scheint ihm aber auf der eigenen Seite nicht zugestanden zu werden. Weder das Gespräch mit höheren Leuten, noch das Hintergrundwissen. – Wenn man jedem Beamten die Einsatzstrategie erklären solle, das gehe einfach nicht, war die Meinung der Ausbilder in der Polizeischule. Jo Leinen verhielt sich dagegen ganz anders. Er akzeptierte auch den einfachen Beamten als gleichrangigen Gesprächspartner „Auge in Auge".

In deutlichem Kontrast zu diesem Interaktionsangebot der Gegenseite steht die Anonymität, Sprach- und Verständnislosigkeit der eigenen Vorgesetzten, die den Kontakt von oben unterbinden und den Beamten von vorne nach „ganz hinten" verweisen. Er fühlt sich für etwas Ungehöriges bestraft, wie ein Kind von seinen Eltern oder wie ein Schüler von seinem Lehrer, dafür, daß er es nicht wert ist, in der ersten Reihe zu stehen. Der Fehler muß auf der moralischen Ebene liegen, vermutet der Teilnehmer. Gründe wurden ihm nicht genannt, so ist er auf seine Empfindungen angewiesen: „... weil sich das nicht gehörte oder was weiß ich, welche Gründe da mitspielten." Er muß gegen unausgesprochene Anstandsregeln seiner Institution verstoßen haben, deren Wertgrundlagen ihm jedoch nicht einsichtig sind. Dagegen führt er ins Feld, was er gerade „Wertvolles" für die Polizei zu tun versucht hatte, nämlich das Image abzubauen, sie sei gegen die Demonstranten eingestellt: „... weil ja letztendlich nicht gesagt ist, daß der einzelne vielleicht genau der gleichen Meinung ist oder zumindest Verständnis für die anderen hat".

Wie der Beamte erfahren muß, ist „Polizei gegen Demonstranten" gar kein Konflikt der Meinungen, sondern ein Gegeneinander unterschiedlicher Wertordnungen. Schon das Gespräch über die Grenze hinweg bringt den einzelnen Bereitschaftspolizisten in eine soziale Situation, in der er gegen Werte und Verhaltensnormen der eigenen Institution verstößt: Dort hat er nämlich nichts zu sagen, nichts zu fragen, und es wird ihm auch nichts erklärt, weil er ein einfacher Beamter ist. Auf der anderen Seite hingegen glaubt er sich als Person gefragt und fühlt sich als wichtiger Gesprächspartner anerkannt, unabhängig von Statusunterschieden.

Um in Kontakt mit der anderen Seite zu kommen, muß der Beamte die Regeln der eigenen Institution notgedrungen verletzen. Wie soll das sonst gehen? Kontakt- und Kommunikationsbereitschaft braucht den Einsatz der Person, die aus der Anonymität der Reihe heraustritt und Beziehungen anknüpft, für die sie selbst Verantwortung übernimmt. Das ist nicht vereinbar mit einer strengen Befehlshierarchie und dem Ziel, die Reihen geschlossen zu halten. Es sei denn, man vertraute mehr auf die Zuverlässigkeit der eigenen Beamten als auf Befehl und Gehorsam.

Dies tut der Vorgesetzte in der geschilderten Szene nicht, vielmehr macht er dem Teilnehmer unmißverständlich klar, welche Ordnung bei der Polizei gilt. Dabei bestraft er genau jene persönliche Verantwortungsbereitschaft, die sowohl für die Kommunikationsfähigkeit wie für die Zuverlässigkeit eines Beamten unerläßlich ist. Man könnte auch sagen, der Vorgesetzte traute seinem Beamten einfach nicht zu, daß er einem „Höheren" von der anderen Seite zuhören und trotzdem loyal bleiben kann. – Kein abwegiger Gedanke in einer Institution, in der Gehorsam so viel gilt.

2.3.1. Sich selbst aufgeben oder den Beruf aufgeben: Polarisieren als Konfliktabwehr

Von der Maßnahme fühlt sich der Teilnehmer gekränkt und abgewertet, er versteht sie nicht und fragt sich: „Warum macht der das, warum kannste keine klare Linie da drin erkennen?" Sein persönliches Engagement – so glaubt er – für ein besseres Image der Polizei wird nicht anerkannt, sondern bestraft. Statt Identifikation mit der Berufsrolle wird Unterwerfung gefordert. Ein so behandelter Beamter ist weder kontaktfreudig noch kommunikationsbereit, vielmehr ist er mit seiner Wut über die Kränkung beschäftigt, die er erlitten hat. Der Teilnehmer erinnert sich:

> „Daraufhin bin ich also dann ziemlich sauer ... Ich weiß jedenfalls, daß ich im Moment eine Stinkwut auf denjenigen hatte, der das da angezettelt hat ... Die einzelnen Zeichen sind zum Teil auch richtig gedeutet worden, da holt einer zum Tritt aus ... Dolch ist natürlich deutlich Wut, und das unten links bedeutet ein grünes Etwas auf einem schwar-

zen runden Kreis mit einem roten Inneren, soll also ein rot angelaufenes Gesicht darstellen, und da unten, das Blaue, die würgenden Hände ... Und diese schwarzen Buchstaben ... das soll ein Haufen Etwas sein. Daneben steht Mief. Das ist nur, um das so 'n bißchen zu verdeutlichen, was da so in mir vorging." (3/10–11)

Für die Darstellung der inneren Vorgänge werden von dem Teilnehmer Bilder und Symbole gebraucht, die an eine lebensgeschichtlich sehr frühe Situation der Abhängigkeit erinnern. Es ging ihm wie einem kleinen Kind, dem nichts anderes übrigblieb, als seine Wut auf die mächtigen Eltern zu schlucken. Was dem Beamten klargemacht wird, „... daß der höher steht, wer mehr zu sagen hat, hat letztendlich zu entscheiden, und daß ich da als kleiner Mann nichts bin. So diese Ohnmacht vielleicht auch", zwingt ihn auch, auf seiner Wut und der Empörung sitzenzubleiben. Sie staut sich an, nimmt ihm die Luft weg und „stinkt zum Himmel", wie man in der Alltagssprache sagt. Insgesamt vermittelt der Bericht den Eindruck, als hätte der Beamte, strafversetzt in die hinterste Reihe, sich mit einem phantasierten Dolch in der Hand in einer gefährlich explosiven Stimmung befunden. Wie geht es dann weiter? Interessanterweise bleiben auf dem Bild des Teilnehmers zwei Felder frei, was den Forscher zu der Frage veranlaßt:

Forscher: „Also, mir geht es so ähnlich wie, ich weiß nicht, wer das von Ihnen jetzt gesagt hat, das sind zwei Felder, das fällt sofort ins Auge, irgend etwas fehlt da noch. Es ist klar, was da fehlt, wie geht's weiter. Was macht man mit der Wut?" (3/12)

Stellvertretend zieht ein anderer Teilnehmer die noch offenen Konsequenzen aus der Geschichte.

Günter: „Vielleicht, daß er nachher 'ne Konsequenz zieht, entweder ich ordne mich jetzt unter, sag' gar nichts mehr, oder ich hör' eben auf damit." (3/12)

Für einen kontakt- und kommunikationsbereiten Beamten scheint bei der Polizei kein Platz zu sein. In der Schlußfolgerung, wie sie der

Teilnehmer formuliert, klingt aber auch Trotz mit, der an der zwingend dargestellten Alternative Zweifel aufkommen läßt. „Entweder ich ordne mich jetzt unter, sag' gar nichts mehr", klingt so, als ob man die Institution damit bestrafen könnte, daß man ein Verhalten verweigert, das sie doch gerne hätte, nämlich daß die Beamten etwas sagen. „Oder ich hör' eben auf damit", könnte auch heißen: Wenn ich das nicht durchhalten kann, muß ich eben ganz aussteigen. Sich unterordnen und dennoch etwas sagen scheint für die Teilnehmer nur schwer vereinbar und ein Schlüsselproblem ihrer beruflichen Identitätsfindung darzustellen: Sich selbst aufgeben oder den Beruf aufgeben – damit stellen sich die jungen Polizisten vor ein auswegloses Dilemma. Die eine Wahl kostet die persönliche, die andere die ökonomische Existenz. Auf beides kann man nicht verzichten. So scheint der einzig gangbare Weg, seinen Polizeiberuf auszuüben, darin zu bestehen, überhaupt nicht mehr nachzudenken, dann gerät man auch in kein Dilemma. Wie Polarisieren als Mittel der Konfliktabwehr wirkt, wird an folgendem Zitat deutlich:

Thomas: „Ich sehe da noch das Problem drin, daß man eigentlich etwas machen muß, was einem im Prinzip nicht paßt. Also, es wird etwas von oben angeordnet, und man ist da selber nicht mit einverstanden, bloß darf man da nicht bis in die letzte Konsequenz darüber nachdenken, denn wenn man das tut, müßte man eigentlich darauf kommen, daß man den falschen Beruf gewählt hat, und müßte dann aufhören … Ich meine, das ist ja jetzt nicht nur auf den Großdemonstrationen, das ist ja im Einzeldienst auch so. Entscheidungen, die man eben getroffen hat, wenn man sich darüber Gedanken macht, was man damit anrichtet, was das alles für Probleme nach sich zieht, ob das denn auch richtig ist oder ob das nicht richtig ist, das darf man also einfach nicht tun in so einem Beruf." (3/12–13)

Wenn das eigene Denken und Urteilen derart polarisierend dem Beruf gegenübergestellt wird, scheint es logisch, daß man darauf verzichten muß. Angesichts der auf die Spitze getriebenen Widersprüche braucht man sich um deren Vermittlung gar nicht erst zu bemühen.

2.4. Handeln in Konfliktsituationen: hart oder weich?

Wie nun verhalten sich Bereitschaftspolizisten in alltäglichen Konfliktsituationen? Wie wirken sich die bisher dargelegten Berufserfahrungen aus, wenn sie selbst entscheiden müssen, welche Regeln auf eine Situation angewendet werden und welche Werte dabei Vorrang erhalten sollen?

Die Texte, die ich bisher interpretiert habe, stammen aus der ersten Seminarphase, in der Bilder vorgestellt und besprochen wurden. Ich habe sie unter den anderen deshalb ausgewählt, weil auf dem einen Bild eine gewaltsame Konfrontation zwischen Demonstranten und Polizei, auf dem anderen ein Versuch, miteinander ins Gespräch zu kommen, dokumentiert ist. Zugleich behandeln die Bilder die Themen: Auseinandersetzung mit weiblicher Autorität (Friedensdemonstrantin / überlegene Frau / Friedensforscherin) und Auseinandersetzung mit männlicher Autorität (Jo Leinen / Vorgesetzter / Friedensforscher). Sie stehen an zentraler Stelle des Seminarprozesses.

Nach der Betrachtung der Bilder stellten wir den Teilnehmern die Aufgabe, aus den besprochenen Erfahrungen eine Konfliktsituation auszuwählen, die in einem Rollenspiel simuliert werden könne. Ziel des Rollenspiels sei die vertiefte Analyse von Bedingungsfaktoren polizeilichen Handelns. Das Rollenspiel sollte alle interessieren und etwas Typisches zum Ausdruck bringen.

2.4.1. Erste Spielidee: Demonstrationseinsatz

Der Entscheidungsprozeß der Gruppe wurde von uns angeleitet. Unsere Anregung, auch über ein Rollenspiel „Demonstrationseinsatz" nachzudenken, löste heftige Kontroversen zwischen den Vertretern harten und den Befürwortern weichen Einschreitens aus. Diese Kontroverse entfaltete sich an der Vorstellung, als Bereitschaftspolizist zum Innenschutz einer amerikanischen Kaserne eingesetzt zu sein, über deren Zaun Demonstranten klettern.

Zwei Möglichkeiten wurden in der Gruppe diskutiert:

Thomas: „Man kann die Leute auch über den Zaun klettern lassen und kann sagen, so, jetzt kommste mit, und schickt ihn vorne am Zaun wieder raus. Fünf Minuten später klettert er wieder rüber, und man schickt ihn wieder aus 'm Tor raus."

Gerd: „Da haste aber weniger mit erreicht, als wenn du ihn da vermöbelst und er dann überhaupt nicht mehr klettern kann." (6/42)

Auf der einen Seite könnte man mit Gewalt das Demonstrantenproblem ein für allemal „erfolgreich" beseitigen. Auf der anderen Seite ließe sich die Situation aber auch so regeln, daß dabei niemand zu Schaden käme. Das Gesetz fordert die weiche Maßnahme, darüber bestand in der Gruppe Einigkeit. Die Gefühle des Beamten tendieren dagegen bei solchen Demonstrationseinsätzen zu etwas ganz anderem.

Thomas: „Und rein rechtlich gesehen, muß das geringste Mittel gewählt werden, da brauchen wir uns doch auch nicht drüber unterhalten. Und das Wegtragen ist ein geringeres Mittel, als wenn ich jemand auf die Finger haue. ... Also ich kann mir nicht vorstellen, daß ich den ganzen Tag da die Leute wegtrage und immer schön mit das ist meine Aufgabe, das ist meine Pflicht, ich mache das jetzt ... und damit ist das gut. Ich kann mir ganz gut vorstellen, daß ich irgendwann mal in die Verlegenheit komme, mir zu überlegen, ob ich den nicht mal ganz derb in den Hintern treten soll, damit der von selber aufsteht und da weggeht." (7/15)

Der Beamte gerät also in einen inneren Konflikt zwischen den Werten und Normen seiner Berufsrolle und seinem subjektiven Bedürfnis, Gewalt anzuwenden.

Diese Variante des Wertkonfliktes war in der Gruppe bereits am Ende der Bildbesprechungsphase aufgetaucht. Bis dahin schien es nämlich so, als seien Polizeiführung, Institution und Gesetz gleichzusetzen mit der Anwendung harter Gewaltmittel, während der einfache Bereitschaftspolizist „weiche" Strategien der Gewaltvermeidung bevorzuge. Die Umkehrung der Positionen kündigte sich schon mit dem vorletzten Bild an, das in der Gruppe besprochen wurde:

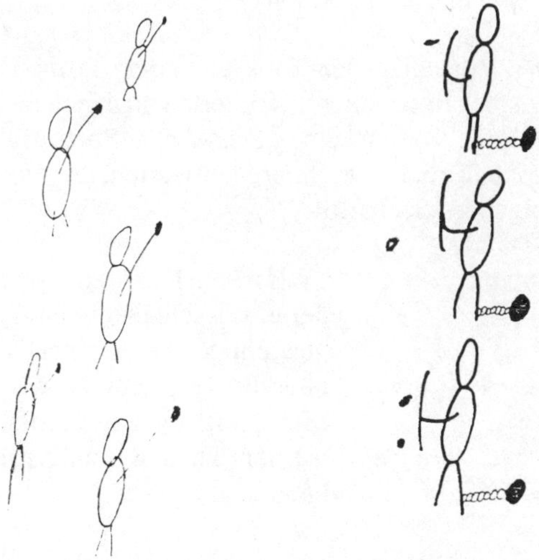

Der Teilnehmer, der das Bild gemalt hatte, beschwerte sich, daß die Führung nicht hart genug gegen steinewerfende Demonstranten vorgehe und er selbst als Polizist, an seine Aufgabe gekettet, sich nicht angemessen wehren dürfe. Dagegen forderte er wirksame Gewaltmaßnahmen.

Reiner: „Wenn da einmal vernünftig durchgegriffen würde, dann würde das auch nicht mehr vorkommen." (5/33)

Thomas: „... den Schlagstock rausholen und dann auch voll zuschlagen, damit die das auch richtig merken. ... Die Dinger, die tun weh, oder das ist unverhältnismäßig, wenn auch mich einer mit Steinen schmeißt, irgendwie privat, dann haue ich dem solange was auf die Finger oder auf den Kopf, bis er dann keine Lust mehr dazu hat. Und das ist 'ne vollkommen natürliche Reaktion. Ich aber als Polizist, ich muß jetzt hier stehenbleiben, das Schutzschild hochhalten, und muß mich beschmeißen lassen. Das ist doch irgendwie nicht ganz in Ordnung." (5/34)

Der Vorschlag der Forscher, einen Demonstrationseinsatz im Rollenspiel zu simulieren, forderte von den verschiedenen Parteien in der Gruppe, sich auf eine *gemeinsame* Spielidee zu einigen. Das jedoch geschah nicht. Vielmehr entwarfen die Vertreter der harten Linie folgendes Szenario:

Robert: „Wir bauen hier 'nen großen Zaun auf, der Kollege, der etwas schlankere da [gemeint ist ein besonders gewichtiger Teilnehmer], der legt sich hier mal hin und der [gemeint ist der Vertreter der weichen Linie] trägt ihn ein paarmal rüber und anschließend werden wir mal demonstrieren, wie wir das dann handhaben." (7/8)

Bei der Diskussion über diesen Vorschlag kam es zu einer heftigen Auseinandersetzung, in deren Verlauf sich die Gruppe zunehmend polarisierte. Worum es dabei eigentlich ging, brachte der Vertreter der weichen Linie zum Ausdruck:

Gerd: „Ja, ja, es ist eigentlich nicht viel in der Szene drin, sondern in der Meinungsverschiedenheit, daß er [gemeint ist der Vertreter der harten Linie] 'ne andere Meinung hat als ich und daß er seine Meinung vertritt und ich meine Meinung vertrete. Da ist vielleicht viel drin. Also insofern ist nicht die Szene brisant, sondern die Art und Weise, wie das auch vorgetragen wird, die Art und Weise, wie man sich praktisch 'ne Meinung überlegt und daran festhält."

Mathias: „Dann müßten wir uns aber überlegen, welche Meinung besser ist. Und das könnten wir eben dadurch durchspielen, daß du hier bis 16 Uhr einen trägst."
(Gelächter)

Mathias: „Dann sieht man das, welche Meinung besser ist." (7/23)

Die Kontroverse um hartes oder weiches Einschreiten gegen Demonstranten ist mit sprachlichen Mitteln in der Gruppe offensichtlich nicht lösbar. Die Teilnehmer beziehen jeweils Extrempositionen mit dem Ergebnis, daß es nicht mehr um die Problematik polizeilichen Handelns bei Demonstrationseinsätzen geht, sondern darum, ob sich die Vertreter der harten Linie auf Kosten der weichen durchsetzen können. Bezeichnenderweise soll der Streit der Meinungen nicht mit Argumenten ausgefochten werden, sondern die Überlegenheit der harten Linie soll durch Handeln demonstriert werden.

In diesem Seminarabschnitt steht die Integrationsfähigkeit der Seminarteilnehmer als Berufsgruppe selbst auf dem Spiel. Der aktuelle Einigungsprozeß über ein Rollenspiel gibt auch darüber Auskunft, wie fähig die jungen Bereitschaftspolizisten sind, konträre Meinungen zu integrieren. Beim Thema Demonstrationseinsatz ist offensichtlich eine Grenze erreicht. Der Verlauf des Einigungsprozesses zeigt, daß es den Teilnehmern nicht möglich ist, die Positionen „hart" oder „weich", die sich gegenseitig ausschließen, aufzugeben und in Überlegungen über angemessenes Verhalten in konkreten Fällen einzutreten. Statt sich über die Berechtigung unterschiedlicher Meinungen zu verständigen, polarisiert sich die Gruppe.

Betrachtet man das Ergebnis dieses Prozesses, so haben beide Parteien gemeinsam verhindert, daß ein Konflikt zwischen Polizei und Friedensdemonstranten im Rollenspiel simuliert und damit einer erhellenden Analyse zugänglich gemacht werden konnte.

2.4.2. Erstes Rollenspiel: „Haben Sie doch Verständnis, Herr Wachtmeister"

Anstelle der Demonstrationsszene wählten die Gruppenmitglieder schließlich eine Konfliktsituation aus, die auf den ersten Blick recht harmlos aussieht. Zwei Jungen im Alter von vierzehn und fünfzehn Jahren fahren zu zweit auf einem Mofa mit glatten Reifen. Was soll man als junger Bereitschaftspolizist tun? Das Gesetz sieht eine Anzeige vor, andererseits hat man aber auch Verständnis für die Jugendlichen. Diese Situation hatte einer der Seminarteilnehmer in der Vergangenheit real erlebt und auf seinem Bild dargestellt. Damals war er in Begleitung eines älteren Kollegen, der, ohne zu zögern, eine Anzeige schrieb; er selbst hätte gern anders gehandelt.

Robert: „Und ich fand das auch ein bißchen hart. Der eine, der war so grade fünfzehn geworden vor 'n paar Tagen, und der andere noch vierzehn, und das fand ich also ein bißchen hart, wenn die zwanzig Mark bezahlt hätten, dann wären die bestraft genug gewesen. Dann hätte man das Mofa stillgelegt und die hätten das nach Hause geschoben. Da wären die bestraft genug mit gewesen, als wieder noch 'ne Anzeige zu schreiben ... der Kollege, der hat natürlich korrekt gehandelt. Er konnt' natürlich die Anzeige schreiben, das ist nichts Widerrechtliches so. Nur käme man da vielleicht in eine Situation, wo man überlegt, ob man das macht oder nicht. Das wär' vielleicht schon so 'n Problem." (5/41–42)

Die Gruppe beschloß, diesen Konflikt zu simulieren, um auszuprobieren, wie man denn selbst in einer solchen Situation reagieren würde. Im Hintergrund stand die Kritik an dem harten Beamten, der ohne Rücksicht auf Person und Situation seine Maßnahme durchzieht, und der Wunsch, es selbst anders zu machen.

Gerd:	„Das hätte er doch auch anders regeln können, ich meine, indem du einfach 'ne Mängelkarte schreibst für die glatten Reifen."
Robert:	„... 20 Mark und das Ding nach Hause schieben und fertig. Das sind doch noch Kinder, da kann man doch nicht." (5/43)

So weit diese „Mofa-Szene" auch von dem zuvor erörterten Demonstrationseinsatz entfernt zu sein scheint, so geht es doch im Kern um dasselbe Thema: hartes oder weiches Einschreiten der Polizei.

Der Spielverlauf

Um so mehr überraschten der Spielverlauf und das Spielergebnis. Drei Parteien treten auf: die Öffentlichkeit in Form von Passanten und Presseleuten, die Mofa-Fahrer und zwei Bereitschaftspolizisten mit ihrem Dienstgruppenleiter. Der bleibt still im Hintergrund, während einer der Beamten die beiden Jugendlichen anhält.

Polizist:	„Ihr wißt ja, daß zu zweit fahren auf dem Mofa nicht erlaubt ist."
Die Jugendlichen:	(Murmeln)
Polizist:	„Hach, die beiden Reifen sind ja blank. Was sagste denn dazu?" (8/4)

Daraufhin versuchen die Jugendlichen zu erklären, in welcher Notlage sie sich befinden: Das Geld für die Reifen sei gerade erst mühsam zusammengespart und der eine müsse den anderen ganz schnell nach Hause bringen, sonst passiere ein Unglück. Diese Schilderung wird von dem Wachtmeister jedoch so frühzeitig unterbrochen, daß die Hintergründe des Verhaltens nicht zur Sprache kommen können. So sehr sich die Jugendlichen auch bemühen, Verständnis bei dem Polizisten zu erwecken, er bleibt stur und schreibt die Anzeige.

Auch im simulierten Konflikt werden die Jugendlichen also mit der härtesten Maßnahme bestraft, obwohl doch vorher ganze andere Möglichkeiten in der Gruppe diskutiert worden waren: wie man sowohl seiner Pflicht als auch den Jugendlichen hätte gerecht werden können.

Am Spielgeschehen möchte ich exemplarisch untersuchen, warum diese integrative Lösung nicht verwirklicht wird und warum sich die „harten“ gegen die „weichen“ Handlungsimpulse durchsetzen.

Den Konflikt auf jeden Fall vermeiden

Ein erster Hinweis auf die Ursachen der harten Maßnahme gegen die Jugendlichen findet sich im Gespräch über die Rollenverteilung, mit dem das Spiel vorbereitet wird. Keiner will die einschreitenden Polizisten spielen. Warum? Wenn man als Polizist „eine Anzeige schreibt und ein Dienstgruppenleiter sagt, das ist doch ein armer Jugendlicher, das kannst du doch nicht machen ... Entweder macht er es so, oder man schreibt keine Anzeige, und er sagt, hör mal zu, da wär' aber 'ne Anzeige fällig“ (7/38). Die Situation ist mehrdeutig, man kann sie so oder so entscheiden. Der Vorgesetzte könnte sowohl eine weiche als auch eine harte Linie vertreten, das scheint nicht vorhersehbar. Damit scheidet die Meinung des Vorgesetzten als sicherer Orientierungspunkt aus. Man muß selbst handeln und ist dabei der Gefahr ausgesetzt, durch ihn kritisiert zu werden.

Die Lösung, die ein Teilnehmer schließlich in diesem Dilemma anbietet, lautet: „Wenn du 'ne Anzeige schreibst, ist doch alles in Ordnung.“ Schon vorher hieß es, daß die Anzeige ja durchaus legal gewesen sei, nur war sie eben nach Auffassung der Teilnehmer nicht angemessen. Jetzt, bei der Rollenverteilung, wird daran erinnert, daß man sich ja wieder bloß korrekt zu verhalten brauche, dann hätte man kein Problem und könne den Polizisten ruhig spielen. Das eigentliche Risiko scheint für den Bereitschaftspolizisten in der Offenheit der Situation zu liegen: selbst über die Maßnahme entscheiden zu müssen.

Daß sich im Spiel dann tatsächlich die harte Linie durchsetzt, ist ein Ergebnis des Zusammenspiels aller Beteiligten, nicht nur der einschreitenden Polizisten. Der erste Schritt dazu ist der Vorschlag eines Teilnehmers, nicht durcheinanderzusprechen, auf den sich die Gruppe vor Spielbeginn einigt. Diese Regel soll garantieren, daß man hinterher auf dem Videoband jeden verstehen kann und daß alle zu Wort kommen können. Doch das Gegenteil tritt ein: Die Regel verhindert die spontane Entfaltung der Widersprüche und Standpunkte in der Situation. Sie sorgt für Ordnung und Spielraum für den Polizisten, der die Ordnung vertritt, und verhindert, daß sich die Passanten zugunsten der Jugendlichen einmischen. So kommt es, daß die Spielbeteiligten zwar nacheinander, aber nicht miteinander sprechen.

Die Öffentlichkeit

Nach dem Spiel beschweren sich die Passanten: „... das ist alles zu schnell abgelaufen. Erst mal hier, die Jungens konnten nicht ausreden und wurde eben alles schnell aufgeschrieben und dann wurde gesagt ... jetzt 'ne Anzeige, wir als Passanten kamen da auch nicht zwischen"(8/21).

Ihrer eigentlichen Auffassung machen die Passanten erst Luft, als schon alles vorbei ist. Sie verfassen eine Zeitungsmeldung: „Blind oder blöd. Polizei schlägt zu. Mofa-Fahrer müssen bluten. Zwei Passanten wurden am Donnerstag Zeugen eines harten Einschreitens der Polizei."

Diese Zeitungsmeldung wird außerhalb der Spieldynamik verfaßt. Die Passantendarsteller gehen dazu in einen anderen Raum, in dem sie von den anderen nicht gestört werden können. So wenig wie bei der Diskussion um den Demonstrationseinsatz die Vertreter der harten und die der weichen Linie wirklich *miteinander* sprechen, so wenig kommen die Gegenpole hier in Kontakt. Hier wird die harte Tendenz von den einschreitenden Polizisten vertreten, das Bedürfnis nach einer weichen Linie wird an die Öffentlichkeit, Passanten und Presse, delegiert. Damit ist der Gegensatz zwischen hart und weich, der zuvor die Berufsgruppe zu spalten drohte, auf einen Konflikt zwischen Polizei und Öffentlichkeit übertragen worden. Was vorher in der Berufsgruppe unvereinbar war (hart oder weich), erscheint jetzt als ein Gegensatz zwischen Polizei (Institution = innen) und Bevölkerung (Öffentlichkeit = außen).

Als die Presseleute den Raum verlassen, kommt sinnbildlich zum Ausdruck, daß entweder nur das eine oder das andere Platz hat. Die Vertreter der weichen Tendenz suchen sich ihren Raum draußen. So wie die Regel, nicht *durcheinander* zu sprechen, die Dinge in ein zeitliches Nacheinander gebracht hat, so sorgt der Raumwechsel für die räumliche Trennung der Widersprüche. Was dabei vermieden wird, ist der lebendige Austausch: der Konflikt, aber auch die Möglichkeit der Annäherung der Standpunkte. Hier wiederholt sich die Grundfigur der Polarisierung, die ich schon in Kapitel 2.3.1. als ein Mittel beschrieben habe, einer konflikthaften Entwicklung vorzubeugen. Im

Mofa-Spiel ist die Gestalt verändert. Es geht nicht mehr um die Abwehr eines inneren Konflikts (sich selbst aufgeben oder den Beruf aufgeben), sondern um die Auseinandersetzung zwischen Polizei (hart, innen) und Öffentlichkeit (weich, außen).

Das Spielergebnis bietet ein entsprechend polarisiertes Bild. Die Polizei schlägt zu, die Öffentlichkeit ist nachträglich empört. Wie sich im Auswertungsgespräch herausstellt, richten sich die Erwartungen der Seminarteilnehmer, daß weiche Tendenzen die Oberhand gewinnen mögen, durchaus auf einen Dialog zwischen Polizei und Öffentlichkeit. Nur können die jungen Polizisten das Spiel offensichtlich nicht so spielen, wie sie es sich wünschen.

Klaus: „... Also ich kann mir vorstellen, daß da draußen, wenn da wirklich der DGLer [Dienstgruppenleiter] kommt, daß der sich die Passanten dann vornimmt und mit denen redet ...“ (8/21)

Rüdiger: „Es ist ja draußen auch so, wenn die sich unterhalten, da kommt einer angequatscht und haut den Jungen auf die Schulter oder auf die Seite und sagt, komm her ... Mistpolizei, ja gut so, und früher war das auch nicht so, was weiß ich, so reden die Leute doch. Hier, ob ich das machen soll oder so, die reden doch auch dazwischen.“ (8/24)

Das gelingt den Seminarteilnehmern jedoch nicht, ebensowenig wie es dem Darsteller des DGL im Spiel einfällt, mit den Passanten zu reden. Vielmehr unterstützen alle gemeinsam, ob bewußt oder durch Unterlassung, die harte Linie der einschreitenden Polizisten. Was ist der Sinn dieser Härte?

Die Polizei

Wie der Teilnehmer hinterher erklärte, wollte er als Polizist im Spiel bewußt verhindern, daß er in ein Gespräch mit „irgend jemand“ verwickelt wird und sich dessen Argumente anhören muß. Eines seiner Mittel ist Schnelligkeit.

Der Polizist: „... mein Ziel war auch ... die Mofa-Fahrer-Ansprüche möglichst ganz flott über die Bühne zu kriegen, denn je mehr Zeit ich spare, desto weniger muß ich mir anhören von irgend jemand. Je schneller ich also von dieser Situation wegkomme, um so weniger Aufhänger hat die Presse, sich da, was weiß ich, dran hochzuziehen." (8/25)

Auf diese Weise blockiert er einmal, was die Passanten zu sagen hätten. Aber auch die Jugendlichen sollten sich nicht erklären können. Auf sie macht das Verhalten des Polizeibeamten folgenden Eindruck:

Max: „Ich hatte also das Gefühl, daß dieser junge Polizeibeamte, daß er morgens auf die Straße gegangen ist mit dem Gedanken, so, heute kriegt irgend jemand 'ne Anzeige von mir. Also das Gefühl hatte ich so. Er hat mich nicht vernünftig erklären lassen oder zu Ende sprechen lassen, warum die Reifen abgefahren sind und daß da auch tatsächlich neue draufkommen, und warum wir beide, vor allen Dingen, warum wir beide auf dem Mofa gewesen sind." (8/17)

Es scheint, als solle sprachliche Verständigung zwischen der Polizei und ihrem Gegenüber überhaupt verhindert werden. „... ganz einfach, um Konflikte zu vermeiden, die dadurch entstehen können, daß man was sagt", erklärte dazu der Polizist des Rollenspiels (8/25). Diese Vermeidungsstrategie wird bis zum Schluß durchgehalten. Sie sorgt dafür, daß die Tatsachen, die für ein weiches Einschreiten sprechen könnten, nicht gehört werden müssen. Und selbst noch in der Auswertungsphase des Spiels wird von der Gruppe verhindert, daß die Jugendlichen die Notlage schildern, in der sie sich zu zweit auf dem Mofa befanden. Welchen Sinn dieser Widerstand hat, geht aus folgendem Auswertungsdialog zwischen einem Teilnehmer und dem Polizisten des Rollenspiels hervor:

Ein Teilnehmer: „Wenn er die Geschichte zuerst erzählt hätte, hättest du ihn dann ...?"
Der Polizist: „... wäre das mit Sicherheit anders gelaufen."
Ein Teilnehmer: „Dann hättest du was ganz anderes gemacht, oder?"
Der Polizist: „Bestimmt. Also wenn ich erkannt hätte, daß hier also 'ne Situation vorliegt, daß der praktisch zu

Hause Prügel kriegt, nur wenn er zu spät nach Hause kommt, dann hätte ich vielleicht was anderes gemacht." (8/40)

Das Wort „vielleicht" stellt aber auch diese Möglichkeit in Frage ebenso wie der anschließende Zusatz „wenn ich das geglaubt hätte". Was verunsichernd wirkt, braucht man einfach nicht zu glauben. Und selbst wenn der Teilnehmer, wie er erklärt, an seiner Maßnahme schließlich doch noch irre geworden wäre, wäre er letztendlich nicht davon abgewichen. Warum, das begründet er mit folgenden Worten: „Auch aus Sicherheitsgründen nicht, als Beamter. DGL [der vorgesetzte Dienstgruppenleiter] ist dabei, und wenn ich dann sage, nur 'ne Mängelkarte …" – kann das Konsequenzen haben für meine Sicherheit als Beamter.

Eigensicherung

So wird der vorhandene Ermessensspielraum paradoxerweise nicht zugunsten der betroffenen Jugendlichen, sondern zugunsten der Eigensicherung des Beamten vor seiner Institution genutzt. Hinter der Angst, seine Maßnahme nicht durchziehen zu können und deshalb alles abblocken zu müssen, steht die Angst vor dem strafenden Vorgesetzten. Diese Angst ist ein Motiv, das sich in der Situation von Anfang an als handlungsleitend durchsetzt.

Aber warum fallen demgegenüber die weichen Anteile, die dem Vorgesetzten ja auch zugeschrieben werden, so wenig ins Gewicht? Bei der Spielauswertung versicherte der Darsteller des Dienstgruppenleiters, er hätte jede Maßnahme seines untergebenen Kollegen mitgetragen und in keinem Fall reingeredet. In der Vorstellung der jungen Bereitschaftspolizisten kommt der verständnisvolle Vorgesetzte, der mit den Passanten geredet hätte und auf seiten der „armen Jugendlichen" gewesen wäre, ja durchaus vor. An ihn richten sich die Hoffnungen. Die Angst der Teilnehmer gilt jedoch dem harten, strafenden Vorgesetzten. Davor müssen sie sich schützen. Ihr Ausweg besteht darin, sich mit der Härte zu identifizieren und sich blind und taub zu stellen gegen alles, was diese Lösung in Frage stellen könnte, seien es innere oder äußere Stimmen. Denn wenn man selbst die härteste Maßnahme ergreift, hat man von einem harten Vorgesetzten nichts zu befürchten. Man kann die eigene Verletzlichkeit dadurch schützen, daß man anderen gegenüber hart ist.

Die Vertretung bzw. Durchsetzung alternativer Werte wird dann von anderen erwartet, nur nicht von sich selbst: von der Öffentlichkeit, den Passanten, von Friedensdemonstranten und von der eigenen Führung. Nur der Vorgesetzte könnte das tun, was man sich selbst nicht zu tun getraut. So erklärt es sich auch, warum die Seminarteilnehmer sich einerseits ein flexibles, situationsangemessenes Einschreiten wünschen, selbst aber, wenn es ans Handeln geht, zur härtesten Maßnahme greifen. Durch Anlehnung an die strafende Autorität schützen sie sich vor der strafenden Autorität. Es ist klar, warum harte und weiche Handlungstendenzen nicht in einen lebendigen Austausch treten dürfen, denn die harten Maßnahmen sollen ja die eigene Weichheit und Verletzlichkeit schützen.

Bezeichnenderweise wollten die Jugendlichen im Spiel den Polizisten mit einer Geschichte „erweichen", in der der strafende Vater die Hauptrolle spielt. Als ob er das geahnt hätte, bricht aber der Polizist das Gespräch genau an der Stelle ab, an der er Gefahr läuft, Verständnis zu entwickeln. Dazu erklärt er hinterher: „... also er hat praktisch mit der Entschuldigung, mit dem, wo ich vielleicht hätte was raushören können, hat er angefangen, als ich's schon leid war. Dann ist er erst praktisch mit den Tatsachen auf den Tisch gekommen und hat gesagt, hier, der Vater trinkt, und er wird ihn schlagen." (8/40)

So exerziert die Gruppe ihre Lösung des Autoritätskonfliktes stellvertretend an dem Gegenüber, das eigentlich ihre Ängste und ihre Wünsche nach Verständnis zum Ausdruck bringt.

Zwei Varianten des Autoritätskonflikts

Die Mofa-Situation bringt eine Variante des Autoritätskonflikts und seiner Lösung zur Anschauung. In dieser vertritt die Führung die harte Linie, die jungen Beamten dagegen wünschen sich mehr Verständnis für die Jugendlichen, auch wenn sie selbst dann anders handeln. Genauso gibt es in der Gruppe aber auch die Auffassung, daß die Führung zu nachgiebig sei und man dadurch selbst zu härteren Reaktionen gezwungen sei. Ich erinnere an die Auseinandersetzung um den Demonstrationseinsatz. Dann kommt es zu sogenannten polizeilichen Übergriffen, deren Verantwortung wiederum der Führung zugeschrieben wird.

Durch eine zu nachgiebige Haltung Demonstranten gegenüber überfordere die Führung ihre Beamten. Diese wiederum greifen zur Selbstverteidigung, schlagen zurück, „vermöbeln" Demonstranten, treten ihnen „in den Hintern, damit sie von selbst aufstehen", vorausgesetzt, sie befinden sich gerade außer Kontrolle ihrer Vorgesetzten. Daß solche Reaktionen „natürlich" sind, sollte mit dem vermiedenen Rollenspiel Demonstrationseinsatz gezeigt werden.

Betrachtet man das Verhältnis zwischen Vorgesetzten und Untergebenen, wie es sich bisher, nach dieser ersten Spielphase, dargestellt hat, so ergibt sich folgendes Bild:

- Entweder reagiert die Führung zu hart, dann muß man sich – wenn man sich etwas anderes wünscht – durch eigene Härte vor Verletzungen und Kritik durch seine Vorgesetzten schützen (Mofa-Spiel).
- Oder die Führung reagiert zu weich, dann muß man sich durch Härte gegen Verletzungen von außen (steinewerfende Demonstranten) verteidigen.

In beiden Fällen ist Härte das Ergebnis der Konfliktverarbeitung.

Daß diese Lösung nicht nur den individuellen Ängsten und Bedürfnissen der Seminarteilnehmer entgegenkommt, sondern auch mit den Werten übereinstimmt, die durch die institutionelle Struktur vermittelt und „positiv sanktioniert" werden, macht folgende Äußerung eines Teilnehmers deutlich:

> „... wenn der Vorgesetzte dabei ist, sagen wir mal, ich mach 'ne Kontrolle ... und man will ihm also besonders gut irgendwie auffallen, da wird dann der Ermessensspielraum irgendwie weniger, daß man da zu dem Höchsten greift." (6/9)

2.4.3. Zweites Rollenspiel: Zwischen den Fronten

Nach den Erfahrungen des ersten Spiels wollte sich die Gruppe in einem zweiten Rollenspiel auf einen offeneren Konflikt einlassen. Da die Regel, nicht durcheinander zu sprechen, viel verhindert hatte, sollte sie diesmal nicht gelten. Die Teilnehmer sprachen sich für eine Situation aus, die nicht, wie ein Verkehrsdelikt, nach „Schema F" gelöst werden könne. Sie entschieden sich für eine Familienstreitigkeit, zu der die Polizei gerufen wird. „Das ist 'ne Situation, da weiß man jetzt wirklich nicht, wenn man dazukommt. Entweder geben sie jetzt Ruhe ... oder die sind sich auf einmal einig, und dann müssen wir aufpassen, daß wir nichts auf die Jacke kriegen." (9/5)

Bei der Spielvorbereitung achtete die Gruppe besonders darauf, daß nicht zuviel festgelegt wurde. Die Polizei sollte mit einer unbekannten und unüberschaubaren Lage konfrontiert werden.

Der Spielverlauf

Wieder treten drei Parteien auf: die Familie, die Nachbarn (Öffentlichkeit) und die Polizei. Das Spiel beginnt damit, daß sich die vier Familienmitglieder lautstark streiten. Die Nachbarn rufen die Polizei. Diese ermahnt die Familie zur Ruhe. Kaum sind die Beamten verschwunden, wird es wieder laut, so daß die Nachbarn sich ein zweites Mal an die Polizei wenden. Die tritt nun sehr viel energischer gegenüber der Familie auf, die sich ihrerseits dagegen empört. Es entwickelt sich ein Handgemenge, der Familienvater versucht, den einschreitenden Polizisten rauszuwerfen, dieser fordert Verstärkung an. Im Polizeigriff wird der Vater abgeführt. Als die anderen Familienmitglieder sich weigern, ihre Personalien anzugeben, werden auch sie abgeführt. Danach will der Beamte für die Zeugenaussagen die Personalien der Nachbarn aufnehmen. Doch diese haben auf einmal nichts gehört und nichts gesehen. So muß die Polizei die ganze Familie wieder freilassen. Einträchtig feiern die Nachbarn und die Familie ihren Sieg über die Polizei.

Daß sich die Konfliktparteien gegen die Polizei solidarisieren, überraschte alle Beteiligten. Der Spielausgang bietet wiederum ein polarisiertes Bild zwischen der Polizei auf der einen, der Bevölkerung auf der anderen Seite. Nur, daß die Beamten diesmal ihre Maßnahme nicht „durchziehen" konnten, weil sie auf die Unterstützung durch die Bevölkerung angewiesen waren. Es sieht so aus, als hätte die Gruppe diesmal gespielt, wie man die Polizei erfolgreich „reinlegen" kann. Waren im „Mofa-Spiel" die Jugendlichen die Dummen, wird im „Familienspiel" der Spieß umgedreht. Die Beamten werden Opfer ihrer eigenen Maßnahmen. Wie konnte das geschehen?

Die Natur des Konflikts

Die Konfliktsituation, die im Familienspiel simuliert wurde, unterscheidet sich grundlegend von einem Verkehrsdelikt. Ein Verstoß gegen die Straßenverkehrsordnung wird auch nach den Regeln der Straßenverkehrsordnung geahndet. Der Beamte schreitet von sich aus ein und hat im Rahmen festgelegter Maßnahmen einen geringfügigen Ermessensspielraum.

Familienkrach wird dagegen erst dann zum Anlaß polizeilichen Handelns, wenn sich jemand gestört fühlt. Und gar die Ursachen einer Familienstreitigkeit gehen die Polizei gar nichts an. Die Beamten werden im Rollenspiel von den Nachbarn gerufen, die sich ihrer Nachtruhe beraubt fühlen. Das heißt, sie sind, anders als im Mofa-Spiel, nicht in ihrer strafverfolgenden, sondern in ihrer schützenden Funktion angesprochen (die Polizei, dein Freund und Helfer). Sie sind aufgerufen, zwischen dem Recht der Familie auf freie Entfaltung in ihrer Privatsphäre und dem Recht der Nachbarn auf Ruhe zu vermitteln. Der Natur nach handelt es sich also um einen Werte- und Interessenkonflikt, in dem die Polizei dem höherrangigen öffentlichen Interesse Schutz und Nachdruck verleihen soll. Andererseits kann aber auch nicht ausgeschlossen werden, daß der Familienstreit mit einer Straftat zusammenhängt oder aber ein Familienmitglied vor einem anderen geschützt werden muß. Die Beamten stehen also vor einer äußerst komplexen Situation, in der sie selbst erst noch herausfinden müssen, wie der Konflikt gelagert und welche Maßnahme angebracht ist.

Die Familie

Bezeichnenderweise hatte sich die Familie bei der Spielvorbereitung vorgenommen, sich um gar nichts zu streiten, vielmehr einfach nur Krach zu machen. Auf die Frage der Forscherin: „Also, womit können Sie jetzt Ihrem Kollegen eine schwierige Situation präsentieren?", werden folgende Phantasien ausgetauscht: „Prügel würde ich sagen. Man weiß nicht, wer schuld ist." „Die Nachbarn rufen an, weil es hier zu laut ist oder so … und wenn die reinkommen … mehr oder weniger Einigkeit, weil man die wieder raushaben will oder so." „Und dann sind die wieder draußen und dann geht's wieder los." (9/19)

Diese Strategie wird im Rollenspiel durchgehalten, und sie bringt die einschreitenden Polizisten tatsächlich in eine verzwickte Lage.

Die Polizei

Bei ihrem ersten Auftreten halten sich die Beamten strikt an den Auftrag, dem öffentlichen Interesse an Nachtruhe Nachdruck zu verleihen.

Polizist: „Ja also, die Nachbarn fühlen sich durch Ihren Lärm belästigt, ich möchte Sie doch bitten, hier mal ein bißchen ruhiger zu sein." (9/25)

Anschließend wollen die Nachbarn, die vor der Wohnungstür gewartet haben, wissen, warum die Polizei nicht mehr unternimmt.

Nachbar: „Nehmen Sie denn keinen mit? Die fangen doch gleich wieder an. Das ist doch immer so."
Polizist: „Ja, ich kann's doch nicht ändern, die Leute sind jetzt ruhig. Für mich besteht da keinerlei Berechtigung, da irgend was zu machen."
Nachbar: „Und was machen wir, wenn die wieder Krach machen? Wir können doch nicht schlafen. Wir müssen doch morgen arbeiten."
Polizist: „Ja, dann müssen Sie uns noch einmal Bescheid sagen … wir sind sofort wieder da, alles klar?" (9/25)

Der Beamte klärt die Bürger über den rechtsstaatlich begrenzten Handlungsspielraum der Polizei in einem Interessenkonflikt auf und läßt sich nicht provozieren.

Als er zum zweiten Mal gerufen wird, verläßt er jedoch diese Position zwischen den Parteien. Es sieht so aus, als hätte das Drängen der Nachbarn auf härteres Einschreiten doch seine Wirkung getan. Die Polizisten treten sehr autoritär auf, was den Vater der Familie zur „Revierverteidigung" provoziert.

Polizist: „Jetzt ist aber Ruhe hier."
Vater: „Was ist los, was wollen Sie denn schon wieder hier?"
Polizist: „Geben Sie mir mal das Spielzeug da her." (Der Polizist nimmt vom Tisch eine Schere in Verwahrung.)
Nachbar: „Atze, was haste gemacht wieder mal?" (Die Nachbarn drängen in die Wohnung.)
Vater: „Raus hier."
Zweiter Polizist: „Verlassen Sie bitte die Wohnung." (Die Nachbarn werden aus der Wohnung gedrängt.)
Nachbar: „Wenn de Stunk hast, sag Bescheid, alles klar? Denkst an mich, ich wart oben."

Polizist:	„Also, was war jetzt los hier?"
Vater:	„Raus."
Polizist:	„Was raus?"
Mutter:	„Was wollen Sie denn hier? Raus hier."
Vater:	„Ich zeig' Sie an, das ist Hausfriedensbruch."
Polizist:	„Ja, machen Sic das, wollen sie meinen Namen haben?"
Vater:	„Ja, ja."
Polizist:	„Also ich mein', so langsam ist das gut hier, das wird mir ein bißchen zuviel" (9/27).

Die Auseinandersetzung eskaliert. Aus dem ursprünglichen Interessenkonflikt zwischen der Familie und den Nachbarn wird ein Machtkonflikt zwischen der Polizei und der Familie. Gleichzeitig wird der eigentliche Konfliktgegner, die Nachbarn, an den Rand des Geschehens (aus der Wohnung) abgedrängt. Man könnte auch sagen, die Polizei zieht den Konflikt an sich, sie bietet sich der streitenden Familie als Gegner an – deutlich in der Formulierung des einschreitenden Polizisten: „Also ich mein', so langsam ist es gut hier, das wird mir ein bißchen zuviel" Die streitenden Familienmitglieder haben auf einmal einen gemeinsamen Feind und auch die Nachbarn signalisieren Unterstützung. Jetzt geht es nicht mehr um Ruhe, sondern um eine Auseinandersetzung mit der Polizei. Zunächst sieht es so aus, als würde die Polizei sie gewinnen, doch die Rechnung ist ohne die Nachbarn gemacht.

Die Nachbarn

Die Nachbarn vertreten im Spiel die Interessen der Öffentlichkeit. An ihrem Agieren ist abzulesen, mit welchen widersprüchlichen Erwartungen aus der Bevölkerung die Polizei konfrontiert ist. Einerseits soll sie deren Interessen wirksam schützen, sie soll aber auch die Straf- und Racheimpulse der „genervten" Nachbarn an der Familie vollziehen, und sie soll das zugleich so machen, daß die Nachbarn damit nichts zu tun bekommen. Entsprechend widersprüchlich ist auch das Rollenspiel der Nachbarn. Einerseits hetzen sie die Beamten zu härteren Maßnahmen auf:

> „Dann müssen Sie die ganze Rasselbande sofort mitnehmen."

„Einsacken."
„Das wäre früher anders gewesen."
„Ja, nehmen Sie den ruhig mit, sperren Sie den sofort ein."
„So ist das richtig, jetzt haben wir endlich unsere Ruhe. Und dem geben Sie's noch ordentlich."

Gleichzeitig wollen sie aber als Zeugen mit diesen Maßnahmen nichts zu tun haben. Die einschreitenden Polizisten lassen sich im Spiel die Strafimpulse der Nachbarn delegieren. Sie handeln mit polizeilicher Macht anstelle der Nachbarn und entlassen diese aus der Verantwortung. So können die Nachbarn sich hinterher gut distanzieren.

Polizist:	„Jetzt brauche ich Ihren Namen noch als Zeugen für die Störung."
Erster Nachbar:	„Ich hab' nichts gesehen."
Polizist:	„Nichts gesehen? Ah so."
Erster Nachbar:	„Ich hab' nur was gehört."
Polizist:	„Wer hat nichts gesehen?"
Zweiter Nachbar:	„Was passiert denn jetzt mit Atze?"
Dritter Nachbar:	„Ja, wir durften ja nicht reingucken, durften wir ja noch nicht mal."
Erster Nachbar:	„Genau."
Polizist:	„Wer hat jetzt was gehört, als das Theater losging?"
Erster Nachbar:	„Ich hab' gar nichts mehr gehört."
Zweiter Nachbar:	„Was denn gehört? Ich hab' auch nichts gehört."(9/34)

Auf die Frage, ob sich denn die Nachbarn anders verhalten hätten, wenn die Polizei sie nicht aus dem Geschehen ausgeschlossen hätte, antworteten die Darsteller bei der Spielauswertung: „Tja, da bist du weiter beschäftigt, ne. Dann bist du also praktisch noch am Geschehen dabei. Dann bist du gefordert, ich glaube schon ..., daß du dann nicht verärgert bist: daß du da nicht reinkannst; sondern so mehr das Interesse der Polizei als positiv auffaßt und dann dich gerne mitteilst." (9/44)

Handeln um jeden Preis

Warum verliert nun die Polizei die soziale Situation und ihre Vermittlungsfunktion aus dem Blick? Da ist in erster Linie das Interesse an einer wirksamen Maßnahme. Wie sich bei der gemeinsamen Auswertung des Rollenspiels herausstellte, ist die Wahrnehmung der Beamten von vornherein auf einen Grund zum Einschreiten gerichtet. Sie schauen auf die Familie und nicht auf die Interessen und Beziehungen der Konfliktparteien. Sie erwarten eine strafbare Handlung und den Widerstand derer, mit denen sie es zu tun bekommen.

Erinnert sei noch einmal an die Phantasien vor Spielbeginn, wie man den Kollegen eine besonders schwierige Lage präsentieren könne: Die Familie ist einfach nur zu laut; man weiß nicht, wer schuld ist. In der Tat gibt es dann in dem simulierten Konflikt, zu dem die Polizei gerufen wird, weder eine strafbare Handlung noch einen Täter, daher auch keinen Grund zum Einschreiten. In diesem Sinne bleibt beim ersten Auftritt der Polizei ein Erfolgserlebnis für die Beamten aus. Ihr Gefühl, schon einmal umsonst gekommen zu sein, sorgt dann beim zweiten Mal für Eskalation. Das fehlende Delikt und der Grund zum Einschreiten entstehen in der Auseinandersetzung mit der Polizei.

Unter der Prämisse erfolgreichen Handelns, d. h. Einschreitens, ist das Verhalten der Beamten verständlich, denn wer ließe sich schon gerne zum Hampelmann in einem unlösbaren Interessenkonflikt machen. In der anschließenden Auswertung hieß es, wir, die Beamten, hätten evtl. auch sechsmal kommen müssen, ohne etwas tun zu können.

Nichts tun zu können und zwischen den Fronten zu stehen scheint für die jungen Beamten sehr schwer zu sein. Das versuchen sie im Spiel zu vermeiden. Sie schaffen schon beim zweiten Mal polarisierte Verhältnisse und provozieren einen Machtkonflikt, den sie versuchen zu ihren Gunsten zu entscheiden. Der Preis des Verfahrens: die Solidarisierung der Bevölkerung gegen die Polizei.

Wenn man sich den Spielverlauf und das Ergebnis einmal bildlich vorstellt, so fällt auf, daß aus einem Drei-Parteien-Konflikt ein Gegeneinander von zwei Parteien geworden ist. Durch die Art ihres Einschreitens haben sich die Teilnehmer aus der Mittelposition in eine klare Frontstellung manövriert.

Ich möchte noch einmal auf die Natur des Konflikts zurückkommen. Als Konflikt zwischen legitimen Interessen hat der Streit der Nachbarn Ähnlichkeit mit der zuvor erwogenen ersten Spielidee: Demonstrationseinsatz. Dabei ging es ja auch darum, daß Friedensdemonstranten auf der einen, Soldaten einer amerikanischen Kaserne auf der anderen Seite jeweils legitime Interessen für sich geltend machen, während der Bereitschaftspolizist in der Mitte steht und verhindern soll, daß die Parteien gegeneinander Gewalt anwenden. In allen so gelagerten

Fällen besteht die Aufgabe der Polizei nicht darin, den Konflikt zu lösen oder gar seinen Anlaß zu beseitigen, sondern darin, die Form der Austragung des Konflikts zu überwachen. Sie hat die Kontrahenten von Gewalt abzuhalten und Gesetzesübertretungen zu verfolgen. Diese Funktion kann insofern integrativ genannt werden, als sie ein gewaltsames „entweder wir oder die anderen" verhindert und die Koexistenz widerstreitender Interessengruppen ermöglicht. Im Idealfall kann die Anwesenheit der Polizei dafür sorgen, daß Demonstration und Gegendemonstration gleichzeitig stattfinden können.

Dieser Idealfall hat allerdings zur Voraussetzung, daß die Polizei zwischen den Fronten ausharrt und sich nicht verleiten läßt, aus eigenen Motiven Gewalt anzuwenden, sei es, um eine Seite zu unterstützen, sei es, um einen unangenehmen Einsatz möglichst schnell zu beenden.

Wie schwer ein solches integratives Verhalten den Teilnehmern fällt, macht das Familienspiel deutlich. Die emotionale Belastung, der die jungen Beamten in der integrativen, gewaltverhindernden Mittelposition ausgesetzt sind, zeichnete sich ebenso bei der Auseinandersetzung um den Demonstrationseinsatz ab: Hält man es aus, die Demonstranten immer wieder wegzuräumen, oder wendet man so nachdrücklich körperliche Gewalt an, daß ihnen das Demonstrieren vergeht? Für die Vertreter der harten Linie war dieser Konflikt entschieden. Irgendwann gerät man so unter Druck, daß man im eigenen Interesse Gewalt anwendet. Ausharren, den Konflikt regeln, ohne ihn zu lösen, wurde von ihnen mit dem negativen Begriff des „Hampelmanns" belegt.

2.5. Schlußbetrachtung: Die Sehnsucht nach dem Ich

In meiner Schlußbetrachtung möchte ich die Ergebnisse der Bild- und Spielinterpretationen unter dem Aspekt zusammenfassen, warum es den Teilnehmern so schwerfällt, integrative Funktionen zu übernehmen: Wo liegen die institutionellen und wo liegen die psychischen Grenzen für eine gewaltvermeidende und gewaltvermindernde Rolle der Bereitschaftspolizei in gesellschaftlichen Konflikten?

Die erste Bildbetrachtung erbrachte, daß integratives Verhalten eher von Frauen als von Männern erwartet wird. Von der Erhöhung des Frauenanteils bei der Polizei erhoffen sich die Verantwortlichen einen

Wandel von eher gewaltorientierten zu eher kommunikativen Strategien der Konfliktregelung. Im weiteren Verlauf der Analyse zeigte sich, daß die Kontroverse um männliche oder weibliche Werte und Verhaltensnormen als Chiffre zu verstehen ist für einen psychischen Konflikt, der sich in jedem einzelnen Bereitschaftspolizisten abspielt: ein Konflikt zwischen gefühlsmäßigen Impulsen auf der einen, Ordnungsvorstellungen auf der anderen Seite.

Zu den Gefühlsimpulsen gehören die Wünsche nach Verständigung, Empathie und Liebe, aber auch spontane Gewalt- und Racheimpulse. Ihnen gegenüber steht das Gesetz, die Ordnung, die Regel, deren Durchsetzung Handeln erfordert, das nicht spontanen Eingebungen folgt.

Im Verlauf des Seminars kommen die Teilnehmer immer wieder auf *ihr* Problem mit dem Polizeiberuf zu sprechen: daß sie ihren Bedürfnissen und Impulsen nicht folgen dürfen, weil sie an das Gesetz gekettet sind. Weder kann man einer gefallenen Friedensdemonstrantin aufhelfen, um sie vor den Polizeistiefeln zu retten, weil man in der Räumungskette eingehakt ist, noch darf man zurückschlagen, wenn man von Demonstranten mit Steinen beworfen wird. In beiden Fällen ist man durch seine Vorgesetzten etwas zu tun gezwungen, was man persönlich, emotional oder moralisch nicht für richtig hält. Die Diskussion über dieses Dilemma in der Gruppe führte die Teilnehmer zu der Schlußfolgerung, man müsse sich entweder selbst aufgeben oder den Beruf aufgeben.

In den Konfliktsimulationen der Rollenspiele hatten die jungen Beamten die Möglichkeit, dieses Dilemma auf ihre Weise zu gestalten. Es zeigte sich, daß die Spannung zwischen dem, was man selbst für richtig hält, und dem, was man meint, daß es der Vorgesetzte vertritt, auch da nicht ausgeglichen werden kann, wo die Teilnehmer selbstverantwortlich handeln können: Der zu harte Vorgesetzte ist auch da, wenn er real nicht anwesend ist, und die Wünsche nach weicheren Maßnahmen bleiben Wünsche auch dann, wenn man sie selbst verwirklichen könnte. Was zunächst wie ein äußerer Konflikt zwischen einer harten, starren Führung und verständnisbereiten flexiblen jungen Beamten aussah, wiederholt sich in jedem einzelnen. Soziologisch betrachtet, ist es der Konflikt zwischen Person und Institution. Psychoanalytisch gesehen, stehen die Ich-Bedürfnisse der jungen Polizisten einer externalisierten strengen Über-Ich-Funktion (Gesetz, Ordnung, Regel, Vorgesetzte) unvermittelt gegenüber. So ist es verständlich, daß es für die Seminarteilnehmer am schwierigsten ist, selbst zu entscheiden, wie hart oder wie weich sie eingreifen möchten.

Das Mofa-Spiel konfrontiert die Teilnehmer mit einer solchen Konfliktsituation. Sein Ausgang zeigt, daß das Risiko, eine Entscheidung zu treffen, die sowohl der Pflicht als auch dem eigenen Mitgefühl entspricht, nicht eingegangen wird. Obwohl in der Phantasie eine vermittelnde Lösung gedacht werden kann, überwiegt im Handeln die Angst vor dem strafenden Vorgesetzten (Über-Ich). So bleibt die Idee einer vermittelnden, integrativen Lösung ein bloßer Wunsch, dessen Verwirklichung an äußere Instanzen delegiert wird. Er richtet sich insbesondere an die eigene Führung, sie möge in ihrer Strenge nachlassen.

Es scheint zunächst logisch, daß eine weichere Führung die innere Spannung zwischen Normen und Gefühlsimpulsen mildern könnte, doch entsteht damit zugleich ein anderes Problem. Daß die Führung zu weich sei, wird im Verlauf des Seminars ja ebenso kritisiert, wie daß sie zu hart sei. Die Konflikte, die sich jeweils daraus ergeben, lassen sich so typisieren:

- Wenn die Führung zu hart ist, finden die Wünsche nach Empathie und Verständigung keinen Platz.
- Wenn die Führung aber zu weich ist, kann sie den Beamten vor den eigenen Gewalt- und Racheimpulsen nicht schützen. Er läuft Gefahr, von seiner Wut übermannt zu werden und sie auf eigene Faust auszuagieren.

So oder so bleibt das Vermittlungsproblem zwischen Gesetz und Gefühl, zwischen Institution und Person ungelöst, weil es die Teilnehmer von der Führung und nicht von sich selbst erwarten. An einer Stelle heißt es sogar, daß es manchmal ja ganz gut sei, daß die Führung dabei ist, damit es zu keinen Übergriffen kommt. Verantwortung, Kontrolle und Vermittlung (Ich-Funktionen im psychologischen Sinne) sind aus der Sicht der Teilnehmer Funktionen, die die Führung innehat.

Dieses Ergebnis ist nicht verwunderlich, entspricht es doch genau der institutionellen Struktur der Polizei, die streng hierarchisch nach dem Prinzip von Befehl und Gehorsam organisiert ist. Insofern sind die Konflikte der jungen Beamten und ihr Verhalten Ausdruck dieser Realität und ihr durchaus angemessen. Es geht mir auch nicht darum, nur den einzelnen für etwas verantwortlich zu machen, was in der institutionellen Struktur angelegt ist, sondern darum, die Kosten zu benennen, die mit dieser Struktur verbunden sind, und zwar für den einzelnen Beamten wie für die Gesellschaft.

Denn der Beamte ist ja auch vor Situationen gestellt, in denen genau die integrativen Fähigkeiten und Kräfte gefordert sind, die er in seiner Institution nicht ausbilden kann. Dazu gehören alle die Konfliktsituationen, die sich nicht nach „Schema F", nach der Straßenverkehrsordnung, lösen lassen, für die es keine Regeln und keine Handlungsanweisungen gibt, in denen der Beamte darauf angewiesen ist, die Situation in ihrer Komplexität zu erfassen und sein Verhalten darauf abzustimmen.

Wie hilflos man einen Polizisten in einer solchen Situation machen kann, haben die Seminarteilnehmer eindrucksvoll in ihrem Familienrollenspiel vorgeführt. Es ist die widersprüchliche Gefühlseinstellung der Nachbarn gegenüber der Polizei, mit der die einschreitenden Beamten nicht zurechtkommen. Die Nachbarn, die im Rollenspiel auch für die Bevölkerung stehen, wollen einerseits von der Polizei beschützt werden, andererseits aber auch mit der Polizei nichts zu tun haben. In ihrem Bedürfnis nach Eindeutigkeit ignorieren die Polizeidarsteller im Spiel einfach einen Teil der Realität und halten sich nur an den, der ihnen das Einschreiten ermöglicht.

Was man in sich selbst nicht vermitteln kann, Vorschriften und Gefühle, negative und positive Affekte, Vertrauen und Mißtrauen, kann man auch in der Außenwelt nicht gleichzeitig wahrnehmen. Die innere Tendenz, zu polarisieren, d. h., sich für das eine oder das andere zu entscheiden, schafft auch nach außen polarisierte Verhältnisse. Mit diesem Ergebnis konfrontiert, überlegen die Seminarteilnehmer nach dem Familienspiel, wie man denn die „Verarscherei" hätte verhindern können. Verschiedene Lösungen wurden in der Gruppe ausgearbeitet. Eine davon heißt, da kann man nichts machen, man muß einfach ignorieren, daß man verarscht wird. Eine zweite empfiehlt, in der Situation genauer hinzuschauen, auf die Signale zu achten, die ambivalente Stimmungen zum Ausdruck bringen, und sich von vornherein auch im Handeln darauf einzustellen.

Die erste Lösung, „ignorieren", wiederholt noch einmal das polarisierende Konfliktmuster, das sich im Laufe des Seminars wiederholt abgebildet hat. Es empfiehlt, sich auf eine Seite zu schlagen und darauf zu verzichten, was man wirklich fühlt. Prägnant kam diese Lösung in der Verarbeitung des Kontaktversuchs mit Jo Leinen zum Ausdruck: entweder sich selbst aufgeben oder den Beruf aufgeben.

„Ignorieren" hieß die Lösung auch im Mofa-Spiel. Und zwar einmal die Geschichte der Jugendlichen, dann aber auch die eigenen Zweifel an der harten Maßnahme. „Die Polizei, blind oder blöd?", lautete dazu die Pressemeldung, die die Teilnehmer im Anschluß an das Spiel selbst verfaßten.

Das zweite Rollenspiel, „Familienkrach“, konfrontierte die Seminarteilnehmer dagegen mit der Erfahrung, daß man, wenn man in komplexen sozialen Situationen erfolgreich handeln will, auf seine Gefühle und Wahrnehmungen nicht verzichten kann. Damit bleibt man zwar sensibel und kränkbar, hat aber andererseits die Chance, frühzeitig zu merken, was gespielt wird und Gegenmaßnahmen zu ergreifen, um sich zu schützen.

Diese Erkenntnis stand am Ende des Seminars. Sie formuliert die Sehnsucht nach dem „Ich“, das Ambivalenzen wahrnehmen kann und trotzdem handlungsfähig bleibt; das sich auf soziale Situationen einlassen kann und trotzdem von seinen Gefühlen nicht überschwemmt wird, weder von Mitgefühl (Überläufer) noch von Aggression (Übergriffe); das Polizist bleiben kann, ohne sich selbst aufgeben zu müssen.

Diese Erkenntnis formulierte aber auch die Gegenposition zur herrschenden Realität der Teilnehmer. Sie konfrontierte die Teilnehmer auch mit der Hilflosigkeit und Ohnmacht gegenüber der eigenen Institution, die einen solchen Polizeibeamten nicht ausbildet.

So herrschte am Schluß des Seminars eine eher depressive Stimmung: daß es ja doch keinen Zweck hätte, sich auf das Risiko seiner Wahrnehmungen und Gefühle einzulassen, denn im Polizeiberuf könne es vorkommen, daß man an einer Wohnungstür klingelt und durch die geschlossene Tür erschossen wird.

„Da hatten wir auch schon mal was gehabt, daß einer durch die Tür erschossen worden ist. Da war es Hausfriedensbruch. Hingehen, schellen und bumm, tot. Was soll man da machen?“ (11/27)

An der vorgestellten Szene fällt besonders das Unvermittelte auf: Der Vertreter des Gesetzes klingelt an der Tür, und hinter der Tür, unsichtbar, explodiert die Gewalt. Auf dem Hintergrund der Gesamtanalyse des Materials möchte ich dieses Bild – ohne seinen objektiven Realitätsgehalt abzuschwächen – auch als Symbol der inneren Bedrohungssituation der Teilnehmer lesen, in der Über-Ich (Gesetz) und Es (unberechenbare Impulse) ohne eine vermittelnde Instanz einander direkt konfrontiert sind. Daß es dann nur Entweder-Oder geben kann, liegt auf der Hand. Ich möchte noch einmal betonen, daß die beschriebene Schwäche der Ich-Instanz keine bloß individuelle Pathologie des einzelnen Beamten darstellt, sondern zugleich eine institutionalisierte Integrationsschwäche ist.

Wo der Beamte in sich Gesetz und Ordnung einerseits mit seiner Person, seinen Wahrnehmungen und Gefühlen andererseits nicht vermitteln kann, läuft er Gefahr (nach dem Abwehrmechanismus der Projektion) gerade diejenigen als persönliche Bedrohung zu erleben, die unter „alternativ" auch ein freieres, impulshafteres, weniger geregeltes Leben verstehen. Entsprechende Empörung lösten bei den Seminarteilnehmern einerseits die „Punker" aus, die ihren aggressiven Impulsen freien Lauf lassen, andererseits die „Bunten" (Chaoten), die sich auf der Straße lieben und besaufen und noch nicht einmal ordentlich demonstrieren.

Meine Ausgangsthese hieß, die Bereitschaftspolizei kann sich in gesellschaftlichen Wertkonflikten nur in dem Maße integrationsfördernd statt polarisierend verhalten, in dem sie in ihrer Binnenstruktur die Integration polarisierter Kräfte fördert. Am Anfang meiner Analyse stand die Polarität zwischen traditionell männlichen und weiblichen Werten. In ihrem Fortgang zeigte sich, daß es um mehr geht:

Persönliche Identität	oder	berufliche Existenz
Verantwortlichkeit	oder	blinder Gehorsam
Empathie	oder	Härte
Vertrauen	oder	Mißtrauen

Das Denken und Handeln nach dem Entweder-Oder-Prinzip ist selbst ein Schutzmechanismus, den man auch als Flucht in die Alternativen bezeichnen kann. Er verhindert, daß man Widersprüche in sich selbst ausbalancieren und vermitteln muß, und sorgt dafür, daß man sie als unversöhnliche Gegensätze in der Außenwelt bekämpfen kann.

Die Anerkennung von Gegensätzen *in der Institution* und die offene Auseinandersetzung damit würde die Integrationsfähigkeit der Bereitschaftspolizei *nach außen* steigern.

3. Jugendoffiziere

3.1. Annäherung: Berührungsängste und Kooperationsbereitschaft

Mit gemischten Gefühlen fuhren wir zur Militärkaserne. Zwei Friedensforscher, ein Mann und eine Frau, auf dem Weg zu einer Forschungskooperation mit der Bundeswehr. Würde es uns gelingen, unsere Identität und unsere Forschungsziele zu wahren? Oder anders: Würde es gelingen, trotz unterschiedlicher Zugehörigkeit und politischer Positionen gemeinsam etwas herauszufinden, und das auch noch als Betroffene? Stacheldraht, maschinenpistolenbewehrte Wachposten, Sicherheitskontrolle. Die zivile Welt hört am Schlagbaum auf, dahinter beginnt eine andere: Männer in Uniform, Befehlston, Dienstgrade; es wird anders gegrüßt, anders gegangen, anders gesprochen. Alles ist olivgrün. Für die Angehörigen der Institution sicher längst eine Farbe der militärischen Tradition, löst sie bei mir Gedanken an Krieg aus. Ihre Funktion besteht darin, Waffen und Soldaten vor den Augen des Feindes verborgen zu halten. Sonst erinnerte nichts an Krieg. Das Wehrbereichskommando, in das wir zur Vorbesprechung unseres Forschungsseminars mit Jugendoffizieren eingeladen waren, machte eher den Eindruck einer Behörde: Hier wird verwaltet und nicht gekämpft.

In unserer Gesellschaft besteht die Aufgabe des Militärs darin, den Frieden durch Abschreckung zu sichern. Vereinfacht ausgedrückt, heißt das, daß das Militär mit einer paradoxen Aufgabe betraut ist: Es soll dafür sorgen, daß es nicht zum Einsatz kommt. Das sagt die geltende Abschreckungslogik der NATO. Viele Menschen wollen sich darauf nicht mehr verlassen. Es gibt zu viele Anzeichen dafür, daß unter dem Deckmantel, das Gleichgewicht der Abschreckung zu sichern, Überlegenheit angestrebt wird. Die Irrationalität des Wettrüstens, die „kleinen Kriege“ der Supermächte und die erfolglosen Abrüstungsverhandlungen haben das Vertrauen in die offizielle Sicherheitspolitik erschüttert. Das zeigt eine breite Friedensbewegung, die eine radikale Umkehr und Abkehr vom bisherigen Kurs zum Ziel hat. Wenn du den Frieden willst, bereite den Krieg vor: diese militärische Logik unseres Abschreckungssystems könne nur in die Katastrophe führen.

In dieser Situation gehört es zu den Aufgaben der Jugendoffiziere der Bundeswehr, die Sicherheitspolitik der Bundesregierung in der Öffentlichkeit darzustellen. Bestand der Auftrag der Jugendoffiziere früher – die Institution wurde 1958 ins Leben gerufen – auch darin, Freiwillige zu werben, so liegt er heute in der Öffentlichkeitsarbeit und politischen Bildung. Die Bundeswehr verfügt über 65 hauptamtliche Jugendoffiziere, die in der Regel zwei bis drei Jahre in dieser Funktion bleiben und einen vierwöchigen Grundlehrgang mit den Schwerpunkten Sicherheitspolitik und Kommunikationstechniken absolviert haben. Außerdem gibt es 600 nebenamtliche Jugendoffiziere und 600 nebenamtliche Jugendunteroffiziere (Bundesminister der Verteidigung, 1984, Anlage Seite 2).

In Schulklassen, Kirchengemeinden, bei Podiumsdiskussionen und öffentlichen Veranstaltungen aller Art haben die Jugendoffiziere der Bundeswehr sich den Zweifeln aus der Bevölkerung zu stellen und Fragen zu beantworten. Keine leichte Aufgabe, da sie den einzelnen immer wieder einmal mit den Risiken, Irrationalitäten und Widersprüchen des Abschreckungssystems, aber auch mit den eigenen Zweifeln konfrontiert.

Solche Überlegungen standen am Beginn unseres Vorhabens, ein Forschungsseminar mit Jugendoffizieren durchzuführen. Wir wollten mit ihnen gemeinsam herausfinden, wie die Konfrontationen zwischen den Repräsentanten militärischen Sicherheitsdenkens und Anhängern der Friedensbewegung verlaufen. Was geschieht an dieser Grenze zwischen Bundeswehr und Gesellschaft, militärischer und ziviler Welt? Jugendoffiziere sind ihren eigenen Aussagen nach in der Gesellschaft „rechts außen“ und in der Institution Bundeswehr „links außen“. Sie vertreten nicht nur das offizielle Sicherheitskonzept nach „außen“, sondern tragen auch die Diskussionen in die Bundeswehr hinein, die „draußen“ geführt werden – ob sie das bewußt wollen oder nicht. Sie wirken nach „innen“ und nach „außen“ mit all den Konflikten, die sich daraus ergeben. In dem geplanten Forschungsseminar sollten diese Konflikte untersucht werden.

Es war nicht leicht, dieses Ziel unseres Kooperationswunsches an die Bundeswehr bei der Vorbesprechung deutlich zu machen. Die Bundeswehr ist eine streng hierarchisch gegliederte Institution, so daß zunächst die Führungsspitze gefragt werden mußte. Unser Verständnis des Jugendoffiziers, der an der Nahtstelle zwischen Bundeswehr und Gesellschaft Integrationsaufgaben wahrnehmen müsse, erweckte Mißtrauen. Das Stichwort Integration verband sich mit Assoziationen an eine Debatte, die insbesondere in den 50er Jahren, gegen Ende der 60er und zu Anfang der 70er Jahre geführt wurde. Immer wieder ging es darum, wie integriert die Bundeswehr in die Gesellschaft ist, d. h., inwieweit das Konzept der Inneren Führung als verwirklicht gelten konnte, das der Verselbständigung undemokratischer Strukturen und militaristischer Traditionen in der Bundeswehr entgegenwirken sollte.

Die umgekehrte Blickrichtung, wie der Jugendoffizier seine Integrationsaufgabe in der Gesellschaft erfüllt, stieß dagegen auf mehr Interesse.

Dies erweckte wiederum bei uns die Befürchtung, unsere Forschungsergebnisse könnten zur Reglementierung und Kontrolle der Seminarteilnehmer mißbraucht werden. Insbesondere die Tatsache, daß der militärische Vorgesetzte der Jugendoffiziere im Wehrbereichskommando am Seminar teilnehmen wollte, schien diese Befürchtung zu bestätigen, die sich allerdings als gegenstandslos herausstellen sollte. Es war gerade die Haltung des Vorgesetzten, der sich im Seminar strikt an die Teilnehmerrolle hielt, die Offenheit und Konfliktklärung förderte. Dennoch spielte die Hierarchie im Seminar ein Rolle.

So waren die Startbedingungen des Seminars von Kooperationsbereitschaft gekennzeichnet: Wir verabredeten ein dreitägiges Forschungsseminar, das im Januar 1985 durchgeführt wurde; 14 hauptamtliche Jugendoffiziere und ein Tagungszentrum der Bundeswehr standen zur Verfügung. Die Organisation wurde von der Bundeswehr übernommen (Einladungsschreiben im Anhang). Es gab aber auch wechselseitiges Mißtrauen. Im Verlauf des Seminarprozesses sollte dies noch zum Problem werden. Jugendoffiziere der Bundeswehr und Friedensforscher werden jeweils gegnerischen Lagern zugerechnet. In öffentlichen Veranstaltungen sitzen sie sich als Experten der Befürwortung bzw. Kritik des militärischen Sicherheitsdenkens gegenüber. Vergangene Erfahrungen, Phantasien über den anderen, Befürchtungen und Interessen gestalten den Forschungskontakt mit.

Weder stellten wir für die Teilnehmer noch die Teilnehmer für uns neutrale Personen dar. Wir reagierten auf eine spontane, emotional häufig unbewußte Weise aufeinander, deren Bedeutung sich an manchen Stellen erst im nachhinein entschlüsseln ließ.

Ein Beispiel: Zu Seminarbeginn hatte es mir schlichtweg die Sprache verschlagen. Als einzige Frau saß ich 14 uniformierten Jugendoffizieren gegenüber und auch sonst atmete das militärische Ausbildungszentrum der Bundeswehr den Geist einer geschlossenen Männergesellschaft. Ich war daher dankbar, als mein männlicher Kollege die Begrüßung übernahm. Welche Fremdheit wir wiederum bei den Teilnehmern ausgelöst haben, zeigte der Verlauf der Seminarereignisse, die ich im folgenden interpretieren werde.

3.2. Konfrontation: „Was machen Sie mit den Ergebnissen?"

Eine dieser Schlüsselszenen, die das Verhältnis zwischen den teilnehmenden Jugendoffizieren und uns verstehen helfen, ereignete sich am Abend des zweiten Seminartages. Kurz vor Abschluß des dreitägigen Forschungsseminars kommt es zu einer Konfrontation zwischen den Jugendoffizieren und den Friedensforschern: Die weitere Zusammenarbeit steht in Frage, das unterschwellig gehegte Mißtrauen wird laut.

Ich möchte diese Krisensituation an den Anfang meiner Interpretation stellen, weil sie über die emotionalen Voraussetzungen Auskunft gibt, unter denen die Forschung stattfand. Der aktuelle Konflikt im Forschungsseminar stellt gewissermaßen den Schnittpunkt der Ereignisse dar, über die einerseits (von draußen) berichtet wird, die sich andererseits aber auch drinnen bei der Begegnung zwischen Jugendoffizieren und Friedensforschern wiederholen. Ausgehend von der erlebten Spannungssituation, dem Ende der Kooperationsbereitschaft, möchte ich die Hindernisse auf dem Wege der Verständigung untersuchen.

Limberger:	„... Ich habe Probleme mit dem, mit der, mit den Auswertungen, bin ich ganz ehrlich, ich habe Probleme damit und deswegen komme ich auch nicht richtig rüber mit, mit, mit vielleicht, mit Meinungen, oder so etwas. Ich sage das ganz ehrlich. Ich kann Sie nicht einschätzen. Und ich habe Probleme mit dem, was ich, mit all dem Material, was Sie hier herausholen, machen. Damit stehe ich nicht alleine, ich meine, irgendwann muß es auf den Tisch, und da möchte ich was drüber hören."
Klostermann:	„Das war am Abendbrottisch schon mal."
Limberger:	„Ich habe Vorbehalte, weil Sie ja permanent zwei Tage lang ausweichen."

Forscherin: „Also, was ich jetzt, was ich jetzt höre, ist mißtrauisch, und zwei Tage lang ausweichen, das hab ich jetzt gehört. Was können wir Ihnen sagen über das, was wir mit dem Material machen? Es reicht ja nicht, das, was wir am Anfang gesagt haben, also, daß wir ... das, was an Szenen da ist, das, was wir an Bildern haben, daß wir das nehmen und das aufschreiben, was wir hier gemeinsam getan haben. ... also, es geht uns ja nicht darum, zu bewerten, macht er seine Arbeit gut oder macht er seine Arbeit schlecht, sondern wo entstehen Konfliktsituationen in der Berufssituation des Jugendoffiziers, wo ist er mit Andersdenkenden konfrontiert. ...“

Limberger: „Ist das repräsentativ? ...“

Arnoldt: „Seine Frage ist doch im Grunde, sind Sie vertrauenswürdig?“

Forscherin: „Ja.“

Arnoldt: „Das ist aber eine Frage, die Sie uns gar nicht beantworten können. Also, das muß er so glauben oder er muß es lassen.“ (Bandabschrift Nr.10, S. 24–25 und S. 28)

Was ist geschehen? Offensichtlich hat der Seminarprozeß eine Grenze erreicht, die ohne Vertrauen nicht überschritten werden kann. Nunmehr würde etwas preisgegeben, das im Besitz der Gegenseite für einen selbst gefährlich werden könnte. Die eigene Verletzlichkeit muß geschützt werden. „Ich kann Sie nicht einschätzen“ und „Sie weichen aus“ bedeuten, daß man den Standort des anderen nicht ausmachen kann: Ist er Freund oder Feind? Es könnte ja auch ein „Verriß des Jugendoffiziers“, so wird erwogen, bei dem Seminar herauskommen oder eine Handreichung für die Friedensbewegung „So gehe ich gegen den Jugendoffizier an“.

Der militärische Vorgesetzte erklärte an späterer Stelle der Diskussion das Mißtrauen und die Störung so:

Diesing: „Ich teile an sich weitgehend die Auffassung von Herrn ..., daß das miteinander offen Arbeiten unproblematisch ist. Zu unserem Beruf gehört ein gewisses Maß Narzißmus, das heißt auch Selbstdarstellung, Selbstentblößung nach draußen. Ich habe das, ich persönlich habe aus meiner Erfahrung mit Ihrem Institut und mit Ihren Kollegen eigentlich ziemlich viel Vertrauen, daß wir da keine Probleme haben werden. ... Die Öffentlichkeitsarbeit lebt, der Bundeswehr lebt davon, daß der Öffentlichkeitsarbeiter, inbesondere der Jugendoffizier, nirgendwo präzise beschrieben ist. ... und ich darf Sie in einer Hinsicht um Verständnis bitten, da fühle ich mich nämlich ein bißchen mit Ihnen in einem Boot. Etwa so wie wir ständig, so drinnen die Wehrmacht um die Ohren geschlagen bekommen, tragen Sie gegenüber den Soldaten an der Hypothek der Nähe der Friedensforschung der frühen Jahre zur Friedensbewegung und der relativ großen Ferne ... zur Bundeswehr. Und dieses ist natürlich einem großen Teil unserer Kameraden bewußt, und Sie müssen mit dieser Hypothek so leben, wie wir mit unserer." (10/36–37)

Einerseits ist man als Jugendoffizier geradezu beauftragt, sich nach draußen zu zeigen, in die Öffentlichkeit hinein zu wirken. So betrachtet gehört ein Seminar mit Friedensforschern zu den beruflichen Aufgaben. Andererseits will man sich aber auch nicht in die Karten gucken lassen. Der Schutz, den eine Berufsrolle bietet, steht dann auf dem Spiel, wenn ihre Funktionen und ihre innere Problematik für jederman lesbar veröffentlicht werden. Diese Schwelle war offensichtlich erreicht: Die Gruppe spaltete sich in diejenigen, die mit den Friedensforschern weiterarbeiten, und diejenigen, die die Arbeit abbrechen wollten.

Was ging dem voraus? Was löste diese Vertrauenskrise aus? Es war der Vorschlag der Forscherin, die impliziten Bewertungsmaßstäbe, die die Teilnehmer aneinander anlegten, mit denen sie sich wechselseitig beurteilten und abwerteten, offenzulegen.

Interventionen der Forscher entstehen ebenso im Seminarprozeß wie das Verhalten der Teilnehmer. Ich möchte deshalb im zeitlichen Ablauf des Seminars zurückgehen, um die Stellen herauszuarbeiten, die zu diesem kritischen Punkt einer aktuellen Konfrontation geführt haben.

3.3. Erfahrungen mit der Friedensbewegung

Besonders solche Veranstaltungen sind den teilnehmenden Jugendoffizieren in unangenehmer Erinnerung, bei denen sie emotionalen Angriffen und moralischer Verurteilung durch Anhänger der Friedensbewegung ausgesetzt waren. Es wurde beklagt, daß sich die Gegenseite unfairer Mittel bedienen dürfe, während man selbst an seine Rolle als Repräsentant der Bundeswehr gebunden sei. Wie diese Rolle „richtig" zu verstehen und auszufüllen sei, war eines der durchgängigen Themen des Seminars. Dazu gab es in der Gruppe kontroverse Auffassungen, die sich an folgendem Bild polarisieren.

Der Teilnehmer, der das Bild gemalt hat, erklärt – nachdem die anderen Gruppenmitglieder ihre Assoziationen dazu ausgetauscht haben – sein Bild so:

> „Also zur Situation konkret, das war eine Podiumsdiskussion, veranstaltet von dem ASTA der Universität. Eingeladen waren an sich als Diskussionspartner ein Vertreter der Grünen und ein Vertreter der CDU. Der von der CDU hat sich einen Fachmann von der Bundeswehr dazugeholt und der von

den Grünen einen Fachmann von der DFG-VK [Deutsche Friedensgesellschaft Vereinigte Kriegsdienstgegner]. Die sollten ursprünglich gar nichts sagen, nur dabei sein. Als die nach einer halben Stunde beide nicht gekommen sind, waren dann natürlich wir die beiden Hauptakteure ... Inwieweit das wirklich gestimmt hat, kann ich leider nicht nachprüfen. Im Endeffekt waren plötzlich zwei da, und nun mußten natürlich die beiden über Sicherheitspolitik oder Friedenssicherung heute diskutieren.

Das soll tatsächlich ein Herr sein von der DFG-VK. Der sprang auf, hat dieses Plakat hochgehalten, das gibt's tatsächlich, dieses Plakat, und zwar von Amerikanern in Vietnam, wo ein amerikanischer Soldat so ein Kind ersticht. Und da steht, glaube ich, drüber, „No War" oder so irgend etwas. Ich weiß nicht mehr, was da drauf stand. Auf jeden Fall hat er das Ding da hochgehalten.

Ich saß natürlich dabei, verdammt noch mal, nicht schon wieder diese emotionale Welle. Ja, und kannste wieder nichts machen, und hab also dann dem mehr oder weniger, solange er das nur zeigt und ganz allgemein vom Militär spricht, da hätte ich das abgehakt wie immer, also meine Rolle gespielt. Und das ist ein Problem, auf das möchte ich noch zurückkommen. Aber als man anfing und sagte, und dazu, um diese Kinder umzubringen, dazu bildet gerade dieser Hauptmann unsere Soldaten aus, die müssen jetzt töten können, da ist mir tatsächlich der Kragen geplatzt.

Der hat sich dann demonstrativ hingesetzt. Und dann waren ungefähr so 650 Leute im Saal, die haben natürlich getobt, ... Beifall also. Ich mußte eine ganze Weile warten. Dann hab ich ihn gebeten, so ganz still und heimlich, ob er mir das Plakat mal leiht. Und dann bin ich aufgestanden und hab es auch ausgerollt und habe gesagt, und genau deswegen bin ich Soldat, um das zu verhindern. Entschlossen! Und da war natürlich Ruhe im Saal.

Dann hab ich gesagt, jetzt haben wir die Polemik ausgetauscht auf der niedrigsten Ebene, die an sich gar nicht in die Universität gehört, und ich glaube, jetzt können wir sachlich diskutieren. Und dann wurde der gar nicht mehr gefragt. Und dann trat das ein, was er sagte, dann wurde mit mir über Sicherheitspolitik diskutiert, und der saß mit so einem Gesicht daneben.
Und zwar deswegen ... jetzt komme ich auf ein Problem zurück, das tatsächlich wieder mit, weniger mit der Uniform, aber mit unserem Status als Jugendoffizier zu tun hat, und das ist diese Rolle, die von uns gefordert wird ... die Rolle der Sachlichkeit, der Coolness, ja möglicherweise sogar erwartet man von uns aus unterschiedlichen Richtungen eine bestimmte Gefühlslosigkeit. Dies habe ich in der Anfangszeit meiner Tätigkeit gemacht, daß ich mir das also zwar mit der entsprechenden Mimik angehört habe und nicht weiter drauf einging und dann einfach sachlich weiter diskutiert habe und deshalb auch in vielen Fällen erreicht habe, daß irgendwann doch die sachliche Diskussion die Überhand gewonnen hat. Aber man hat mir anschließend gesagt, von Leuten, die dabei waren, Soldaten, die teilweise sich das angehört haben, und vor allen Dingen von vielen Frauen habe ich das gehört, unter anderem auch von meiner eigenen: Du wirkst da oben unheimlich arrogant. Das berührt dich alles nicht.
Und daraufhin habe ich meine Strategie geändert und habe auch bei dieser Gelegenheit dem Publikum deutlich zu verstehen gegeben, daß mir dieser Bruder stinkt, und zwar gewaltig stinkt, und daß ich auch bereit bin und auch fähig bin, auf der gleichen Ebene zurückzuschlagen. Und ich habe es mir abgewöhnt, diese Rolle des coolen Militärs zu spielen. Und fahre dabei wesentlich besser, wenn ich den Leuten zeige, daß ich wirklich stinksauer bin und daß ich auch in der Lage bin, menschlich berührt bin, ja, und mich auch getroffen fühle und Wut also,

ein wutentbranntes Gesicht bekommen kann und auch in der Lage und auch willens bin, auf der niedersten Ebene zurückzuschlagen, argumentativ. Und ich habe meine größten Erfolge dadurch, wenn ich (das) … an der Lautstärke des Applauses messen kann, meinen größten Erfolg da erlebt, wo ich auf dem Podium einen, der mich als Mörder beschimpft hat, gesagt habe: Passen Sie auf, ich bin nicht in der Friedensbewegung. Wenn du das noch mal sagst, haue ich dir die Zähne ein. Es war zwar unfair, es hätte schiefgehen können. Ich war so sauer, daß ich das so ganz einfach gesagt habe. Der hat's dreimal wiederholt. Ich habe nicht reagiert, und beim vierten Mal hat er ganz konkret gesagt: Was meinen Sie dazu? Und dadurch ist es mir rausgeplatzt. Und da war, minutenlang war Stille und dann ein Riesenbeifall. Der hat keinen Ton mehr gesagt, das war in Kaiserslautern. Dieser Vertreter der DKP, Sie kennen ihn ja. Und in dieser konkreten Situation also hat es funktioniert, indem ich dieses Bild genommen habe und das ich so gewertet habe. Es war anschließend wirklich eine, kann man sagen, relativ sachliche Diskussion, soweit es in diesem großen Rahmen überhaupt möglich ist, über Probleme der Friedenssicherung." (6/10–14)

Ähnlich überrascht wie die Zuhörer im Saal bei der Veranstaltung reagieren auch die Seminarteilnehmer. Bei dem Satz „Wenn du das noch mal sagst, haue ich dir die Zähne ein" (6/13) geht ein erleichtertes und bewunderndes Aufstöhnen durch die Gruppe, so, als sei man von einer Last befreit worden. Als sei endlich einmal etwas gesagt worden, was man selbst schon lange einmal hätte sagen wollen.

An eine solche Lösung der Konfrontation hatte zuvor, als noch in der Gruppe gemeinsam über die Bedeutung des Bildes gerätselt wurde, niemand gedacht. Ich möchte hier noch einmal das Verfahren der Bildbesprechung in Erinnerung bringen: Bevor der Maler sein Bild erläutert, tragen zunächst alle anderen Gruppenmitglieder ihre Assoziationen dazu zusammen. Auf diese Weise wird sowohl das deutlich, was das Bild bei den Betrachtern auslöst, welche Erfahrungen bei ihnen angesprochen werden, als auch das, was der Maler darstellen wollte. Aus der Differenz schließe ich, daß die emotionale Reaktion des Jugendoffiziers auf die Anschuldigungen durch den Vertreter der DFG-VK in der geschilderten Szene über das hinausgeht, was in der Gruppe als zulässig angesehen wird. Von den Betrachtern jedenfalls wurde das Bild ganz anders verstanden:

Klostermann: „Die ganze Leidensbereitschaft des Jugendoffiziers ist in dem Gesichtsausdruck."

Arnoldt: „Der offensichtlich bereit ist, einen Auftritt zu erdulden" (6/1).

Flessenmayer: „Also ich mein schon, daß er sich zurückhält. Er ballt die Faust … er wird meines Erachtens nicht zu ihr sagen, sie ist 'ne Lügnerin, sondern er versucht sachlich das Bild einfach zu wiederlegen. Ich schätze Z. auch gar nicht so ein, daß er in die Luft geht. Das wäre auch meines Erachtens das falsche."

Stroh: „Was geht in ihm vor auf die Frage: Innerlich ist er berührt, versucht aber demonstrativ nach außen Ruhe und Gelassenheit zu wahren. Das geht jedenfalls in mir vor, wenn so etwas passiert" (6/4).

Die anwesenden Kameraden bestätigen genau die Rollenerwartung an den Jugendoffizier, die der Teilnehmer als sein Problem schildert. Von ihm wird das Verhalten eines coolen, sachlichen Militärs erwartet, der so kontrolliert ist, daß er noch nicht einmal auf persönliche Angriffe emotional reagiert. Der, was immer kommen mag, erst einmal abwartet; der nie spontan zurückschlägt, sondern argumentiert, aber erst nachdem der andere ausgeredet hat. Ein solches Verhalten läßt sich, so will der Maler mit seinem Bild sagen, mit Selbstkontrolle schon nicht mehr erreichen, vielmehr muß man dazu eigentlich gefühllos sein. Nur wenn man nicht spürt, wie weh solche Angriffe tun, kann man das gewünschte Verhalten der kühlen Sachlichkeit an den Tag legen.

Gefühllosigkeit ist andererseits aber genau das, was der Vertreter der DFG-VK anprangern möchte. Er wird in der Gruppe als Frau („Lügnerin") phantasiert. Es scheint so, als ob das Verhalten und die anklagende Geste, die an der Figur links auf dem Bild zu erkennen sind, für die teilnehmenden Jugendoffiziere etwas typisch Weibliches darstellen. Die langen Haare und das Kleid, mit denen der Maler die Figur ausgestattet hat, legen diesen Eindruck auch nahe.

Der Ausdruck von Leiden, von Angst, von Gefühlen überhaupt scheint Frauen vorbehalten zu sein – jedenfalls in der Sicht der teilnehmenden Jugendoffiziere. Auch nach der Veranstaltung sind es viele Frauen, darunter die Frau des Malers, die die zur Schau getragene „coole" Sachlichkeit als Arroganz kritisieren. Ihr Vorwurf: „Das berührt dich alles nicht." Die Seminarteilnehmer und Kameraden, die sich anhand des Bildes in die Szene einfühlen, wissen es besser: „Innerlich ist er berührt, versucht aber demonstrativ nach außen Ruhe und Gelassenheit zu wahren."

Mit der Schilderung seiner Erfahrungen problematisiert der Teilnehmer nicht nur die Rollenerwartung des „coolen Militärs", sondern zugleich auch die übliche Geschlechtsrollenfestlegung. Seine individuelle Lösung führt dennoch aus dem grundsätzlichen Dilemma nicht heraus, das in der Berufsrolle des Jugendoffiziers angelegt ist. Er hat nur die Wahl, ob er dieses Dilemma auf Kosten seiner Person oder auf Kosten des offiziellen Bildes lösen will. Das Dilemma läßt sich so umschreiben: Hält sich der Jugendoffizier an die geforderte Berufsrolle des kühlen, sachlichen, nüchternen und kontrollierten Militärs, der allenfalls mit Argumenten kämpft, wird er in seiner Gefühllosigkeit vorgeführt und bestätigt mit seinem aktuellen Verhalten genau das Bild, das die Gegenseite von ihm zeichnet. Einem solchen Militär könnte man das Töten unschuldiger Kinder durchaus zutrauen.

Folgt er dagegen seinen tatsächlichen Empfindungen und zeigt Wut und Betroffenheit, verletzt er die Normen seiner Berufsrolle und gibt sich zugleich als jemand zu erkennen, der sich für die bewaffnete Verteidigung und eben nicht für die Friedensbewegung entschieden hat. „Passen Sie auf, ich bin nicht in der Friedensbewegung. Wenn du das noch mal sagst, haue ich dir die Zähne ein."

Dieses Bekenntnis widerspricht wiederum dem offiziellen Bild, das der Jugendoffizier in der Öffentlichkeit darstellen soll: Das ist nicht der Ingenieur in Uniform, der seine Gefühle genauso unter Kontrolle hat wie seine Gewaltapparate. Das ist auch nicht der Lehrer oder Öffentlichkeitsarbeiter in Uniform, der dazu beiträgt, die Sicherheitsdebatte zu versachlichen.

Plötzlich wird der aus der offiziellen Rollenerwartung verdrängte und tabuisierte Anteil sichtbar: daß Soldatsein etwas damit zu tun hat, sich zu wehren, die Zähne zu zeigen, die des anderen notfalls einzuschlagen, Krieg zu führen, wenn die Abschreckung versagt.

Die Glaubwürdigkeitslücke im System der Abschreckung setzt sich fort bis hinein in die Berufsrolle des Jugendoffiziers. Auf der Ebene des Abschreckungssystems sieht die Glaubwürdigkeitslücke so aus: Abschreckung soll den Frieden sichern. Alle Rüstungsanstrengungen und Kriegsvorbereitungen dienen einzig und allein dazu, den Krieg unmöglich zu machen. Wenn die Abschreckung versagt, muß Krieg geführt werden. Deshalb muß der Krieg so glaubhaft wie möglich vorbereitet werden und auch der Willen dazu vorhanden sein, damit der Frieden erhalten bleibt. Eine glaubhafte Abschreckung verlangt ernsthafte Kriegsvorbereitungen.

Der Wille zum Frieden ist dann aber für die andere Seite nicht mehr glaubhaft, mag auch der einzelne subjektiv noch so sehr von seinem eigenen Friedenswillen überzeugt sein.

Auf der Ebene der Berufsrolle des Jugendoffiziers sieht der Widerspruch so aus: Wenn er sich als kühl kalkulierender Militär präsentiert, dann ist er zwar als Abschreckungsstratege glaubhaft, nicht aber als Person, der man vertrauen kann. Wenn sich dagegen der Jugendoffizier in seiner Emotionalität zeigt, mit Wut und Betroffenheit angemessen reagiert, glaubt man nicht mehr daran, daß er im Ernstfall kühlen Kopf behält.

Es ist schwer, sich angesichts dieser Alternative zu entscheiden. Der Teilnehmer, der die Geschichte erzählt hat, plädiert für die zweite Haltung. Aber er weiß auch, „es hätte schief gehen können“ (6/13), „es kann auch mal passieren, daß das Publikum buh ruft“ (6/17).

Seine Lösung des Dilemmas löst in der Gruppe zwar Bewunderung aus, nicht aber Konsens. Genauso gibt es die Auffassung, man dürfe auf emotionale, polemische Angriffe nicht reagieren, weil man dann der anderen Seite einen Gefallen täte. Denn da wolle sie einen hin haben: daß man aus der Rolle fällt. In der Gruppe wird das als Niederlage bewertet. In einer Veranstaltung gewinnen könne man dagegen nur, wenn man dafür sorge, daß der andere aus der Rolle fällt. Diese Betrachtungsweise erinnert an Männlichkeitsrituale, in denen die Beherrschung der eigenen Affekte getestet wird. Gewonnen hat derjenige, der sich am längsten weder Schmerz noch Wut anmerken läßt. Vielleicht liegt hierin die geheime Attraktion der Rolle des „coolen Militärs“.

Gewonnen ist der Kampf aber nur nach den Werten und Ritualen eines abstrakten Männlichkeitskultes, der gerade von der Friedensbewegung mit der Abspaltung, Unterdrückung, Verleugnung und Verachtung von Lebens- und Schutzbedürfnissen gleichgesetzt wird.

In einer politischen Krisensituation können unterdrückte Impulse gefährlich werden. Und – wem das Fühlen abtrainiert ist, von dem ist kein Mitgefühl für die Opfer einer Risikopolitik zu erwarten. Auch das liegt in der Logik unseres Sicherheitssystems: Wer glaubwürdig abschrecken will, darf nicht mitfühlen.

Wo andere Werte gelten als die der militärischen Tradition, ist mit „Coolness" allerdings nichts zu gewinnen. Vielmehr werden dadurch Angst und Mißtrauen noch verstärkt, die ohnehin dem Friedensengagement der Bundeswehroffiziere entgegengebracht werden.

3.4. Kritiker in den eigenen Reihen

Wurden bis zu diesem Zeitpunkt des Seminarprozesses die Auseinandersetzungen mit der Friedensbewegung als Fragen des schlechten Stils, der intoleranten und/oder polemischen Diskussionsführung abgehandelt, kommt mit dem letzten Bild, das in der Gruppe besprochen wird, eine andere Ebene ins Spiel. Wie geht man mit Zweifeln an der Sicherheitspolitik um, wenn sie nicht aus der Friedensbewegung, aus der DKP oder DFG-VK kommen, sondern aus den eigenen Reihen. Solange solche Zweifel vom politischen Gegner geäußert werden, weiß man, wie man damit umzugehen hat. Aber „wenn ein ehemaliger

Soldat da auf dem Podium sitzt", „das ist die schwierigste Situation" (6/29), die einem Jugendoffizier passieren kann.

Der Teilnehmer, der das Bild gemalt hat, berichtet:

> „Einladung von der Pax Christi zu einer Podiumsveranstaltung: Wehrdienst, Zivildienst ... Mir war übermittelt worden, Teilnehmer: ein Zivildienstleistender, Diskussionsleitung evangelischer Pfarrer, Pax-Christi-Vertreter und ein SPD-Vertreter, von dem ich wußte, daß er eigentlich pro Bundeswehr eingestellt war. Von daher zumindest ein Podium, was die Möglichkeit eröffnet, halbwegs fundiert zu diskutieren, auch so, daß das Plenum etwas davon hat. So also zunächst mal die Zielrichtung.
>
> Fünf Minuten vor der Veranstaltung kam dann der Diskussionsleiter zu mir und fragte, haben Sie was dagegen, wenn noch einer ihrer Kameraden sich mit auf's Podium setzt, aus Gießen. Ja, fünf Minuten vor der Veranstaltung konnte ich dann nicht mehr viel sagen. Ich habe das akzeptiert, und der kam in Zivil und war ein aktiver Hauptmann, der Mitglied des Darmstädter Signals ist, die also sehr vehement gegen den NATO-Doppelbeschluß Stellung bezogen haben.
>
> Die Diskussion begann. Jeder hatte die Möglichkeit, ein kurzes Statement erst mal abzugeben, fünf Minuten maximal. Daran anschließend Streitgespräch zwischen dem Bundeswehrvertreter und dem Vertreter Pax Christi, sehr auf der moralisch-ethischen Seite, eigentlich sehr sachlich. Wir haben uns beide akzeptiert. Es gab keine Probleme. Daraufhin sagte dann der Diskussionsleiter: Hier ist mir zu wenig action. Die verstehen sich ja prächtig, zwar auf verschiedenen Ebenen, aber das ist hier nicht kontrovers genug und fordert also den Hauptmann dort links, der in Zivil da war, auf, mal seine Position prononciert darzustellen.
>
> Nun zog er also vom Leder, angefangen beim NATO-Doppelbeschluß über die Unglaublichkeit

der Aussage des Weißbuches bis zur Totalverweigerung. Das wär dann das einzig Wahre. Die übliche Argumentation: Die Kriegsdienstverweigerung würde letztendlich auch der Kriegsvorbereitung dienen. Dadurch kam ich in eine Position, die ausgesprochen unangenehm gewesen ist. Ich hatte mich jetzt dazu herausgefordert gesehen, nun gegen meinen Kameraden, der in Zivil da war, jetzt Stellung zu beziehen. Er hat zunächst mal da gegenüber dem Plenum noch mal einen unheimlichen Glaubwürdigkeitsvorsprung. Er hat gesagt: Ich bin zwar bei der Bundeswehr, habe den Laden 25 Jahre lang kennengelernt, habe kennengelernt, daß es mit der Meinungsfreiheit nicht so weit her ist innerhalb der Bundeswehr ... Jetzt schließlich bin ich jetzt noch Hauptmann. Das zeigt doch ganz eindeutig, daß mir von seiten meiner Vorgesetzten meine persönliche Stellung zur Problematik Sicherheitspolitik auch dementsprechend in Beurteilungen reingedrückt worden ist.

Das Plenum war also begeistert von dem Mann, und ich wußte eigentlich nicht mehr, wie ich mich verhalten sollte. Alles, alle anderen, die dort saßen, wurden zu einer reinen Staffage. Sie hatten nichts mehr zu sagen.

Es hätte sich jetzt zugespitzt auf eine wirkliche Kontroverse. Ich weiß nicht, ob ich mich richtig verhalten habe. Ich bin also ... oder ich hab' versucht, cool und sachlich zu bleiben. Das kam aber nicht an beim Publikum, weil die eben gesehen haben, hier ist einerseits der offizielle Vertreter der Bundeswehr, der mehr oder weniger die offizielle Position zu vertreten hat, und da ist der andere, der in seinen Aussagen glaubwürdiger ist, ehrlich ist. Und das war eigentlich so die Position, und das wollte ich damit auch mehr oder weniger skizzieren ...

Typisches Beispiel eigentlich für Polarisierung, auch von seiten des Einladenden und von seiten des Diskussionsleiters. Und das war bewußt. Das war eindeutig. Das ging so aus, daß ich versucht habe, mich mehr schlecht als recht da herauszumogeln aus der ganzen Geschichte, was mir mit Sicherheit nicht gelungen ist. Denn auch das Feedback dann von Seiten des Plenums war so, daß mir gesagt wurde, na ja, okay, Sie können ja nicht anders, Sie müssen ja so argumentieren. Aber ihr Kamerad dort, der hat uns ja wirklich gesagt, wie es tatsächlich ist. Also unangenehm, und ich sah mit Sicherheit schlecht aus.“ (6/40)

Solange *Anders*denkende auch auf der *anderen* Seite stehen, sind die Fronten klar und der Auftrag auch. Hier aber kommen Konflikte in der eigenen Gruppe öffentlich zur Sprache. Wie soll man sich da verhalten?

Die Schwierigkeit besteht darin, daß hier nicht nur andere Bewertungen, Sichtweisen und Urteile über die Sicherheitspolitik ausgebreitet werden, sondern daß damit zugleich auch interne Verhaltensregeln verletzt werden. Gegen einen Kameraden tritt man öffentlich nicht auf. Nach außen hat die Bundeswehr Geschlossenheit zu demonstrieren, wie auch immer die Zweifel und Konflikte in der Institution aussehen mögen. Schließlich soll der Bevölkerung vermittelt werden, daß zumindestens die militärischen Experten selbst diesem Frieden trauen, den sie sichern sollen. Das scheint jedoch nicht der Fall zu sein. Wenn Offiziere öffentlich gegen diese Sicherheitspolitk auftreten und dabei auch noch die Regeln ihrer Institution verletzen, ungeachtet möglicher Sanktionen, dann muß an den Zweifeln etwas dran sein. Gegen die „Glaubwürdigkeit des Dissidenten“ kommt niemand an, heißt es dazu in der Gruppe der Jugendoffiziere.

Während sich der „Dissident“ von den Verhaltensregeln, die ihn in die Loyalität gegenüber der eigenen Gruppe einbinden sollen, freigemacht hat und die höhere Loyalität gegenüber seinem Gewissen ins Feld führt, bleibt der Jugendoffizier an die Regeln seiner Gruppe gebunden. Gerade deswegen ist er so hilfos. Denn würde er sich mit seinem Kameraden öffentlich streiten, würde er ebenfalls die Regeln verletzen und stünde nicht mehr innerhalb, sondern außerhalb der eigenen Gruppe. Auch er würde dann das Bild einer zerstrittenen Bundeswehr in der Öffentlichkeit bestätigen. Das geht ihm, wie der Teilnehmer sagt, „contre cœur“ (6/47), gegen einen Kameraden öffentlich aufzutreten. Und auch die andere Art, interne Konflikte zu regeln, wenn die Kameradschaft versagt, kann in dieser Situation nicht greifen, daß man sagen würde: „... halten Sie den Mund, ich gebe Ihnen den Befehl" (6/54). Auch ein solches Verhalten würde nur der Glaubwürdigkeit des „Dissidenten" zugute kommen. Wo jemandem der Mund verboten wird, gibt es etwas zu verbergen.

Wie man es auch dreht und wendet, die kritischen Stimmen in der Bundeswehr sind Realität. Die Fronten in der Friedensdebatte verlaufen nicht zwischen innen und außen, Bundeswehr und Friedensbewegung, sondern mitten durch die Institution hindurch. Wie sich dieses Faktum auswirkt, hängt wesentlich davon ab, wie es in der Bundeswehr und speziell in der Gruppe der teilnehmenden Jugendoffiziere bewertet wird. Werden andere Sichtweisen und Bewertungen als Chance begriffen, den eigenen Standpunkt zu überprüfen und die geltenden Sicherheitskonzepte weiterzuentwickeln, oder werden sie als Bedrohung definiert, die bekämpft werden muß?

Welchen Aufschluß geben hierüber die Ergebnisse des Forschungsseminars? Die Teilnehmer erwägen mehrere Möglichkeiten, wie der Kamerad mit der Situation hätte umgehen können. Er hätte dem Publikum zum Beispiel klarmachen können, daß der andere eben *nur* seine persönliche Meinung vertrete, man selbst aber das ganze Gewicht der Institution hinter sich habe. Dieser Vorschlag wird in der Seminarrunde verworfen, weil das Publikum ja diese Bewertung nicht teile, sondern gerade dem mehr glaube, der *in* der Institution seine persönliche Meinung vertritt. Eine Spaltung zwischen persönlicher Meinung und offizieller Funktion mag zwar für einen selbst die Situation erleichtern, muß aber mit einem Glaubwürdigkeitsverlust beim Publikum bezahlt werden. Hier wiederholt sich auf anderer Ebene das Thema des zuvor besprochenen Bildes vom coolen Militär ohne Gefühle.

Ein zweiter Vorschlag, wie man sich in der Situation verhalten könnte, zielt darauf ab, den anderen in das moralische Dilemma einer Spaltung zwischen Rolle und Person zu bringen.

Limberger: „Da hätte ich aber seine Glaubwürdigkeit angezweifelt ... es ist doch das einzige. Wenn er über Kriegsdienstverweigerung als das einzig Vernünftige redet ... gut, dann hätte ich ihn gefragt, wieso sind Sie das noch nicht. Das hätte ich ihn aber gefragt. Da soll er mal zu antworten."

Diese Argumentation zielt darauf ab, den andern in Begründungszwänge zu bringen, warum er trotz abweichender Meinung die Bundeswehr noch nicht verlassen hat. Das Manöver gelingt nicht einmal in der Phantasie, denn die passende Antwort können sich die Teilnehmer selbst geben.

Stroh: „Ich will das Bewußtsein in der Bundeswehr ändern, und das kann ich nur, wenn ich trotzdem noch den Rock anlasse." (6/44)

Auffallend ist, daß in der Gruppe durchgängig von dem „Dissidenten" gesprochen wird, obwohl der gemeinte Hauptmann ja noch Mitglied der Bundeswehr ist. Im Bewußtsein der Gruppenmitglieder scheint sein Ausschluß aus der Institution bereits vollzogen.

Über die Bedrohung, die von einem Kameraden ausgeht, der *in* der Bundeswehr für eine andere Sicherheitspolitik eintritt, und dies auch noch öffentlich kundtut, scheinen sich die Jugendoffiziere einig. Wenn so jemand auf dem Podium auftritt, ist es mit der eigenen Glaubwürdigkeit vorbei. Sie scheint auf dem Anspruch zu beruhen, daß es nur ein einziges richtiges und verantwortungsvolles Sicherheitskonzept für die Bundeswehr geben darf. Das ist verständlich angesichts der Existenz, die auf dem Spiel steht. Der Hauptmann demonstriert, daß es auch andere Weisen gibt, die übernommene Verantwortung für Frieden und Sicherheit wahrzunehmen. Eine positive Bewertung dieses Faktums kommt in der Gruppe nur am Rande zur Sprache: Es fällt der Begriff „Zivilcourage in der Bundeswehr" (6/59).

Der Eindruck der Einheit und Geschlossenheit der Bundeswehr wird nicht nur von links, sondern auch von rechts gefährdet. Beim Phantasieren über die Bedeutung des Bildes wurde auch erwogen, daß der Mann auf dem Podium mit den durchgestrichenen Schulterklappen ein Veteran sein könnte, der den Auftrag und die Theorie der Abschreckung noch nicht nachvollzogen hat.

Weimbach: „Ja, das Problem, daß eben Leute sich zum Helfer berufen fühlen und dann aufstehen, und irgend etwas sagen und in dem Moment bricht dann für einen als Jugendoffizier alles zusammen, weil die dann einem eine Gedankenkette unterstellen, die man nämlich genau nicht mehr hat: ... wir müssen doch auf den Russen draufhauen, wo immer sich

> die Konfrontation ergibt. Da müssen wir weltweit Flagge zeigen und warum denn die Bundeswehr nicht am Golfkrieg einsetzen. Das ist doch unser lebenswichtiges Interesse ... Dann stehen Sie als Jugendoffizier so da und sagen ... Lieber Gott, laß Abend werden.“ (6/34)

Ein rechter Militarist bestätigt die in der Friedensbewegung repräsentierten Ängste ebenso wie ein linker Kritiker, nur auf eine andere Art und Weise: Der erste liefert den Beweis dafür, daß Kriegslust und militärisches Abenteurertum durchaus noch nicht ausgestorben sind. Wer ohnehin an den Möglichkeiten militärischer Friedenssicherung zweifelt, sieht die „wahre militärische Gesinnung“ in dem Wunsch nach einer Politik der Stärke und Konfrontation zum Vorschein kommen. Die Befürchtungen könnten etwa so lauten: Wenn solche Leute in einer Krisensituation das Sagen hätten ...

Der kritische Bundeswehrsoldat hingegen bestätigt die Zweifel an der Sicherheitspolitik dadurch, daß er sie teilt und argumentativ unterstützt. Der Jugendoffizier ist in seiner Berufspraxis mit beiden konfrontiert. Die Beispiele, die in der Gruppe berichtet wurden, zeugen von der Schwierigkeit, mit Andersdenkenden und mit dem Konflikt in den eigenen Reihen (öffentlich) umzugehen.

3.5. Rollenspiel: Alle gegen einen

Wie werden die skizzierten Rollenkonflikte und Dilemmata in einer Handlungssituation gestaltet?

In der zweiten Seminarphase forderten wir die Gruppe auf, den für sie wichtigsten Konflikt im Rollenspiel zu simulieren. Die Teilnehmer einigten sich auf folgendes Szenario: Der Jugendoffizier wird eingeladen, am Gesprächsabend eines kirchlichen Friedenskreises teilzunehmen. Thema: Kann ein Soldat Christ sein? Drei Szenen sollen gespielt werden: 1. Der Jugendoffizier wird vom Pfarrer im Namen des Friedenskreises telefonisch eingeladen; 2. Der Diskussionsabend; 3. Der Jugendoffizier unterhält sich mit einem Kameraden über den Verlauf des Abends.

3.5.1. Der Spielverlauf (2. Szene)

Der Pfarrer begrüßt den Jugendoffizier und stellt ihm den Diskussionsleiter aus dem Kreis der Gemeindemitglieder vor, dann leitet er den Abend mit einem gemeinsamen Gebet ein. Danach übernimmt der Diskussionsleiter das Wort und fordert den Jugendoffizier auf, sich kurz „ohne ein Statement" vorzustellen und zu berichten, wie er zu seiner jetzigen Funktion in der Bundeswehr gekommen ist. Danach richten die Gemeindemitglieder Fragen an den Jugendoffizier, ohne daß dieser die Gelegenheit wahrnimmt oder erhält, zu antworten. In den Rollen der Gemeindemitglieder konfrontieren die Jugendoffiziere ihren Kameraden mit all dem, was den Beruf des Jugendoffiziers schwer macht und was sie sonst selbst erleben und erleiden müssen.

Flessenmayer: „Sie machen mir angst, wenn Sie so technokratisch darüber sprechen, so ohne jedes Gefühl also. Wie kann man darüber so rational sprechen? Wenn wir Atomwaffen haben, dann werden sie auch eingesetzt, das ist doch ganz klar. Und wenn ich mir die Entwicklung ansehe. Früher, vor 20 Jahren, nehme ich es Ihnen ja ab, daß wir noch 'ne Kriegsverhinderungsstrategie hatten. Aber jetzt ist es eine Kriegsführungsstrategie, und solche Leute wie Sie machen mir angst, das sag ich Ihnen ganz offen und ehrlich." (Rollenspieltranskript, S. 10)

Diesing: „Herr Hauptmann, ich finde das eigentlich sehr gut, daß Sie sich hier in die Höhle des Löwen in Uniform wagen, und da schließe ich auch gleich meine Frage an: Weshalb tut die Bundeswehr so wenig gegen diese Friedensbewegung, ich bin ja selbst noch Soldat gewesen, vor 45 Jahren ... und das war doch ein ganz anderer Zug damals. Sie geben sich hier auch locker und moderat, Sie müssen doch mal über die enorme Bedrohung durch die sowjetischen Panzermassen sprechen ..." (Rsp., S. 12)

Der dritte Fragentyp zielt auf die Widersprüche zwischen der amerikanischen offensiven Strategieauffassung und der gültigen NATO-Strategie der Flexible Response.

Breidt: „Ich hab's hier schwarz auf weiß, Air-Land-Battle, Vorwärtsstrategie. Ein Atomkrieg muß wieder führbar gemacht werden. Die Soldaten marschieren 120 km in den Ostblock hinein. Da frag' ich mich wirklich, kann man da noch Soldat sein? Das ist doch eine offensive Angriffsstratcgic, was wir hier haben." (Rsp., S. 15)

Statt zu antworten, fragt der Jugendoffizier den Diskussionsleiter: „Wen haben Sie jetzt auf Ihrer Liste?" (15). Damit übernimmt der Jugendoffizier die Strategie des Diskussionsleiters, ihn nicht zu Wort kommen lassen. Es sieht aus wie ein unbewußtes Zusammenspiel: daß Fragen zwar gestellt, aber nicht beantwortet werden.

Auch im weiteren Verlauf des Spiels kommt es dazu nicht. In der dritten Szene berichtet der Darsteller des Jugendoffiziers seinem Kollegen:

> „... evangelisch-reformiert was soll ich dazu sagen, ... die haben sich auch alle ausgekotzt, sind ihre Fragen alle losgeworden. ... aber frag' nicht nach Antworten, frag' nicht nach Antworten. Ich mein', was wir erreicht haben, ist, daß die mich da nicht rausgeschmissen haben ... Ich glaube, die wollten auch gar keine Antworten haben, die brauchten nur mal einen zum Sprechen." (Rsp., S. 21)

Unmittelbar nach dem Spiel wurden zunächst erste Eindrücke ausgetauscht, dann wurde mit der systematischen Auswertung Szene für Szene begonnen. Dabei fiel es den Teilnehmern sehr schwer, das zu sehen, was sie in den Rollen der Gemeindemitglieder selbst zur Verhinderung des Gesprächs mit dem Jugendoffizier beigetragen hatten. Ihre „geballte" Kritik richtete sich vielmehr auf den Darsteller des Jugendoffiziers, der die Fragen nicht beantwortet habe. Hier kann etwas nicht stimmen: Der Jugendoffizier hat den Erwartungen und Bedürfnissen der Gruppe, wie sie sich präsentiert hat, entsprochen, er hat das Spiel mitgespielt; und gerade dies wird ihm nun zum Vorwurf gemacht.

3.5.2. Freiwillige vor

Häufig entscheidet schon die Rollenwahl bzw. die Rollenzuweisung darüber, wie ein Spiel ausgeht. Die Entscheidung für eine Person, die eine bestimmte Rolle besetzen soll, enthält meistens schon Präferenzen für eine bestimmte Problemlösung. Die Personen, ihre Haltungen und ihr Verhalten sind ja in der Gruppe bekannt. Und es ist auch nach der vorangegangen Bildbesprechung klar, um welche Konflikte es gehen wird. Für die Rolle des Jugendoffiziers im Spiel fand sich zunächst niemand. Das ist verständlich, macht doch die Darstellung der eigenen Berufsrolle erfahrungsgemäß immer die größten Schwierigkeiten. Man wird von seinen Fachkollegen oder Kameraden beobachtet und beurteilt, Schwächen, die man sonst verbergen kann, kommen zum Vorschein. Während man sich hinter fremden Rollen, die man im Berufsalltag nicht spielt, verstecken kann, ist dies bei der eigenen Berufsrolle nicht möglich. Man ist verletzlich und der Kritik der Kameraden ausgesetzt. Aufschlußreich ist, wie in der Gruppe dieses Problem gelöst wird.

Rummeleit:	„... daß einer rausgeschickt wird, der den Jugendoffizier spielen muß, und wir sprechen hier drinnen nun irgendwas ganz Böses für den ab.“ (8/3)
Forscher:	„Wir sollten jetzt anfangen, die Rollen zu besetzen und dann ins Spiel einzusteigen ...“
Zumbusch:	„Zuerst müssen wir einen Jugendoffizier besetzen.“
Diesing:	„Freiwillig.“
Rummeleit:	„Christian.“
Piro:	„Also, ich schlag dich vor, weil mich das interessiert, wie das wirkt, wenn du nachher einen in die Fresse hast.“ (8/16) ...
Arnoldt:	„Wer sich zu sonst nichts gemeldet hat, der wird Jugendoffizier.“
Weimbach:	„Drum hast du dich gerade gemeldet.“
Heinze:	„Das ist ja auch Quatsch. Irgendeiner freiwillig.“
Arnoldt:	„Wir gucken alle runter, und auf drei gucken alle hoch, und wen die meisten angucken, der macht's.“
Forscher:	„Also, ich denke, es könnte vielleicht ganz hilfreich sein, wenn Sie einfach mal Ihre Phantasien äußern, was dem Jugendoffizier denn da alles blühen könnte.“

Rummeleit: „Also, wir wissen ja, daß das alles andere Jugendoffiziere sind und daß sie eine geradezu maso... [der Teilnehmer korrigiert sich] sadistische Ader haben."

Klostermann: „Oder Oberstleutnant ... [der ranghöchste Teilnehmer] macht den Jugendoffizier."

Limberger: „Sie könnten das doch machen (gemeint ist der Forscher), was halten Sie denn davon? Sie springen in 'ne andere Rolle rein, und das macht sich dann auch nicht schlecht."

Weimbach: „Wir können alle nur davon lernen."
(Kurzes Schweigen)

Arnoldt: „Also gut, dann mach ich's." (8/18)

Die Gruppe findet ihren Hauptdarsteller schließlich durch ein Ritual, mit dem zugleich das vollzogen wird, was ein Teilnehmer als „maso... sadistische Ader der Jugendoffiziere" kennzeichnet. Es ist verblüffend: Das, was von dem Teilnehmer mit hoher Selbstwahrnehmung offengelegt wird, findet im unmittelbaren Gruppengeschehen seine Bestätigung. Das masochistische daran ist, daß der Teilnehmer, der das Ritual vorgeschlagen hat „Wir gucken alle runter, und auf drei gucken alle hoch, und wen die meisten angucken, der macht's", schließlich Opfer seines eigenen Vorschlags wird. Sadistisch ist das Ritual insofern, als durch den Druck der Gruppe ein Mitglied dazu gebracht werden soll, etwas zu tun, was es nicht will. Auf diese Weise wird derjenige ausgemacht, der dem Druck der Gruppe nicht standhalten kann. In der Regel ist es einer, der außen steht, der sich durch irgend etwas von den anderen abhebt, unterscheidet, sei es durch Stärke, Schwäche, Intelligenz oder äußeres Erscheinen oder Ähnliches. Die Gruppenmitglieder sind offensichtlich nach einem solchen Teilnehmer auf der Suche:

Rummeleit: „Christian ... du als Außenseiter kannst das gut machen." (8/16)

Ein anderer Vorschlag ist an die Adresse des ranghöchsten Jugendoffiziers, an den militärischen Leiter der Gruppe, gerichtet. Ein dritter Vorschlag gilt dem Forscher, der mit Vornamen ebenfalls Christian heißt. Anzumerken ist hierzu, daß ja die Forscher die Gruppe in die schwierige Situation verwickeln, ihre Berufspraxis im Rollenspiel zu simulieren und dafür einen Spieler aus ihrer Mitte zu finden. Der Vorschlag, der Forscher solle (dann auch) den Jugendoffizier spielen, kann als Reaktion darauf verstanden werden. Der Verlauf des Rollenspiels und der anschließenden Auswertung geben also darüber Auskunft, was die Gruppenmitglieder mit den methodischen Vorgaben der Forscher machen.

Eine Rollenzuschreibung gelingt nur, wenn sie auch auf eine Bereitschaft zur Rollenübernahme trifft. Das Ritual wählt auch denjenigen aus, der sich berufen fühlt, für die Gruppe etwas zu tun, sie aus einer unangenehmen Lage zu retten. Motive, die dabei eine Rolle spielen, können sein: die Liebe, Dankbarkeit oder Anerkennung der Gruppe zu erringen, aus einer Randposition ins Zentrum der Aufmerksamkeit zu rücken oder ähnliches.

Der Teilnehmer, der schließlich den Jugendoffizier zu spielen bereit ist, war aus mehreren Gründen dafür prädestiniert. Als Einziger in der Runde trug er an diesem Seminartag keine Uniform, was seine Distanz zur Gruppe äußerlich markierte, und er zog den Druck der Gruppe auf sich, um sie dann als Retter davon zu befreien. Sein erster Vorschlag lautet: „Wer sich zu sonst nichts gemeldet hat, der wird Jugendoffizier" (8/18). Später übernimmt er selbst die Rolle, obwohl er sich bereits für eine andere Rolle als Hausfrau im kirchlichen Friedenskreis gemeldet hatte. Sein zweiter Vorschlag, „Wir gucken alle runter, und auf drei gucken alle hoch, und wen die meisten angucken, der macht's" (8/18), sieht ebenfalls so aus, als wolle er von sich selbst ablenken. Er bewirkt aber das Gegenteil.

3.5.3. Vom Retter zum Opfer

Auf diese Weise wird der Teilnehmer sowohl zum Retter als auch zum Opfer der Gruppe: Er rettet sie aus der unangenehmen Lage, keinen Jugendoffizier für das Spiel zu finden, indem er sich selbst dem Sadismus der Gruppe opfert. Daß mit dem Spiel sadistische Phantasien verbunden wurden, war kein Geheimnis. Vielmehr wurden sie ganz offen geäußert:

Rummeleit: „... daß einer rausgeschickt wird, der den Jugendoffizier spielen muß, und wir sprechen hier drinnen nun irgendwas ganz Böses für den ab." (8/3)

Piro: „Also, ich schlag dich vor, weil mich das interessiert, wie das wirkt, wenn du nachher einen in die Fresse hast.“ (8/16)

Rummeleit: „Also, wir wissen ja, daß das alles andere Jugendoffiziere sind und daß sie eine geradezu maso... [der Teilnehmer korrigiert sich] sadistische Ader haben.“ (8/18)

Wie an der sprachlichen Unklarheit im zweiten Zitat abzulesen ist, scheint es noch offen, wer als Täter und wer als Opfer die Spielbühne verläßt: ob der Jugendoffizier im Spiel um sich schlägt („einen in die Fresse haust“) oder ob er geschlagen wird („einen in der Fresse hast“). Dieser Interpretation entspricht die Unentschiedenheit im dritten Zitat, ob masochistisch oder sadistisch das richtige Wort ist, um eine charakteristische „Ader“ von Jugendoffizieren zu kennzeichnen. Auf jeden Fall löst die methodische Vorgabe der Forscher Gewaltphantasien in der Gruppe aus.

Wer sich unter diesen Umständen, bei diesen Vorankündigungen, für die Rolle des Jugendoffiziers zur Verfügung stellt, hätte eigentlich einen Orden verdient. Nichts dergleichen geschieht jedoch hier. Statt dessen wird der Jugendoffizier nicht nur während des Spiels von seinen Kameraden „niedergemacht“, sondern auch noch hinterher. Bei der anschließenden Auswertung wird er zunächst allein für den Spielverlauf verantwortlich gemacht. Wie ist das zu verstehen?

Auch wenn es so aussieht, als sei die Art und Weise der Rollenübernahme und der Rollendarstellung ein individuelles Verhalten eines bestimmten Jugendoffiziers, ist daran doch die ganze Gruppe beteiligt. Genauso hätten die Gruppenmitglieder ja auch einen anderen auswählen können, zum Beispiel den, der in der Bildbesprechungsphase zuvor so eindrucksvoll geschildert hatte, daß er sich zu wehren weiß. Dann wäre das Spiel sicher anders verlaufen.

Mit dem Auswahlritual einigen sich die Teilnehmer nicht nur auf eine bestimmte Person, sondern zugleich auf eine bestimmte Form der Konfliktlösung im anstehenden Rollenspiel. So wie der Teilnehmer sich für die Rolle des Jugendoffiziers zur Verfügung stellt, so stellt er sich auch im Spiel den Ängsten, Klagen und Zweifeln seiner Kameraden zur Verfügung, die in den Rollen der Gemeindemitglieder ungehemmt alle die Fragen stellen können, auf die sie selbst vielleicht auch keine Antworten wüßten. „Die wollten sich nur mal auskotzen, die brauchten einen zum Reden“: so nimmt der Jugendoffiziersdarsteller die Spielsituation wahr.

Diese Wahrnehmung entspricht exakt der Spielstrategie der Gemeindemitglieder, über die jene hinterher bei der Auswertung sagen:

Zumbusch: „Wir hätten das also unterbunden, wenn er versucht hätte zu antworten.“ (11/8)

So kommt es im Spiel zu keinem Diskurs über Sicherheitspolitik, zu keinem Austausch von Für und Wider, Fragen und Antworten. Die Situation polarisiert sich: Das Feld wird von den Kritikern beherrscht, der Jugendoffiziersdarsteller verstummt. Was der Spielrunde auf diese Weise erspart bleibt, ist die inhaltliche Auseinandersetzung mit Zweifeln an der Sicherheitspolitik im eigenen Kreis. Hätte das zu Differenzen geführt?

Über richtige Antworten, die man als Jugendoffizier zu geben hat, kann man verschiedener Meinung sein. Solange sie verhindert werden, kann sich die Gruppe einig bleiben. Diese Konfliktlösung hat allerdings ihren Preis: Einer wird aus dem Konsens ausgeschlossen, gegen den die anderen – nun in der Identifikation mit der Friedensbewegung – zusammenhalten. Diese Dynamik wirkt auf beiden Seiten so stark, daß selbst Hilfsangebote aus dem Kreis der Kirchengemeindemitglieder beim Jugendoffizier als feindselige Attacken ankommen. Im Auswertungsgespräch heißt es:

Flessenmayer: „Ich hab den … , der vor ’m halben Jahr entlassen wurde, gespielt. Wollte ihm eigentlich helfen, und zwar mit der Grundlinie, daß Verteidigung ich akzeptiere, aber daß es doch viele kleine Sachen gibt in der Bundeswehr, die mich auch ein bißchen gestört haben. …“

Piro: „So kam ’s bei mir jedenfalls nicht an … Ich hatte wirklich den Eindruck, daß du ihm nicht helfen willst, sondern im Gegenteil …“

Arnoldt: „Bei mir übrigens auch. Das hörte sich doch deutlich an wie in die Pfanne hauen.“ (8/35)

3.5.4. Gegeneinander kämpfen oder miteinander reden

Der Verlauf der simulierten Begegnung zwischen Jugendoffizier und kirchlichem Friedenskreis spiegelt die Auffassung wider, daß Öffentlichkeitsarbeit Kampf ist. Es geht um Sieg oder Niederlage, gewinnen oder verlieren. Man läuft Gefahr, niedergemacht zu werden oder aus der Rolle zu fallen, wenn man nicht seinerseits dafür sorgt, daß das dem anderen widerfährt. An Veranstaltungen, die so verlaufen, sind immer beide Seiten beteiligt. Einmal mit dem Selbstverständnis, mit dem sie aktiv die Situation gestalten, dann aber auch mit dem, was sie jeweils von der Gegenseite erwarten und auf das sie selbst wiederum reagieren. Wie das Rollenspiel zeigt, fallen Verständigungs- und Hilfsangebote gerade dann durch das Raster der Wahrnehmung, wenn die Situation als Kampf definiert wird. Angriff erzeugt Verteidigung, nicht Verständigung.

Der Begriff „Einsatz“ für Podiumsdiskussionen, Schulbesuche und Vorträge belegt ein militärisches Selbstverständnis als Kämpfer an der Front der Öffentlichkeit, ebenso solche Wortschöpfungen wie „die Allzweckwaffe Jugendoffizier“. Aus manchen Schilderungen gewannen wir den Eindruck, daß Öffentlichkeitsarbeit noch eines der wenigen Felder ist, auf dem für die und in der Bundeswehr überhaupt gekämpft werden kann. Andererseits gehört es aber auch zu den erklärten Zielen der teilnehmenden Jugendoffiziere, mit Andersdenkenden in Kontakt zu kommen, Verständigungsbarrieren und Berührungsängste bei sich und anderen abzubauen. Unmittelbar vor dem Rollenspiel einigten sich die Gruppenmitglieder auf folgende Fragen, die sie untersuchen wollten:

Weimbach:	„ ... die Frage müßte sein, wie lösen wir sie [die Barrieren] auf, also wie kommen wir in Kontakt mit der Gruppe, und was kann das überhaupt bewirken? So würde ich das verstehen.“ (6/69)
Klostermann:	„Das ist also, wie baue ich Schranken ab, oder wie komme ich in Kontakt?“
Arnoldt:	„Wie gehe ich mit Abneigung um?“ (6/74)

Wenn der Andersdenkende als feindliches Gegenüber definiert wird, ist von ihm nicht zu erwarten, daß er sich überzeugen läßt – das gilt für beide Seiten. Das militärische Verständnis der Situation kommt in Konflikt mit den Wünschen der Teilnehmer nach Verständigung. Wer kämpft, sich angegriffen fühlt oder meint, sich verteidigen zu müssen, wird selbst dem besten Argument nicht aufgeschlossen sein. Unter dieser Voraussetzung wird Kommunikation zu einem Mittel des Kampfes gegen den anderen. – Bei der Vorbereitung des Rollenspiels ging es um diese zwei Begriffe. Der Forscher greift dabei die militärisch-männlichen Vorstellungen der Teilnehmer auf, während die Forscherin versucht, eine andere Bedeutung der simulierten Begegnung zwischen Vertretern der Friedensbewegung und der Bundeswehr im bevorstehenden Rollenspiel nahezulegen.

Forscher:	„... Das ist natürlich klar, daß das nicht die Realität ist, aber es ist immerhin ein Prozeß, in dem Sie so was wie ... um's mal negativ auszudrücken, die Kampfsituation erleben, und das entscheidet dann die Situation ... ."
Forscherin:	„Es geht um Kommunikationsprozesse. Es geht nicht darum, den reinzulegen."
Klostermann:	„Als Kampf-, aber als Spannungssituation."
	...
Forscher:	„Spannungssituation ist vielleicht das bessere Wort."
Klostermann:	„Weil Kampf ja schon da ist." (8/21)

Der Verlauf des Rollenspiels zeigt, daß in der Tat „Kampf" die Situation bestimmt. Mit der Einstellung „Kampf" kann man zwar niemanden überzeugen, man läuft aber auch nicht Gefahr, selbst überzeugt zu werden. Auch man selbst, sei man nun Jugendoffizier oder Anhänger der Friedensbewegung, ist davor geschützt, sich auf den anderen, seine Ängste, Zweifel und guten Gründe einzulassen, ja ihn überhaupt anhören zu müssen. Eine solche Einstellung bewirkt, daß man die Argumente des jeweiligen Gegenübers nicht als solche ernst nimmt, sondern sie vorwiegend unter dem Gesichtspunkt betrachtet, welche strategischen Absichten damit verfolgt werden. Zum Beispiel wird der Hauptmann vom Darmstädter Signal nicht als jemand gesehen, der mutig seine eigene Meinung vertritt, sondern als jemand, der von der Gegenseite zur bewußten Polarisierung eingesetzt wird.

Breidt:	„... Typisches Beispiel eigentlich für Polarisierung. Auch von seiten des Einladenden und von seiten des Diskussionsleiters. Und das war, das war bewußt. Das war eindeutig." (6/42)

Das Bild, das der Jugendoffiziersdarsteller im Rollenspiel abgibt, entspricht dem eines Kämpfers nun gar nicht. Entsprechend wird ihm nach dem Spiel vorgeworfen, er habe sich zuwenig engagiert, sei in die Reserve gedrängt worden, habe sich nicht gewehrt. Der Teilnehmer orientiert sich offensichtlich an einem anderen Verständnis der Situation: Es hat keinen Zweck, dem Antworten zu geben, der keine hören will. Sein Konzept bestand darin, das Kampfangebot nicht anzunehmen:

Arnoldt: „Ich habe mich ziemlich schnell entschlossen, erst mal alle ihre Fragen loswerden zu lassen ..." (8/29)

Dies Verhalten bewirkt zwar einerseits, daß über Fragen der Sicherheitspolitik im Rollenspiel nicht diskutiert wird – das entspricht den Absichten der Gruppenmitglieder in den Rollen der Gemeindemitglieder –, gleichzeitig enttäuscht der Spieler des Jugendoffiziers damit aber die Erwartungen seiner Kameraden. Als Jugendoffiziere hätten sie von ihm etwas anderes erwartet. Nach dem Spiel bringt der militärische Leiter der Gruppe diese Rollenerwartung in der Identifikation mit einem konservativen Mitglied der Kirchengemeinde auf den Begriff.

Diesing: „Ich bin ja nun als alter Soldat in dieser Gemeinde ... So 'n bißchen hat mich dieser Bundeswehrvertreter in seiner moderaten, stillen, freundlichen Art enttäuscht. Das ist doch keine Armee, die unsere Freiheit hier bewahrt und uns schützt vor der Bedrohung aus dem Osten." (8/32)

Die ironisch überzogene Fassung dieses Beitrags läßt darauf schließen, daß auch das Kämpferideal nicht ungebrochen akzeptiert werden kann. Es wird denen in den Mund gelegt, die noch eine frühere Realität vor Augen haben, in der militärische Normen und Traditionen noch etwas galten. Heute gehört es zu den erklärten Zielen des westlichen Verteidigungsbündnisses, den Kampf zu vermeiden, weil ein Krieg Selbstmord bedeuten würde – auch wenn aus den USA gelegentlich andere Töne zu hören sind. Kriegsverhinderung ist der Auftrag der Bundeswehr. Markige Sprüche, wie „Unsere Freiheit gegen den Osten verteidigen" können nur noch ironisch zitiert werden. Entsprechend antwortet auch der Teilnehmer, der den Jugendoffizier gespielt hat, auf die Kritik.

Arnoldt: „Sie sollten mich mal sehen, wenn ich mit dem Russen *spreche*." (8/32, Hervorhebung U. V.) (Gelächter)

Wenn auch dieser Beitrag auf einen Lacherfolg bei der Gruppe abzielt, so enthält er doch einen wahren Kern. Um den Frieden zu sichern, kommt es heute darauf an, mit der anderen Seite im Gespräch zu bleiben. Die vorhandenen Massenvernichtungsmittel stellen militärische Normen der Überlegenheit, Verhaltensweisen und Selbstbilder in Frage. Unser gemeinsames Überleben wird von der Fähigkeit zur Verständigung abhängen. Der Boden für das Verständnis der eigenen Rolle als Soldat und Jugendoffizier in der Bundeswehr ist unsicher geworden.

Diese Unsicherheit kommt im Verlauf des Seminars auf verschiedene Weise zum Ausdruck. Einmal in einer permanenten ironischen, teilweise sarkastischen Selbstdistanzierung von der eigenen Rolle. Es gibt kaum eine Passage, die nicht von Witzeleien, Gelächter und Gefrotzel begleitet wäre. Im Gegensatz dazu verläuft das Rollenspiel sehr ernst. Es scheint, als könnten die Teilnehmer – unter den Bedingungen des Forschungsseminars – erst dann mit sich identische Personen darstellen, wenn sie von ihrer eigenen Rolle entlastet sind.

Nach dem Spiel geht es im ironisch-sarkastischen Stil weiter. Die Unsicherheit über die „richtige" Rollenauffassung zeigt sich bei der Auswertung des Rollenspiels darin, daß die Gruppenmitglieder auf keinen gemeinsamen Nenner kommen. Kritik und Rechtfertigungen zeigen, daß die Teilnehmer von unterschiedlichen Normen und Werthaltungen ausgehen, wie sich ein Jugendoffizier in der Öffentlichkeit verhalten sollte.

3.5.5. Klagemauer, Sündenböcke und Opferlämmer

Die Stimmung im Seminar wird gereizt und gespannt, weil Vorwürfe, Kritik und Ansprüche ausschließlich an die Adresse des Jugendoffiziersdarstellers gerichtet werden und die anderen Teilnehmer ihren Anteil am Mißlingen des simulierten Diskussionsabends nicht wahrhaben wollen. Sie sind sogar der Meinung, ihren Kameraden fair behandelt zu haben.

Rummeleit: „... er war sogar öfter dran als der einzelne in diesem Kreis. Also, ich hab das ganz fair empfunden, seine Behandlung, nur mir fehlte was an Informationen. ... und Unfairness habe ich nicht empfunden." (8/28)

So wird der Retter der Gruppe, derjenige, der sich für den schwierigen Auftrag zur Verfügung gestellt hat, als Schuldiger „gekreuzigt“. Statt eines Helden hat das Rollenspiel ein Opfer produziert. Die massive Kritik der Gruppenmitglieder an ihrem Kameraden wird verständlich, wenn man sie aus der Kränkung versteht, die die Teilnehmer an ihrem Selbstbild hinnehmen müssen. Die Norm des kämpfenden Jugendoffiziers ist nicht bestätigt, sondern verletzt worden. Statt mit dem Wunschbild wurden die Kameraden mit einer Realität konfrontiert, die sie selbst nur zu gut kennen.

Klostermann: „Ja, so eine Klagemauer, wo jeder sein Bein dran heben kann.“ (9/70)

Verblüffenderweise nehmen die Phantasien, die am Anfang des Seminars zum ersten Bild geäußert wurden, den Verlauf des Rollenspiels vorweg.

Forscherin: „Ich möchte Ihnen jetzt vorschlagen, daß wir im ersten Auswertungsschritt die Bilder so auswerten,

daß einer sein Bild in die Mitte legt und zunächst alle anderen gucken, was sie darin sehen. Und im zweiten Schritt der Autor des Bildes erklärt, was er damit gemeint hat. Auf diese Weise kriegen wir auch noch die Assoziationen mit rein, die das Bild auslöst. …"

Stroh: „Ich trag mal meins vor. Ist ja egal wann. …"
Forscherin: „Und das geht jetzt per Zuruf."
Klostermann: „Der Genosse Jesus unter den Sündern."
…
Klostermann: „Ja, ein Guter und viele Schlimme."
Natermann: „Podiumsdiskussion in einer Kirchengemeinde."
…
(nicht identifizierbarer Sprecher): „Ja, das Kreuz, das ist auf der Seite der Mehrheit."
Klostermann: „Das Kreuz der Last."
Mehrere durcheinander: „Martyrium."
Diesing: „Es sieht mir mehr nach einer Gerichtsszene aus."
…
Rummeleit: „Einer gegen alle."
Forscherin: „Herr …, Sie haben noch eine Assoziation?"
Diesing: „Ja, die des Tribunals. Das könnte sehr wohl eine gängige Gerichtsszene sein, das Kreuz an der Wand, Einzelrichter, zwei Laienrichter daneben und eine dritte Gruppe." (2/4–8)

Im krassen Gegensatz zu den Assoziationen der Gruppenmitglieder steht das, was der Maler auf seinem Bild darstellen wollte:

Stroh: „Es ist eine Podiumsveranstaltung in einer Kirchengemeinde, … wo … die Veranstaltung für alle beiden Seiten trotz gegensätzlicher Meinungen etwas gebracht hat. … Keine Veranstaltung, wo nun unbedingt es darauf ankam, den Gegner … niederzumachen." (2/17)

Die Assoziationen der Gruppenmitglieder drücken den möglichen problematischen Gehalt der Szene aus, sie beruhen auf Erfahrungen, über die sich die Teilnehmer einig sind, sonst würden sie sie nicht gemeinsam assoziieren. Einer der Teilnehmer erklärt den Widerspruch zwischen dem Maler und der Gruppe so:

Limberger: „Also, daß ich zunächst einmal, wenn ich so 'n Bild sehe, davon ausgehe, was ist mein ständiges Erleben gewesen, das ich damit in Verbindung bringe ... gerade auf Kirche bezogen ... habe ich also sofort gesagt, in der Mitte derjenige ist, der, der alleine steht, ... das ist der Jugendoffizier, der alleine sitzt gegen alle, aus eigenem Erleben." (2/20)

Insbesondere „in den heißen Jahren so bis '83" hätten die Jugendoffiziere als „Prügelknaben" und „Opferlämmer" herhalten müssen, für das, was die Politiker „eigentlich hätten verantworten sollen und müssen, die aber geflissentlich gesagt haben, dafür haben wir unsere Jugendoffiziere" (2/21).

Konnte man bei der Bildbetrachtung noch ironische Distanz wahren, bringt das Rollenspiel diese kränkende und schmerzhafte Seite der eigenen Berufsrolle ebenso zur unmittelbaren Erfahrung und Anschauung wie den dazugehörigen Sadismus, den die Teilnehmer in der Identifikation mit Anhängern der Friedensbewegung erleben. Die einseitige Kritik an dem Darsteller des Jugendoffiziers im Spiel – dem das zugefügt wurde, was man sonst selbst erlebt – ist als ein Versuch der anderen zu verstehen, die Verantwortung für das Geschehen zu individualisieren und es dadurch von sich fern zu halten: Es lag eben nur an ihm, seiner persönlichen Unfähigkeit, daß der Jugendoffizier im Spiel nicht zum Zuge kam. Diese Betrachtungsweise kann zwar von unangenehmen Gefühlen und Einsichten entlasten, bringt die Gruppenmitglieder aber mit den militärischen Spielregeln der Kameradschaft in Konflikt.

3.5.6. Der Preis der Kameradschaft

Der militärische Leiter der Gruppe weist auf die Verletzung dieser Norm hin, indem er sie erneut bestätigt:

Diesing: „ ... ich möchte eigentlich mal so ganz schlicht unserem Kameraden ... Danke sagen, daß er sich für diese undankbare Rolle des Jugendoffiziers bereitgestellt hat ... keiner wollte ja so gerne da dran, ich schließe mich da gar nicht aus, der sich zunächst unseren lüsternen Versuchen, ihm mal zu zeigen, wie schwer ihm Jugendoffiziere das Leben machen können, gestellt hat, dies achtbar getan hat und sich jetzt für mich sehr imponierend auch der Kritik stellt ... unserer fast ebenso lüsternen Kritik ... Ich meine, es ist ganz gut, wenn wir auch mal ihm dafür Danke sagen. Ich finde das also ganz proper und ganz toll, ich finde das eine beachtliche Leistung. Schönen Dank." (Beifall) (10/1)

Damit hätte es nun gut sein können, wenn nicht die Forscherin den Hintergrund dieser Intervention angesprochen hätte. Aus der Wiederherstellung einer Norm kann man auf die Verletzung einer Norm schließen. Sie schlägt daher vor, die Normen selbst zum Thema zu machen.

Forscherin: „Ich möchte das gerne aufgreifen, und ich denke ... Sie haben etwas ganz Wichtiges angesprochen ... Kameradschaft, was im Kreis einfach als Thema drin war ... wir haben am Abendessen über Normen gesprochen, nicht zufällig, und wir haben es ja ganz schwer, so diese Bewertungsschiene, gut oder schlecht, irgendwie auch abzuschalten, und ich möchte einen Vorschlag machen, damit wir das endlich mal klar kriegen, daß wir mal eine kurze Runde machen: Wie muß ein guter Jugendoffizier sein. ... also Normen, daß wir die Normen mal auf den Tisch bringen, daß wir sie nicht so im Hintergrund lassen, immer die geheime Meßlatte ... das geht ja dauernd durcheinander. So Norm und Realität. Wir haben große Schwierigkeiten, auf der Ebene der Realität zu bleiben und nicht immer so die Normen dranzunehmen ... Ich denke gerade, Herr ..., Sie haben das ja mit großer Sensibilität angesprochen, das Thema Kameradschaft, das ist ja auch eine Norm." (10/2–4)

Die Forscherin ergreift die Gelegenheit, am Beispiel Kameradschaft den Umgang mit Normen und Realität anzusprechen. Hier war der Widerspruch unmittelbar und schmerzhaft spürbar, insbesondere für den, der den Jugendoffizier gespielt hatte. Der militärische Leiter der Gruppe reagierte darauf, indem er an den Anspruch erinnert: „Ich meine, es ist ganz gut, wenn wir auch mal ihm dafür Danke sagen." Zugleich bestätigt er die geforderte Norm durch das Beispiel seines eigenen Verhaltens.

Die Forscherin dagegen fordert dazu auf, die Realität nicht länger an der Norm zu messen und damit die Auseinandersetzung mit ihr zu vermeiden, sondern über offzielle und geheime Normen als solche zu sprechen.

Diese Intervention führte zu der eingangs geschilderten Seminarkrise. Während ein Teil der Gruppe den Vorschlag aufgreift – dazu gehört in erster Linie auch der Vorgesetzte –, verhält sich ein anderer Teil mißtrauisch abwartend. Was ist an dem Vorschlag so gefährlich? Wie an den nächsten Beiträgen abzulesen ist, steht mit der Norm der Kameradschaft zugleich die Realität des Umgangs miteinander zur Diskussion.

Rummeleit:	„Zu den geheimen [Normen] gehört ganz sicher mit dazu, daß er [der Jugendoffizier] eine große Leidensfähigkeit gegenüber dem Sarkasmus, gegenüber dem Sarkasmus im eigenen Kreis haben muß." (10/6)
Natermann:	„Also, also mir geht das Leidensfähigkeit zu weit. Der Jugendoffizier muß nicht leiden. Er muß duldsam sein." (10/7)
Rummeleit:	„Aber jetzt, jetzt mal ganz ehrlich. Wir haben doch so intern ... trotzdem einige ganz feste Regeln. Und das habe ich auch versucht, mit dem ersten so auszudrücken. Es ist doch eine ungeschriebene Regel, egal was auf unseren Tagungen dem anderen auf's Brot geschmiert wird, wie auf ihn eingehackt wird, er hat das so hinzunehmen. Wenn er aus der Rolle fällt, dann ist er aber auch von der Rolle. Dann ist er unten durch, endgültig." (10/21)

Einerseits ist es entlastend und befreiend, so etwas einmal offen sagen zu können, andererseits sind damit aber auch die Mechanismen gefährdet, die die Gruppe trotz ihrer Spannungen zusammenhalten. Der Anspruch der Selbstbeherrschung und Leidensfähigkeit an jedes einzelne Gruppenmitglied gibt den anderen ja auch die Gelegenheit, ihre Spannungen im Sarkasmus abzureagieren, ohne den Bestand der Gruppe zu gefährden. Beides setzt sich wechselseitig voraus und hält sich im Gleichgewicht. Die emotionalen Kosten des Verfahrens werden dabei dem einzelnen aufgebürdet, der auf das Zeigen seiner Verletztheit, seiner Gefühle verzichten muß, um die Akzeptanz in der Gruppe nicht zu verlieren. Hier scheint einer der gruppeninternen Gründe für die Rollenerwartung des coolen, beherrschten Militärs angesprochen, die so kontraproduktiv für die Öffentlichkeitsarbeit ist und die schon in der Bilderphase beklagt wurde.

Die Gruppenmitglieder sind an einem zentralen Punkt ihrer Berufsrollenproblematik angelangt, dort nämlich, wo sie ihr Leiden selbst mitproduzieren. Was nach den militärischen Normen in der Institution Anerkennung verspricht, hat draußen, in der zivilen Welt, Ablehnung zur Folge. Mit den Schwierigkeiten und Kosten dieses Widerspruchs hat der Jugendoffizier alleine fertigzuwerden. Unterstützung jedenfalls hat er von seinen Kameraden nicht zu erwarten.

Rummeleit: „Gerade jetzt, bei der letzten [die letzte Jugendoffizierstagung] … wenn sich da einer empört, daß er dreimal niedergebrüllt worden ist unter dem Motto ‚reicht schon' und ‚nächste Frage' oder so, und wenn er sich dann aufplustert, dann ist aber Sabbat mit ihm, für ihn erst mal." (10/21)

Wenn schon Mechanismen kritisiert werden, die die Gruppe trotz ihrer Spannungen zusammenhalten, ist der Weg nicht weit, daß die Ursachen der Spannungen selbst zur Sprache kommen.

Diesing: „Diese Lieblingsmeinung des gegenwärtigen ÖA-Referenten [Öffentlichkeitsarbeit], daß, die Meinung des Hauses vertreten [des Bundesverteidigungsministeriums] im Vordergrund stände, … ich glaube, daß der Jugendoffizier nicht überlebt auf Dauer, wenn er nicht tatsächlich seine eigene Persönlichkeit und auch eigene Meinungen in sein Geschäft einbringen kann …" (10/22)

An dieser Stelle des Seminars stoppt der skeptisch-abwartende Teil der Gruppenmitglieder den laufenden Prozeß. Sie verlangen, daß die Vertrauenswürdigkeit der Friedensforscher zum Thema gemacht wird.

Limberger: „Ich kann Sie nicht einschätzen ... ich habe Probleme, mit dem, was Sie mit all dem Material, was Sie hier rausholen, machen. Damit stehe ich nicht alleine, ich meine, irgendwann muß es auf den Tisch ... und da möchte ich was drüber hören. Ich habe Vorbehalte. Weil Sie ja permanent zwei Tage lang ausweichen.“ (10/23)

Dieser Mißtrauensantrag löste eine längere Debatte darüber aus, ob man den Friedensforschern trauen könne oder nicht. Bedenken wurden ausgetauscht und überprüft, Zugehörigkeiten und Gruppenidentitäten festgestellt und Grenzen gezogen. Jugendoffiziere und Friedensforscher gehören zu verschiedenen Seiten, und jeder hat mit den Vorurteilen der anderen zu leben. Läßt man den anderen bei sich reingukken? Diskutiert man ausgerechnet mit ihm seine „dunklen Ecken“, die man nicht einmal in der eigenen Gruppe offen behandelt? Andererseits kann man sich vor Mißbrauch auch schützen, zum Beispiel durch eine gemeinsame Stellungnahme der Jugendoffiziere, wenn der Bericht abwertende oder verfälschende Inhalte verbreitet.

Vertrauen und Mißtrauen hielten sich eine Weile die Waage, bis die Teilnehmer untereinander beschlossen, daß nun vorläufig genug geklärt sei und man weiterarbeiten wolle.

Vom Ergebnis her betrachtet, haben sich die Impulse in der Krisensituation durchgesetzt, die für Vertrauen, Offenheit und Veränderung sprachen. Ich möchte sie integrative Impulse nennen, weil sie im weiteren Verlauf des Seminars den Weg dafür bahnten, daß bislang ausgeklammerte, in der Gruppe tabuisierte Themen besprochen werden konnten, was zugleich zu einem vertieften Verständnis der eigenen Position und der der anderen Seite führte. Daß der Vorgesetzte für Offenheit eintrat, hat seinen Teil zu dieser Entwicklung beigetragen. Gegen ihn wäre die Weiterarbeit sicher nicht möglich gewesen. Andererseits war damit das Mißtrauen noch nicht beseitigt, denn daß der Vorgesetzte für offene Zusammenarbeit plädieren würde, war schon mit der Verabredung des Forschungsseminars klar. Insofern diente die Seminarkrise einerseits der Artikulation des Mißtrauens gegen die Friedensforscher, zugleich aber auch der Auseinandersetzung mit der Autorität. Wie ging es dann weiter? Es scheint so, als habe gerade das Feststellen und Akzeptieren der Distanz zwischen Friedenforschern und Jugendoffizieren, die Klärung der jeweiligen Gruppenidentitäten und -zugehörigkeiten und die Artikulation des Mißtrauens anstelle seiner Verleugnung einen Schritt in Richtung Integration ermöglicht: Im weiteren Verlauf des Seminars kam es zu einer sehr offenen und kritischen Untersuchung des eigenen Selbstverständnisses als Jugendoffizier, deren wichtigste Punkte ich hier zusammenfassen möchte.

3.6. Auswertung: An der Grenze

Anhand der Analyse des Rollenspiels versuchen sich die Gruppenmitglieder gemeinsam über die Normen zu verständigen, an denen sie ihr berufliches Handeln orientieren.

Zumbusch:	„Ich bin kein Psychologe, der den Leuten die Ängste nehmen soll, sondern ich soll Informationen rüberbringen. Ich soll eine Position darstellen, und zwar meine, die sie mit ihrer dann vergleichen können (12/26). ... Wenn so ein Wust kommt [der Fragenwust im Rollenspiel], da einzugreifen und zu sagen: So, und jetzt drücke ich meinen Auftrag durch, und hier versuche ich jetzt mal, meine Position darzustellen. Ist das nicht legitim?" (12/26)
Breidt:	„Dem Gespräch, dem Zusammenkommen dient das mit Sicherheit nicht. Du blockst in dem Augenblick die anderen, die sich ausspucken, erst mal ab, ganz konsequent. Du sagst, ich führe jetzt meinen Auftrag durch, und dann hämmerst du denen was da hin. Ob die zuhören oder nicht, ist dir in dem Augenblick nämlich schietegal." (12/27)
Diesing:	„Wenn Sie so völlig den psychologischen Aspekt vom Tisch wischen, dann laufen Sie natürlich Gefahr, überhaupt nichts rüberzubringen an Information ... dann wird man tatsächlich zum Automaten, der also irgend so eine Information raushämmert

	auf Knopfdruck, sich aber ansonsten nicht um Gesprächspartner kümmert." (12/28)
Zumbusch:	„Mir fehlt in der ganzen Diskussion die Grundposition des Jugendoffiziers ... daß ich einen bestimmten Auftrag sehe, ein bestimmtes Ziel verfolge, und erst in zweiter Linie über die psychologische Situation nachdenke ... Und irgendwo zwischen diesen beiden Extremen liegt doch eigentlich unser Punkt (12/28) ... Ich versuche hier, beide Extreme darzustellen, um meine eigene Position zu finden, und da bitte ich um Hilfe."
Rummeleit:	„Die beiden Dinge dürfen sich, so wie du gesagt hast, sich nicht als Pole gegenüberstehen, sondern ich muß sie vereinigen in einer Position." (12/29)
Stroh:	„Etwas zu dem Spannungsfeld, das du aufzeigst. Da fällt mir ein Wort von der Charakterisierung des Jugendoffiziers ein, nämlich die Glaubwürdigkeit. Das muß jeder mit sich selbst ausmachen ... Aber am wichtigsten ist, daß man sich selber treu bleibt ... Deswegen ist das Unsinn, was wir reden. Du machst das eben so, du. Ich weiß noch lange nicht, ob du in 'ner anderen Situation das nicht anders machen würdest und daß ich das in der gleichen Situation das vielleicht ganz anders machen würde." (12/31)
Piro:	„Du bist so, du bleibst auch so, und das soll auch so sein. Das bringt doch nichts ..." (12/32)
Klostermann:	„Wenn ich die Diskussion verfolge, dann drängt sich mir folgendes auf: Wir machen das alle richtig, wir wissen alle, worum es geht, nur, wir haben Schwierigkeiten, das jetzt untereinander uns jetzt zu verklickern, wie wir es meinen oder wie wir es machen sollen."
Arnoldt:	„Wir haben uns alle lieb, und wir sind uns alle einig."
Diesing:	„Ich weiß nicht, ich halte das jetzt einfach für 'n bißchen müßig, diese Debatte, was denn wichtiger sei, Information oder Kommunikation. ... Was wir in einer Schulklasse bewirken können an Information, dann erscheint mir das lächerlich gering ...

	und da stellt sich mir die Frage, ist es nicht tatsächlich wichtiger, daß die eine Erfahrung mitnehmen, mit den Typen von der Bundeswehr kann man reden, und die machen sich auch Gedanken ..."
Zumbusch:	„Herr Oberstleutnant, ich teile Ihre Analyse, aber ich warne davor, das zum Ziel der Arbeit der Jugendoffiziere zu machen ..."
Diesing:	„... was bleibt, was viel nachhaltiger bleibt, ist ein Eindruck der Teilnehmer so einer Veranstaltung von der Gesprächssituation. Das ist so. Ich habe nicht die Absicht, diese Wirklichkeit zum Anspruch zu machen. ... denn entscheidend wird letztlich sein: Auftragserfüllung und das, was im Verhältnis Öffentlichkeit zur Bundeswehr und zur Landesverteidigung am Ende ... herauskommt aus unserer Arbeit. ... Aber ich halte es für bedenklich, diesen kommunikativen Bereich gering zu achten." (12/49)

An dieser Stelle der Diskussion tritt ein längeres Schweigen ein, in das ein Teilnehmer hinein eine Pause vorschlägt. Die Forscherin interpretiert das Schweigen als Nachdenklichkeit, was von einem Teilnehmer mit einem witzig gemeinten Beitrag so kommentiert wird:

Arnoldt:	„Das ist einfach, weil sich keiner traut, dem Oberstleutnant zu widersprechen." (12/49)

An der zusammengefaßten Diskussion läßt sich verfolgen, wie die Gruppenmitglieder mit den Spannungen umgehen, die infolge des Seminarprozesses zutage getreten sind. Die Zusammenarbeit mit den Friedensforschern, deren sozialpsychologische Betrachtungsweise und ihr Interventionsstil rückten andere Werte in den Mittelpunkt, als wenn die Gruppe unter sich wäre. „Ich bin kein Psychologe, sondern ich bin Soldat", hält den Unterschied fest.

Für einen Unbeteiligten mag die Kontroverse Information oder Kommunikation merkwürdig anmuten, ist doch das erste ohne das zweite nicht möglich. Hier geht es jedoch um etwas anderes: Darum, ob der Jugendoffizier, koste es, was es wolle, Position beziehen oder ob er sich um Verständigung bemühen soll. Soll Öffentlichkeitsarbeit als

Kampf verstanden werden, in dem der Gegner abgeblockt, der Auftrag durchgedrückt und Informationen rausgehämmert werden, oder soll Gesprächsbereitschaft unter Beweis gestellt werden?

Die Orientierungs- und Bewertungsunsicherheit, die in der Diskussion über die Bilder und das Rollenspiel zum Ausdruck kamen, haben eine Formel gefunden. Die Gruppenmitglieder sind so sehr an offener Klärung interessiert, daß die bisherigen Formen der Konfliktabwehr persiflierend überwunden werden:

- „Das muß jeder mit sich selbst ausmachen ... Am wichtigsten ist, daß man sich selbst treu bleibt."
- „Du bist so, du bleibst auch so, und das soll auch so sein. Das bringt doch nichts." (12/31–32)
- „Wir machen das alle richtig, wir wissen alle, worum's geht, nur wir haben Schwierigkeiten, das jetzt untereinander uns jetzt zu verklickern."
- „Wir haben uns alle lieb, und wir sind uns alle einig." (12/47)

Kameradschaft und Individualisierung sind zwei Arten der Konfliktbewältigung, die zusammengehören: Mit der Berufung auf Kameradschaft kann dafür gesorgt werden, daß Konflikte in der Gruppe vermieden werden. Die Individualisierung weist dann die Problemlösung dem einzelnen zu. Die dritte Bewältigungsform, die in der aktuellen Situation zum Tragen kommt, beruft sich auf die Hierarchie:

- „Das ist einfach (das Schweigen), weil sich keiner traut, dem Oberstleutnant zu widersprechen." (12/49)

Auch diese Barriere wird auf Nachfrage der Forscherin persiflierend überwunden.

Forscherin:	„Ich weiß nicht, wie es Ihnen geht, ich fand, daß wir vor der Pause an einem sehr spannenden Punkt waren ... also einem Oberstleutnant widerspricht man nicht, das war so ein witziges Umgehen mit einem spannenden Punkt."
Arnoldt:	„Wie soll ich die Situation denn sonst retten?" (13/1)

Die Aufforderung, doch noch mal zu schauen, was an der Situation so spannend war, führt dazu, daß die Situation im weiteren nicht gerettet, sondern geklärt wird. Jeder der Jugendoffiziere versucht, seinen eigenen Standort in der definierten Polarität – Auftrag erfüllen oder Gesprächsbereitschaft dokumentieren – zu finden. Dabei werden Unterschiede deutlich und dürfen auch nebeneinander stehenbleiben, ohne daß, wie vorher, jede individuelle Äußerung an unausgesprochenen normativen Ansprüchen gemessen wird. Die Individualität des einzelnen Jugendoffiziers wird nicht länger als gefährdend aus der Kameradschaft ausgeklammert. Damit vollzieht sich auf der aktuellen *Beziehungsebene* eine Integration von Person und Institution, über die auf der *inhaltlichen Ebene* zugleich gesprochen wird. Die Gruppenmitglieder ergründen gemeinsam die Ursachen ihrer Spannungen – zunächst im Verhältnis zwischen sich und ihrer Institution, dann aber auch im Verhältnis zwischen Bundeswehr und Gesellschaft.

Auf diese Weise gelingt am Ende der dreitägigen Forschungskooperation eine Auswertung der im Seminar gesammelten Erfahrungen. Die zutage getretenen Erwartungen und Ansprüche an „den Jugendoffizier" – eigene und institutionelle – und die daraus resultierenden Konflikte werden mit einer Analyse der gesellschaftlichen und institutionellen Situation des Jugendoffiziers konfrontiert, um Integrationschancen und -grenzen auszumachen.

Die Ergebnisse dieses Gesprächs, die zugleich die Ergebnisse des gemeinsamen Forschens von Jugendoffizieren und Friedensforschern sind, möchte ich am Schluß dieses Reports schildern, wobei ich nur noch einzelne markante Stellen im Zitat wiedergebe.

In der „geöffneten Schranke des BMVG [Bundesministerium für Verteidigung] zur zivilen Welt" finden die Jugendoffiziere ein gemeinsames Bild für ihre Identifikation mit dem Beruf. Eine Schranke wird von anderen bedient, sie kann auf und zu gemacht werden, je nachdem, wer hinter der Schranke steht. Als Schranke ist man Objekt des Ministeriums, zugleich ist man aber auch Subjekt mit eigenen Gefühlen und Überzeugungen, die nicht immer mit dem übereinstimmen, was man offiziell zu vertreten hat. In diesem Spannungsfeld könne sehr viel Konfliktstoff angelegt sein, mit dem man als Jugendoffizier umgehen müsse.

Selbst eine geöffnete Schranke weist noch darauf hin, daß es Grenzen gibt. So fühlen sich die Teilnehmer buchstäblich als der flexible „Bestandteil eines Zaunes", der das Militärische aus der zivilen Gesellschaft ausgrenzt, es aber auch abschirmt. Ein solcher Zaun hat zwei Funktionen: Er hindert solche, die nicht dazu gehören, am freien Zugang, und er ist ein „Mäuerchen, hinter dem man sich verstecken kann".

Während bislang Grenzen, Mauern und Schranken beklagt wurden, die, von anderen errichtet, die Integration des Soldaten bzw. der Bundeswehr in die Gesellschaft verhindern, werden nun auch die Vorteile und die Funktionen der Schranke gesehen. Dem Jugendoffizier bietet sie die Möglichkeit, sich dahinter zurückzuziehen, wenn der Druck in den Auseinandersetzungen mit Andersdenkenden zu groß wird. Verständlich, wie bedrohlich die Situation wird, wenn die Diskussionen der Friedensbewegung auch in der Bundeswehr geführt werden. Der Gesellschaft ersparen sie, mit so unangenehmen Dingen, wie sie Soldaten repräsentieren – Krieg, Töten, Gewalt, Bedrohung –, in Berührung zu kommen. Das Alltagsleben scheint frei von dem Aggressions- und Vernichtungspotential, das in den Waffen und militärischen Institutionen repräsentiert ist. Solange die Vorteile dieser Spaltung verleugnet werden, können die Nachteile dem jeweils anderen in die Schuhe geschoben werden.

Am Ende des Forschungsseminars wird auch über die historischen und politischen Ursachen dieses Spannungsverhältnisses zwischen Bundeswehr und Gesellschaft gesprochen. Es sei doch logisch, daß eine Institution wie die Bundeswehr, „sich versucht abzukapseln", „weil man eben nicht in die letzte Ecke, in den letzten Mist, der dort irgendwo liegt, gucken will". Die Bundeswehr sei schließlich „gegen den Willen der Mehrheit der Bevölkerung entstand(en), zehn Jahre nach einem Krieg, der ganz Europa vernichtet hat". Obwohl „alle deutschen Politiker gesagt haben, soll mir die Hand abfaulen, wenn jemals ein Deutscher wieder eine Waffe in die Hand nimmt" (13/17).

Auf diesem Hintergrund definieren sich die Jugendoffiziere als institutionalisierte „Grenzgänger zwischen den Welten", was ihre spezifische berufliche Funktion und zugleich Belastung ausmacht. In der Institution als „Unsoldat", „der noch nicht einmal mehr richtig melden kann", angesehen, draußen als „Militaristenschwein" beschimpft, bleiben die Wünsche nach Selbstbestätigung und Anerkennung unerfüllt. Um so verständlicher erscheint es nun den Gruppenmitgliedern, daß sie sich gelegentlich selbst „hochjubeln" und sich lautstark „gegenseitig auf die Schulter klopfen". Der Konflikt zwischen militärischen und zivilen Werten und Handlungsregeln und die daraus resultierende Verhaltensunsicherheit ist in der Funktion des Jugendoffiziers vorprogrammiert. Die Suche nach gültigen gemeinsamen Normen und die Angst davor werden verständlich. Es könnte ja sein, daß ihre Festlegung dem einzelnen genau den Spielraum raubt, den er zur Ausbalancierung der Spannungen zwischen den Rollenanforderungen der zivilen und der militärischen Welt benötigt.

Gerade die offene Diskussion der Unvereinbarkeiten und die Anerkennung der Widersprüche ermöglicht es den Teilnehmern, auch die Veränderungschancen wahrzunehmen, die in ihrer Berufsrolle liegen: „Wir wirken als Korrektiv nach innen und nach außen." Ebenso können nun auch die Ängste thematisiert werden, die einer offenen, wahrhaftigen Auseinandersetzung mit Andersdenkenden über die Fragen des Friedens und der Sicherheit entgegenstehen: Wenn man sich auf die Argumente der Gegner einläßt, läuft man Gefahr, nicht Jugendoffizier bleiben zu können.

Diesing: „Es gibt das Fahnenfluchttrauma des Soldaten, so ein tiefes Verratstrauma, man könnte irgendwie, wenn man konsequent einen Weg geht, hier [der Teilnehmer unterbricht sich] und es gibt ein ähnliches Schuldtrauma auch bei Friedensinitiativen, es könnte bereits genügen, mit den Soldaten zu sprechen, um sich am Frieden zu versündigen ..." (13/29)

Es ist die Angst, die eigene Identität und Gruppenzugehörigkeit zu verlieren und von der anderen Seite vereinnahmt zu werden, einen ersten Schritt zu tun und den zweiten nicht mehr kontrollieren zu können, einen Weg zu beschreiten, von dem man nicht weiß, wo er hinführt. Am besten vermeidet man Berührung, dann läuft man auch nicht Gefahr, zum Verräter an der eigenen Gruppe und Sache zu werden. Der Sog, der von der jeweils anderen Seite ausgeht, wird sich als so stark vorgestellt, daß die bloße Berührung ausreicht, um angesteckt und auf die andere Seite gezogen zu werden.

Diese Berührungsängste, die am Schluß des Seminars offen benannt werden können, gestalteten auch die Zusammenarbeit zwischen Friedensforschern und Jugendoffizieren. Sie lösten die mulmigen Gefühle auf dem Weg zur Militärkaserne aus, die ich zu Anfang dieses Berichtes beschrieben habe, und sie standen hinter der bangen Frage: „Was machen Sie mit dem, was Sie hier rausholen?"

In der Auswertungsrunde beschreiben die Teilnehmer, was mit einem passieren kann, wenn man der Anziehungskraft der anderen Seite nicht widersteht.

Rummeleit: „Wobei, wenn die Tür hinter sich zugemacht wird, das interessante Phänomen auftritt, daß man dann nun nicht nur kritisch distanziert sein darf, sondern dann muß man wirklich das andere Ende der Vertikalen erreichen und muß eben auf totale Konfrontation gehen und das ist eben Mechtersheimer, Bastian." (13/31)

Wenn man auf die andere Seite geht, reicht es nicht, als Soldat „kritisch distanziert" zu sein, nein, es wird verlangt, daß man aktiv gegen die kämpft, denen gegenüber man bisher loyal war. Nur dann hat man die Chance, mit seinem Friedensengagement auf der anderen Seite akzeptiert zu werden. So betrachtet finden es die Teilnehmer „ganz normal", daß „Mechtersheimer und Bastian so stur da reagieren" (13/31).

So kommt zum Schluß noch einmal das zur Sprache, was zu Anfang als die schwierigste Situation für einen Jugendoffizier bezeichnet wurde: Er sitzt auf dem Podium einem Kameraden gegenüber, der die Argumente der Friedensbewegung vertritt. Diesmal wird zumindestens in der Phantasie die Seite gewechselt und das Dilemma nachvollzogen, in das derjenige geraten kann, der seinen eigenen kritischen Überzeugungen folgt. Er läuft Gefahr, zur Waffe in der Hand der Friedensbewegung zu werden und zum Schaukampf gegen seine ehemaligen Kameraden antreten zu müssen.

Das Freund-Feind-Schema, das die Friedensdiskussion beherrscht, läßt eine andere Wahrnehmung nicht zu. Es hält die Gegner in ihren Positionen fest und verhindert, daß sich an der Sicherheitspolitik etwas verändert.

Anders könnte es ausgehen, wenn beide Seiten von ihrer missionarischen Vereinnahmungstendenz abließen und respektierten, „daß es beim anderen Grenzen gibt, über die er nicht kann".

Damit haben die Seminarteilnehmer eine der Voraussetzungen für integrative Veränderungsprozesse benannt: das Respektieren der Identität und Zugehörigkeit des anderen. Eine zweite Voraussetzung besteht darin, die Widersprüche, Unsicherheiten und Konflikte, die mit der eigenen Position und Berufssituation gegeben sind, nicht auf Schuldige abzuwälzen, seien es solche in den eigenen Reihen oder Gegner aus der Friedensbewegung, sondern sich damit auseinanderzusetzen. Beispielhaft für diesen projektiven Umgang mit eigenen Konflikten waren das Rollenspiel und der Bericht über die Diskussion mit dem Hauptmann vom Darmstädter Signal.

Im Verlauf des Forschungsseminars gelingt aber eine andere als die projektive Art der Konfliktbewältigung: Trotz ihres Mißtrauens gegen die Friedensforscher und ihre Methoden lassen sich die Teilnehmer auf einen gemeinsamen Prozeß ein, von dem niemand vorher sagen konnte, wie er ausgeht. In der Schlußrunde wird noch einmal angemerkt, wie schwer es Soldaten fallen würde, sich Methoden zu überlassen, die sie selbst nicht kontrollieren können. Das Ergebnis: Tabuisierte Themen und Konflikte müssen nicht länger auf Kosten anderer ausagiert, sondern können ins bewußte berufliche Selbstverständnis aufgenommen werden.

Die Teilnehmer drücken es so aus:

Heinze:	„Als ich vor 'm Dreivierteljahr Jugendoffizier wurde, da wurde mir gesagt von den etwas Erfahreneren: Auf den Jugendoffizierstagungen darfst du zwei Dinge nicht ansprechen, das Selbstverständnis des Jugendoffiziers und die ... Öffentlichkeitsarbeit. Und genau das ... genau das ist hier endlich mal besprochen worden ..." (13/45)
Rummeleit:	„... Das Faszinierendste war, was so zwischen uns abgelaufen ist, und ich möchte das damit beschreiben, daß genau das abgelaufen ist, was wir in der letzten halben Stunde festgestellt haben, nämlich daß gewisse Schranken zunächst mal existiert haben und daß jeder sich so kleine Areale abgesteckt hat, in die er nicht reingucken ließ ... und erst praktisch heute ... wurde ... die Diskussion so offen ... das war bis jetzt die offenste Aussprache, die ich bei Jugendoffizieren so erlebt habe ..." (13/44)

Die offene Begegnung untereinander und mit der anderen Seite (Friedensforscher) führt nicht zur Spaltung der Gruppe, sondern zu einem höheren Integrationsgrad im Bewußtsein der Unvereinbarkeiten, eigener Grenzen und Konflikte. Unter solchen Voraussetzungen, wenn sie von beiden Seiten geteilt werden, mögen die Chancen für wahrhaftige Friedensgespräche, die nicht nach dem Freund-Feind-Schema geführt werden, gut stehen.

Wie schwer es dennoch bleibt und wie instabil solche Prozesse sind, die aus Polarisierungen herausführen, mußten wir am Ende des Seminars an uns selbst schmerzlich erfahren: In der Schlußrunde äußerten einige Teilnehmer die Meinung, daß die gelungene Verständigung nichts mit uns Friedensforschern bzw. Seminarleitern zu tun hätte. Obwohl es hierzu auch Gegenstimmen gab, möchte ich dieses Verleugnen des Gegenübers als eine Wiederholung dessen interpretieren, was sich auch während des Seminars immer wieder gezeigt hat: wie problematisch es für Jugendoffiziere sein muß, die Begegnung mit der anderen Seite als einen Prozeß zu verstehen, der von beiden gemeinsam gestaltet wird.

3.7. Schlußbetrachtung

Welche Schlußfolgerungen lassen sich nun aus den geschilderten Erfahrungen ziehen? Gelten sie nur für das eine Seminar, oder lassen sie sich darüber hinaus verallgemeinern für die Friedensdiskussion in der Gesellschaft zwischen Integration und Polarisierung? Auch dies kann – ebensowenig wie der Prozeß des Forschens selbst – davon abgelöst werden, welche Erkenntnisinteressen und Ziele wir als Friedensforscher verfolgen.

Die Friedensforschung hat sich zum Ziel gesetzt, mit wissenschaftlichen Analysen zum Abbau von Rüstung, Gewalt und unfriedlichen Strukturen in der nationalen und internationalen Gesellschaft beizutragen. Insofern ist sie politisch nicht neutral, was nicht zu verwechseln ist mit einer parteipolitischen Festlegung.

Mit unseren Forschungsergebnissen richten wir uns an alle diejenigen, die an einer Erweiterung der Friedensdebatte, an besserer Verständigung und der Ermöglichung von Abrüstung in der Friedensbewegung und *in der Bundeswehr* interessiert sind. Die Diskussion über Kommunikation und Information, Auftragserfüllung oder Verständigung gibt Einblick in die Bandbreite von Einstellungen, die dazu bei den Jugendoffizieren der Bundeswehr vorhanden sind. Mit dem Versuch einer Forschungskooperation und der exemplarischen Analyse ihres Prozesses sollten die Chancen und Anforderungen verdeutlicht werden, die für beide Seiten in einer Verständigung liegen, die nicht von Freund-Feind-Polarisierungen blockiert ist.

Es soll nicht verschwiegen werden, daß uns dieser Versuch auch an den Rand unserer eigenen Identifizierung gebracht hat. Die Zusammenarbeit mit Jugendoffizieren hat uns als Personen und Friedensforscher mit der Frage konfrontiert, wie wir denn selbst zu dieser

Institution und ihren Vertretern stehen. Ebenso wie die Teilnehmer durch die Begegnung mit uns waren auch wir durch die Begegnung mit ihnen aufgefordert, über unser Selbstverständnis nachzudenken. Wenn das auch im Seminar nicht öffentlich geschah, so doch hinterher bei der Auswertung der Ergcbnissc und ihrer Diskussion im Kollegenkreis. Es zeigte sich, daß die Polarisierungen fortwirkten. Zurückgekehrt in die eigene Berufsgruppe, nahmen sie folgende Gestalt an: „Macht ihr jetzt Kommunikationstrainings mit der Bundeswehr, damit die Jugendoffiziere ihren Auftrag reibungsloser erfüllen können?“ war eine Frage, zugleich wurde die Befürchtung laut, daß die Empathie für die Probleme der Jugendoffiziere und das Eintreten für das Wagnis der Verständigung von Anhängern der Friedensbewegung mißverstanden werden könnte.

Wer sich nicht auf die eine oder die andere Seite schlägt, läuft Gefahr, seine Anhänger zu verlieren und zum Schluß zwischen allen Stühlen zu sitzen. Polarisierung soll dieser Gefahr entgegenwirken. Sie blendet den Teil der Realität aus, den man nicht wahrhaben will; sie hat den Sinn, Komplexität zu reduzieren, die eigene Position mit Hilfe eines Feindes zu stabilisieren und sich so die Illusion der Handlungsfähigkeit zu bewahren, sei es auch nur gegenüber dem Gegner auf dem Podium.

Der hier begangene Weg ist schwerer: sich der Komplexität des Problems der Friedenssicherung zu stellen, der Abhängigkeiten und der davon ausgelösten Ohnmachtsgefühle gewahr zu werden und dennoch die eigenen Ziele der Veränderung beharrlich zu verfolgen.

Das Abschreckungssystem schließt als dominantes politisches System Gegner wie Befürworter der Sicherheitspolitik in seine Dynamik ein. Es organisiert nicht nur die Machtverteilung und die Konflikte im internationalen System, sondern auch unser Denken, Fühlen und Handeln bis in den Alltag hinein (Volmerg, B., Volmerg, U., Leithäuser, 1983). Auszusteigen bedeutet nicht weniger, als die Quadratur des Zirkels zu versuchen. Sie beginnt da, wo jede Seite aufhört, die andere in der Position des Feindes festzuhalten. Auf einer mikrosoziologischen Ebene sollte dieser Prozeß versucht und zugleich untersucht werden.

Auf der anderen Seite soll darüber nicht vergessen werden, daß eine breite Friedensbewegung erst die Voraussetzungen dafür geschaffen hat und weiter schafft, daß über Friedenssicherung öffentlich und kontrovers diskutiert wird. Es gab ja auch Zeiten, in denen die Jugendoffiziere der Bundeswehr die einzigen waren, die hierzu Diskussion und Information überhaupt anboten. In meiner Untersuchung geht es darum, wie solche Diskussionen für beide Seiten fruchtbar werden können. Schaukämpfe auf Podien um Anhänger – davon künden die Erfahrungsberichte der Jugendoffiziere sehr eindrücklich – setzen das Vorhandene nur fort. Es werden nur die bestärkt und gewonnen, die schon gewonnen sind. „Der Krieg", den alle vermeiden wollen, findet im Saal statt, was nur beweist, wie sehr wir in dem System „organisierter Friedlosigkeit" (Senghaas, 1969) gefangen sind, wie sehr unser Denken und Fühlen in Freund-Feind-Mustern erstarrt ist, so daß wir nicht in der Lage sind, dic gemcinsamen Sicherheitsbedürfnisse und Überlebensinteressen zum Ausgangspunkt zu machen.

Neue Perspektiven entstehen aus der Erfahrung der Veränderbarkeit der Verhältnisse, der Beweglichkeit bzw. der Auflösung der Fronten. Wer sich aus der Rolle des Feindes hinausbegibt, gibt dem anderen auch die Möglichkeit, sein Feindbild aufzugeben. Lücken und Widersprüche, Ängste und Zweifel könnten verhandelt und müßten nicht länger vor sich selbst und „dem Feind" verborgen werden. Unter welchen Voraussetzungen so etwas möglich wird, sollte der Versuch zeigen.

Natürlich ist die Lösung der Sicherheitsfragen, die richtige Strategie, die richtige Friedenspolitik kein reines Kommunikationsproblem. Die Rüstungsarsenale der Sowjets sind genauso real wie die der Amerikaner, die Bundeswehr ist genauso real wie die Nationale Volksarmee, und wie eine Ordnung aussehen muß, die den Frieden sichert, darüber gibt es so gegensätzliche Auffassungen, wie es Interessengegensätze in unserer Gesellschaft gibt. Aber viel wäre schon gewonnen, wenn innerhalb und außerhalb der Bundeswehr und zwischen Bundeswehr und Gesellschaft Widersprüche der offiziellen Sicherheitspolitik nicht verleugnet werden müßten, sondern zum Ausgangspunkt werden könnten für die Suche nach Alternativen.

4. Mitarbeiter sozialer Behörden

4.1. Auf der Suche nach alternativen Lebensformen

Drei Jugendliche – 17, 18 und 21 Jahre alt – beschließen, etwas zu unternehmen, um ihre hoffnungslose Situation zu verändern. Sie tun sich zusammen, um einen alternativen Buchladen aufzumachen. Er soll ein Treffpunkt für arbeitslose Jugendliche werden, die dort lesen, Musik hören und miteinander reden können. Ihre eigene soziale Lage wollen die drei Jugendlichen auf diese Weise produktiv wenden, um langfristig auf eigene Füße zu kommen. Der jüngste ist zu Hause rausgeworfen worden, der älteste will sein perspektivloses Lehrerstudium an den Nagel hängen, über den mittleren ist nichts Genaueres bekannt. Die drei haben sich bereits auf die Suche gemacht und geeignete Räumlichkeiten für Laden und Wohnung gefunden. Jetzt brauchen sie Beratung und finanzielle Unterstützung, um ihr Vorhaben in die Tat umzusetzen. Als Jugendliche – und weil sie etwas für Jugendliche tun wollen – gehen sie damit zum Jugendamt.

Was geschieht?

So oder ähnlich könnte die Geschichte eines Selbsthilfeprojekts in der Realität beginnen. Statt vor den Schaltern staatlicher Stellen Schlange zu stehen in der Hoffnung, daß sich die Zeiten bessern, statt sich auf staatliche Versorgung passiv einzustellen, nehmen die Betroffenen ihr Schicksal selbst in die Hand.

Die eingangs geschilderte Szene hat sich jedoch nicht in der Alltagsrealität, sondern in einem *Forschungsseminar* abgespielt. Sie wurde von Mitarbeitern aus der Sozialarbeit und Sozialverwaltung für ein Rollenspiel entwickelt, um sich mit den heutigen Anforderungen an Sozialarbeit auseinanderzusetzen: Die anhaltende Krise der Arbeitsgesellschaft zwingt immer mehr Menschen dazu, Hilfe in Anspruch zu nehmen. Der Anteil derjenigen, die dauerhaft mit Arbeitslosigkeit konfrontiert sind, wächst.

Abgeschnitten von der Möglichkeit, ihr Leben über berufliche Arbeit zu finanzieren und zu definieren, sind sie darauf angewiesen, außergewöhnliche Lebens- und Überlebensstrategien zu entwickeln. Das können Selbsthilfeversuche in politischen und alternativen Gruppen sein, ebensogut können die Betroffenen aber auch zu destruktiven Formen der Krisenbewältigung Zuflucht nehmen, wie sie Kriminalität,

Drogen- und Alkoholkonsum darstellen. Beinahe zwangsläufig geraten die Betroffenen in Konflikt mit den zentralen Werten unserer Gesellschaft – Unabhängigkeit, Arbeit, Erfolg – von deren Verwirklichung sie ja ausgeschlossen sind. In den Arbeits- und Sozialämtern treffen sie auf Vertreter institutionalisierter Werte und Lebensformen, die nach Recht und Gesetz Hilfe zuteilen. Qua Rolle vertreten diese „Amtspersonen" die Werte der Mehrheit selbst dann, wenn sie als Personen daran zweifeln. Die Wertkonflikte, die für Angehörige sozialer Berufe hier angelegt sind, werden – objektiv gesehen – durch zwei Entwicklungen verschärft: einmal durch die abnehmende Chance, soziale Problemgruppen ins Arbeitsleben wieder einzugliedern, zum anderen durch die Tatsache, daß die Berufsgruppe der Sozialarbeiter selbst zunehmend von Arbeitslosigkeit bedroht ist.

Wie wirkt sich diese Situation auf die Mitarbeiter in sozialen Institutionen aus? Welche Aufgaben, Verhaltensanforderungen und Wertkonflikte kommen auf sie zu, wenn sie mit unkonventionellen und alternativen Überlebensstrategien ihrer Klienten konfrontiert werden? Beharren sie auf Anpassung an institutionalisierte Interpretationsschemata und Hilfsmöglichkeiten, oder gelingt es, diese Schemata veränderten Bedingungen und Selbsthilfeversuchen der Betroffenen flexibel anzupassen? Das eine hieße, die Strukturkrise der Arbeitsgesellschaft durch Polarisierung in Arbeitslose und Arbeitsbesitzende, Erfolgreiche und Erfolglose, sozial Angepaßte und Unangepaßte, Reiche und Arme dauerhaft werden zu lassen; das andere hieße, diese Strukturkrise ins Selbst- und Wertbewußtsein sozialstaatlicher Institutionen aufzunehmen mit der Chance, neue Integrationsmöglichkeiten zu entwickeln.

Auf dem Hintergrund dieser Überlegungen hatte eine Institution, die bundesweit Fortbildung für Fachkräfte in der Sozialarbeit und -verwaltung anbietet, in Zusammenarbeit mit der Hessischen Stiftung Friedens- und Konfliktforschung 1986 zu einem Seminar eingeladen. Die Ausschreibung im Jahresprogramm unter dem Titel „Auf der Suche nach alternativen Lebensformen – Sozialarbeit zwischen Integration und Polarisierung" richtete sich an leitende Mitarbeiterinnen und Mitarbeiter von öffentlichen und freien Trägern im sozialen Bereich.

4.2. Die Seminarteilnehmer

Die neun Teilnehmer kamen aus verschiedenen Ämtern in verschiedenen Städten der Bundesrepublik. Bis auf zwei kannten sie sich nicht untereinander. Sie waren in unterschiedlichen Bereichen und auf unterschiedlichen Hierarchiestufen sozialer Institutionen tätig. In dieser Hinsicht war die Gruppe also nicht homogen. Auch waren die Teilnehmer in sehr unterschiedlicher Weise von dem Thema, um das es gehen sollte, betroffen. Zum Beispiel gab es da einen seit zwei Jahren arbeitslosen Sozialarbeiter, dessen Modellprojekt zur Beratung arbeitsloser Jugendlicher ausgelaufen war. Er suchte selbst nach Alternativen, seinen Beruf zu gestalten, und machte gerade Erfahrungen, mit hoffnungslosen Bewerbungssituationen, in denen er sich mit 300 Mitbewerbern um eine einzige Stelle bemühte.

Auch ein anderer Teilnehmer suchte nach Alternativen für sich selbst, da er – nur auf einer ABM-Stelle – damit rechnen mußte, nach einem Jahr arbeitslos zu werden.

Ein weiterer Teilnehmer arbeitete bei einem Stadtjugendamt im Bereich der Jugendgerichtshilfe. Als ausgebildeter Sozialarbeiter betreute er straffällige Jugendliche, die gegen das bestehende Wert- und Ordnungssystem verstoßen hatten. Auch er erhoffte sich Anregungen für Alternativen in der Sozialarbeit, die über die Einzelfallhilfe hinausgehen. Auch eine der ältesten Formen der Organisation „sozialer Arbeit" war durch eine Teilnehmerin im Seminar vertreten: Sie war als Sachbearbeiterin im Innendienst eines städtischen Jugendamts beschäftigt.

Eine Teilnehmerin, ursprünglich als Sozialarbeiterin in der Familienfürsorge tätig, war freigestellte Personalrätin in der Sozialverwaltung einer Großstadt. Unter den neun Teilnehmern befanden sich vier, die mit Leitungsfunktionen betraut waren. Theoretisch hätten sie Vorgesetzte der fünf anderen sein können: eine Abteilungsleiterin der Familienfürsorge, der Leiter einer Nebenstelle des allgemeinen Sozialdienstes, der Leiter einer Abteilung Familien- und Jugendhilfe und ein Sozialpädagoge, Leiter eines Berufsbildungswerks für lernbehinderte Jugendliche.

Wenn auch durch die Statusunterschiede der Teilnehmer die gegenseitige Offenheit sicherlich gebremst war, so bot andererseits diese Gruppenkonstellation doch auch besondere Erkenntnischancen. In solchen Gruppen nehmen die Teilnehmer zueinander nicht nur als Personen Beziehung auf, sondern Herr X spricht mit Frau Y auch unter dem Gesichtspunkt, daß er im Amt ihr Vorgesetzter sein könnte. Sie wird das wiederum bei ihrer Selbstdarstellung berücksichtigen. Beide verhalten sich anders, als wenn sie gleichgestellte Kollegen wären. Wenn auch auf den ersten Blick diese Dimension nicht sichtbar ist – die Teilnehmer begegnen sich in ihren Rollen als Seminarteilnehmer ja auf gleicher Stufe –, so werden doch bei genauerer Betrachtung auch hierarchische Beziehungsmuster deutlich. Etwa, wenn der potentielle Vorgesetzte der Sachbearbeiterin rät: „Schuster, bleib bei deinen Leisten", als sie davon berichtet, wie sie sich bemüht, den ihr gesetzten Rahmen der Einzelfallhilfe in Richtung effektiverer Gruppenarbeit zu erweitern. Umgekehrt finden die Teilnehmer in Leitungsfunktionen bei den anderen kein einfühlendes Verständnis etwa dafür, daß ihre Mitarbeiter unnötige Dienstreisen unternehmen.

Hierarchische Beziehungen in Gruppen gehen auf Kosten der persönlichen Offenheit, bilden andererseits aber auch einen Aspekt der Wirklichkeit ab. So gibt das Seminargeschehen zugleich Einblick, wie über Wertkonflikte in der Sozialarbeit auf unterschiedlichen Hierarchiestufen nachgedacht wird und wie sich die Personen in ihren Positionen zueinander verhalten. Anders formuliert: Obwohl die Teilnehmer nicht in *einem* Amt zusammenarbeiteten, war die Institution als hierarchisches soziales System im Seminar gegenwärtig.

4.3. Der Realitätsbezug: „Wie mache ich mich selbständig?"

Wie ist es nun den drei Jugendlichen in diesem fiktiven Amt ergangen? Was wird aus ihrer Idee, einen alternativen Buchladen zu gründen? Werden sie in ihrer Initiative, sich selbst zu helfen, unterstützt oder gebremst?

Vorausgeschickt werden muß, daß sich die Teilnehmer vorgenommen hatten, zwar realistisch zu spielen, aber auch Neues auszuprobieren. Schließlich hatten sie sich – selbst auf der Suche nach Alternativen in der sozialen Arbeit – zu diesem Forschungsseminar angemeldet.

Die Gruppe teilte sich in zwei Untergruppen auf: Die Klienten und die Sozialarbeiter bzw. die Verwaltung. Sie berieten getrennt über ihre Spielstrategien und verteilten in den Untergruppen auch die Rollen. Niemand wußte, was sich die Mitglieder der anderen Gruppe jeweils ausgedacht hatten und wer welche Rolle übernehmen würde. Das Spiel sollte sich spontan entwickeln, da man im Berufsalltag ja auch ständig mit unvorhersehbaren Situationen und Problemen konfrontiert sei. Einen besonders realistischen Bezug erhielt das Thema des Rollenspiels dadurch, daß gerade an diesem Tag der arbeitslose Sozialarbeiter in der Gruppe fehlte. Er absolvierte einen Kurs bei der Industrie- und Handelskammer zur Frage „Wie mache ich mich selbständig?".

Vielleicht hatte diese Tatsache Einfluß auf die Entscheidung der Klientengruppe, das Amt mit der Absicht einer Existenzgründung um Hilfe anzugehen.

4.4. Der Verlauf des Rollenspiels (Zusammenfassung)

Die Mitarbeiterin des Jugendamts sitzt in ihrem Dienstzimmer am Schreibtisch. Es klopft. Die Jugendlichen kommen herein, die Sozialarbeiterin bittet die drei, Platz zu nehmen, und fragt zuerst nach dem Wohnort. Sie bekommt darauf keine Antwort, statt dessen erklärt der jüngste, daß ihn seine Eltern rausgeschmissen hätten und sie nun zu dritt eine Wohnung in Frankfurt suchten. Sie hätten auch schon eine Möglichkeit, ihnen würde nur das Geld fehlen.

Die Sozialarbeiterin versucht zunächst, mehr Informationen zu bekommen, und erfährt: der jüngste ist 17, der zweite über 18 und der dritte 21. Der erklärt, daß sie zu dritt einen alternativen Buchladen für Jugendliche aufmachen wollen, um langfristig auf eigene Füße zu kommen. Was ihnen fehle, sei ein Startkapital. Räumlichkeiten für eine Wohnung und einen Laden hätten sie schon in Aussicht. Die Sozialarbeiterin erklärt, daß die beiden älteren ja schon machen könnten, was sie wollten, der 17jährige aber sei noch auf die Zustimmung der Eltern bzw. des Jugendamtes angewiesen. Als Jugendamt sei sie nur für ihn zuständig. Auch wenn sie die Grundidee gut fände, könne sie nur in einem bestimmten Rahmen, der vorgeschrieben sei, Hilfe geben. Um den Klienten diesen Rahmen zu erläutern, holt sie eine Kollegin von der wirtschaftlichen Erziehungshilfe zum Gespräch hinzu.

Diese Kollegin zeigt sich von der Idee der Existenzgründung angetan, spricht sogar von einer Marktlücke, die die Jugendlichen entdeckt hätten. Im Rahmen der Jugendhilfe ließe sich zwar nichts machen, aber ihr fällt etwas anderes ein: Der Dezernent verfüge über einen Innovationsfond für alternative Projekte. Sie empfiehlt den

Jugendlichen, sich mit einer genauen Beschreibung ihres Vorhabens direkt an den Dezernenten zu wenden.

Für eine Weile phantasieren die Sozialarbeiterin, deren Kollegin und die drei Jugendlichen gemeinsam über die Ausgestaltung des Buchladenprojekts. Hoffnung kommt auf, Arbeit, Wohnen und Leben sollen in Wohnung, Café und Laden miteinander verknüpft werden. Jeder soll für den Bereich zuständig sein, in dem er sich am besten auskennt, einer fürs Wirtschaftliche, der andere für die Punkerliteratur, aber auch Musik und Spiele sollen in dem Laden angeboten werden.

Die Sozialarbeiterin bremst diese Phantasien. Sie verweist wieder auf die Realität, in der ja noch nicht einmal die Zuständigkeiten geklärt seien. Über den Kopf der Eltern des Jugendlichen hinweg sei sowieso gar nichts zu machen.

Die Jugendlichen hätten illusionäre Vorstellungen, wenn sie meinten, das ginge alles so schnell.

Die Stimmung wird aggressiver. Die Jugendlichen befürchten, daß über der Klärung der Zuständigkeiten die Wohnung anderweitig vermietet sei. Das Gespräch wendet sich der Wohnung und dem Mietpreis zu, den die Jugendlichen aber nicht genau angeben können.

Die Sozialarbeiterin beharrt auf der Zuständigkeitsfrage und bekommt heraus, daß die Eltern des Jugendlichen in einer anderen Stadt wohnen. Daraufhin erklärt sie das Problem zu einem „Grenzfall" zwischen den Bezirken, was den Jugendlichen sehr kränkt. Die Kollegin von der wirtschaftlichen Erziehungshilfe macht einen Vermittlungsvorschlag: die Wohnung schon einmal anzumieten, die Geschichte mit dem Ladenlokal aber abzukoppeln, solange über die Unterstützung des gesamten Projektes nicht entschieden sei.

Die Sozialarbeiterin will ihren Abteilungsleiter zum Gespräch dazuholen. Er hat keine Zeit, kommt aber dann doch. Die Jugendlichen tragen noch einmal ihre Buchladenidee vor. Der Abteilungsleiter erklärt die Sache zum Politikum und empfielt, direkt zum Dezernenten zu gehen.

Die Jugendlichen wünschen konkrete Beratung bei der Realisierung ihres Projekts (Finanzierungsplan). Der Abteilungsleiter erklärt, daß er da nichts machen könne, und die Sozialarbeiterin bekräftigt, daß sie das ganz alleine machen müßten.

Der Abteilungsleiter will wieder gehen, doch die Sozialarbeiterin hält ihn mit der Frage nach der Zuständigkeit zurück. Da die Behörden der anderen Stadt zuständig seien, müsse man, wenn man hier etwas unternehmen wolle, sich die Zuständigkeit übertragen lassen.

Das Gespräch verknotet sich, weil der Abteilungsleiter die Frage an die Sozialarbeiterin zurückgibt: Sie solle das mit der anderen Stadt klären. Die Sozialarbeiterin will aber nicht tätig werden, bevor die Zuständigkeit nicht geklärt ist, und diese will sie nicht klären, bevor nicht der Abteilungsleiter gesagt hat, daß er sie auch übertragen haben will.

Die Jugendlichen werden unruhig: Wofür denn der Abteilungsleiter zuständig sei? Der beruft sich auf Sachzwänge. Die Jugendlichen befürchten, daß gleich Dienstschluß ist und sie nirgendwo mehr etwas bekommen können, um das Wochenende zu überleben. Sie fordern von der Sozialarbeiterin 200 DM. Die Sozialarbeiterin will eine Zahlung davon abhängig machen, ob die ganze Sache unterstützt wird. Der Abteilungsleiter ist anderer Meinung: Man könne schon jetzt etwas auszahlen, unabhängig von der langfristigen Unterstützung. Die Sozialarbeiterin fragt den Abteilungsleiter, auf welcher Haushaltsstelle und mit welcher Nummer denn die Zahlung zu verrechnen sei. Die Jugendlichen drängen, die Sozialarbeiterin wird ärgerlich. Der Abteilungsleiter geht, ohne den Scheck unterschrieben zu haben. Sie rennt für seine Unterschrift hinter ihm her.

Die Sozialarbeiterin läßt die Jugendlichen quittieren und vereinbart mit ihnen einen neuen Termin. Die Jugendlichen fragen, wo sie das Geld kriegen können, und bringen die Sozialarbeiterin dazu, für sie bei der Auszahlungsstelle anzurufen, damit sie dort nicht so lange zu warten brauchen.

Sie verabschieden sich voneinander bis zum nächsten Treffen.

4.5. Auswertung: Chancen der Veränderung

Nach dem Spiel waren alle Beteiligten der Meinung, die Geschichte wäre in der Realität ganz anders verlaufen. Die Jugendlichen hätten nicht einmal Geld für das Wochenende bekommen, und wenn, dann allerhöchstens 50 DM, aber nicht 200. Das Jugendamt hätte sich sofort für nicht zuständig erklärt und die wirtschaftliche Hilfe abgeblockt. In der Verwaltung sei es keineswegs üblich, Alternativen zu entwickeln, wenn der Routineweg nicht gehe.

Welche Erkenntnisse lassen sich unter diesen Voraussetzungen aus dem Rollenspiel gewinnen?

Bei der Auswertung des Spiels in der Gruppe, das Szene für Szene anhand der Videoaufzeichnung besprochen wurde, kommentierten die

Teilnehmer das Geschehen auf dem Hintergrund ihrer alltäglichen Berufspraxis. Die Spieler berichteten über ihre Absichten, Gefühle und bewußten Strategien, die im nachhinein nun einer Realitätsprüfung unterzogen wurden. Wie wahrscheinlich ist das, was gespielt worden ist, bzw. wie realistisch ist die Handlung, gemessen daran, was alle aus ihren Ämtern kennen? So zeigt das Rollenspiel einmal den Versuch, Alternativen zu entwickeln und die soziale Realität zu verändern, zugleich aber zeigt es die Grenzen, Widerstände und Hindernisse, die diesem Bemühen im Wege stehen: und zwar diejenigen, die in Form von ambivalenten Einstellungen und Ängsten in den Personen selbst liegen, und die, die in Form von geschriebenen und ungeschriebenen Gesetzen in der Institution objektiviert sind.

Einerseits tragen die in einem sozialen System Handelnden durch ihre Identifikationen und Funktionen dieses System mit, ja sie stellen es jeden Tag neu her, andererseits steht es ihnen aber auch als etwas Verdinglichtes gegenüber, das sie am Beschreiten neuer Wege hindert. „Veränderungen sind bis zu einem bestimmten Ausmaß unausweichlich eine Exkursion ins Unbekannte.“ (Menzies, 1985, S. 247)Wer sich auf Veränderung einläßt, sie gar aktiv vorantreibt, übernimmt Verantwortung für das, was noch nicht bekannt, noch nicht eingespielt ist. Wirksame Neuerungen können unvorhersehbare und unbeabsichtigte Folgen für das Gesamtsystem haben. Einerseits ist das erwünscht, andererseits löst das aber auch Zweifel und Angst aus. Jede Umstrukturierung eines sozialen Systems stellt auch bisherige Beziehungsformen und Konfliktlösungen in Frage. In der Regel blockieren die eingespielten Kompromisse nicht nur kreative und angemessenere Lösungen, sie schützen die Mitarbeiter auch vor Ängsten und Anforderungen, denen sie sich nicht gewachsen fühlen. Isabel E. P. Menzies schreibt über die Angstabwehrfunktion sozialer Systeme: „Man kann den Widerstand gegen soziale Veränderungen besser verstehen, wenn er als Widerstand von Gruppen gesehen wird, die sich unbewußt an bestehende Institutionen klammern, weil Veränderungen bereits vorhandene Abwehrtechniken gegen tiefgreifende und intensive Angstgefühle gefährden“ (Menzies, 1985, S. 247).

Bei der Auswertung des Rollenspiels werde ich versuchen, das Spannungsverhältnis zwischen den Versuchen, etwas zu verändern, und den Widerständen dagegen nachzuzeichnen und die dabei deutlich werdenden Sicherheitsbedürfnisse zu verstehen.

4.5.1. Die Herausforderung: Grenzüberschreitung

Die Sozialarbeiterin im Rollenspiel nimmt die Idee der Jugendlichen, einen alternativen Buchladen aufzumachen, positiv auf: „Das hört sich ja ganz gut an “, ist ihre erste Reaktion auf die Vorstellungen der Jugendlichen. Im Auswertungsgespräch sagt sie dazu:

Münzenberger: „Das war interessant, das war von meiner Sicht her schon irgendwie etwas, wo ich gedacht habe, ja, gute Sache, das hat Zukunft, das bringt was, und das muß man unterstützen. Und da sollten [wir] dann eigentlich bestimmte Grenzen auch mal versuchen zu überschreiten, die man sonst hat.“ (11/12)

Die Verwirklichung dieses Vorhabens wird ihr von den Jugendlichen nicht leicht gemacht. Sie haben sich etwas besonders Schwieriges ausgedacht, mit dem die Grenzen des Amtes auf eine harte Probe gestellt werden. Zwar sind alle drei im jugendlichen Alter und unterstützungsbedürftig, aber nur einer fällt in dic Zuständigkeit des Jugendamts. Ebenso undurchsichtig sind die Verhältnisse, in denen die drei räumlich zu lokalisieren sind: Sie kommen nicht aus der Stadt, in der sich das Amt befindet, wollen aber dort leben. Es sieht so aus, als verstünden die drei Darsteller der Jugendlichen unter „alternativ“ auf jeden Fall etwas, was nicht in die Ordnungsstrukturen des Amtes paßt.

Auch die Verbindung von Wohnen, Arbeiten *und* Leben, der Wunsch nach finanzieller Unterstützung *und* Beratung überschreitet die Grenzen der vorgegebenen Schubladen: Mietzuschuß, Hilfe zum Lebensunterhalt, Erziehungshilfe. Aus dem Auswertungsgespräch:

Lausing: “... zu dritt kann ich die ja nit, es gibt ja keine Schublade im Jugendamt, wo ich die zu dritt reintun kann, die gehören ja in verschiedene Schubladen. Die anderen beiden gehören in die Schublade ‚Sozialamt‘ meinetwegen und der [gemeint ist der Jugendliche] gehört in die Schublade ‚Jugendamt‘.“ (13/15)

Behindert, drogensüchtig, alkoholabhängig oder verwahrlost hätten die drei sein müssen, dann wäre Hilfe kein Problem gewesen. Aus dem Auswertungsgespräch:

Fromme:	„... man muß einen Klienten erst irgendwo in 'ne Ecke treiben für irgend was – körperlich, seelisch, sonst irgend was.“
Münzenberger:	„Dann kann man begründen und kriegt dann auch was.“ (12/31)

4.5.2. Komplott oder Alternative?

Nichts von alledem trifft auf die drei zu. Sie treten selbstbewußt und fordernd auf, streckenweise geradezu unverschämt und provozierend, verweigern Informationen, setzen die Sozialarbeiterin unter Druck bis hin zu der Drohung des Jüngsten, wenn ihm nicht geholfen würde, würde er demnächst einen Einbruch machen. – Ein Beispiel aus der Anfangsszene des Rollenspiels:

Die Mitarbeiterin des Jugendamtes sitzt in ihrem Dienstzimmer am Schreibtisch. Es klopft, drei Jugendliche kommen herein, die die Sozialarbeiterin begrüßt.

Sozialarbeiterin:	„So, dann können wir uns ja da hinsetzen. Wo wohnen Sie denn eigentlich? Sind Sie hier in ...“
Lausing:	„Das ist das Problem von uns.“
Sozialarbeiterin:	„ ... in Aubach oder wohnen Sie außerhalb von Aubach oder ...“
Lausing:	„Ja, wir wollen, in der Vogelfelderstraße wollen wir eine Wohnung haben, ein Haus ... “
Sozialarbeiterin:	„Ja ....“
Lausing:	„Meine Eltern haben mich rausgeschmissen.“
Mannebach:	„Und jetzt sind wir hier, da spielt es keine Rolle, wo wir wohnen, sondern wir möchten hier wohnen. Haben schon eine Möglichkeit.“
Sozialarbeiterin:	„Ah, Sie haben hier schon eine Möglichkeit?„
Mannebach:	„.. und ziehen heute ein, uns fehlt nur das Geld.“
Sozialarbeiterin:	„Nun gut, also ich mein', bei Ihnen handelt es sich ja um einen Jugendlichen. Wie alt sind Sie?“
Lausing:	„Woher wissen Sie denn, daß ich ein Jugendlicher bin?“
Sozialarbeiterin:	„Ja, Sie haben doch gesagt, daß Sie von zu Hause rausgeflogen sind.“

Lausing: „Also ich bin 17, ich verstehe mich mit meinem Alten überhaupt nicht. Das ist so ein Jugendamtstyp hier, und der hat was gegen meine Punkerfrisur und gegen meine Rasierklingen. Und ich möchte mit meinen Kumpels da einen Buchladen machen. Wir haben 'ne Wohnung, und wir brauchen Geld. Wir kriegen nix vom Arbeitsamt, ja, und da sind wir hier."

Sozialarbeiterin: „Die Schule haben Sie schon abgeschlossen?"

Lausing: „Das ist doch jetzt egal. Wir wollen das, und ich will keine Schule machen. Ich will also jetzt Geld."

Mannebach: „Er will ja nicht das Buch lesen, wir wollen ja Bücher verkaufen. Dann braucht er ja die Schule nicht abgeschlossen haben." (Rollenspiel, S. 1–2)

Eine Teilnehmerin formuliert nach dem Spiel ihren ersten Eindruck:

Fromme: „Also die drei, das waren schon ganz ausgekochte Typen, das muß man mal sagen (Gelächter). Es ist ja selten, so was auf dem Sozial- oder Jugendamt zu erleben, sag ich mal. Das war wirklich hinterfotzig bis zum geht nicht mehr." (11/11)

Im Spiel scheint dieser Eindruck keine Rolle gespielt zu haben, es ist gerade diese Teilnehmerin, die als Vertreterin der wirtschaftlichen Erziehungshilfe konstruktive Ideen hat, wie den Jugendlichen weitergeholfen werden könnte. Sie ist es, die den Innovationsfond des Dezernenten ins Spiel bringt und auch zusagt, daß die Wohnung bereits angemietet werden könne.

Was im Spiel offensichtlich ausgeblendet wird, kommt hinterher umso deutlicher zur Sprache.

Otten: „Ich mein, das Umgekehrte wär ja auch zu fragen, inwieweit jetzt die beiden den 17 1/2jährigen vorgeschoben haben könnten vorm Jugendamt … Den bringen wir jetzt mit, und der muß was kriegen, den können sie ja nicht sausen lassen, der muß was kriegen und dann können wir dann da mit profitieren."

Mannebach: „Mit Erfolg."

Otten: „Mit Erfolg."

Rumpel: „Hier sind zwei Geschäftsgründer, die kommen und wollen Geld, und er ist ein Jugendlicher, der 'ne Wohnung sucht und was zu essen, ein paar Mark. So, er ist zwar auch noch angekoppelt an diese Vorstellung, aber hauptamtlich ist das was anderes ... Alles andere ist Bestandteil eines Komplotts, will ich mal sagen." (13/13)

Es könnte sich also auch um eine besonders geschickt angelegte Ausbeutung des Jugendamtes handeln. Anhaltspunkte für diese Interpretation der Geschichte liefern die drei Jugendlichen durchaus. Die Ambivalenz steckt bereits in der Darstellung des Alternativprojekts, mit dem die drei Spieler alles andere als einen ernsthaften, informierten, zuverlässigen und glaubwürdigen Eindruck machen. Nach ihrer Spielstrategie befragt, erklären die Darsteller der Jugendlichen hinterher:

Mannebach: „... wenn wir gekommen wären und hätten gesagt, wir haben nichts zu beißen, wären die wahrscheinlich sehr schnell draußen gewesen. Jetzt haben wir zumindestens drei Personen damit beschäftigt mit dem Ergebnis, daß eine Person sofort Geld bekam und wir sogar mit Hilfe des Telefons sehr schnell auch noch beim Sozialamt rankamen, um Geld zu bekommen (12/8). ... Wir wollten ja übers Wochenende erst mal, schon mal überleben. Das hatten wir ja dann doch sehr gut erreicht. Das andere stand noch fern weg, und es war dann ja auch die Möglichkeit eingeräumt worden, jetzt eine Wohnung zu bekommen. Auch das war ja enorm, dieses Angebot, wenn man das so sieht. Die Wohnung zumindest zu bekommen. Wir brauchten gar nicht den Laden ja aufmachen. Das wäre gar nicht nötig gewesen. Wir hätten eine Wohnung gehabt."

Rumpel: „War das also als Finte gedacht, möglichst viel zu fordern, um etwas zu bekommen?"

Weinert: „Nein. Man hat so mal Ideen und geht also drauf los und also fragt mal, wie weit das dann so hinten, so ganz ernst irgendwo ist, das ist doch gang und gäbe."

Mannebach: „Aber das ist doch Realität."

Weinert: „Das ist doch Schnee von gestern, das andere [gemeint ist der Laden]. Vielleicht gibt es da ja Schwierigkeiten." (12/9)

Es war keine Finte, kein besonders ausgeklügelter Plan, das Jugendamt hereinzulegen – die Darsteller der Jugendlichen haben nur versucht, so realistisch wie möglich zu spielen. Nach ihrer Erfahrung, die sie in ihrem beruflichen Alltag auf der anderen Seite des Schreibtischs machen, ist von Jugendlichen, die mit einer solchen Idee zum Amt kommen, nichts anderes zu erwarten. Zum Verständnis dieser Perzeption ist wichtig, daß die beiden älteren Jugendlichen von Teilnehmern gespielt wurden, die in ihren Institutionen Leitungsfunktionen innehaben. Wir sehen also die Jugendlichen durch die Brille der potentiellen Vorgesetzten der Sozialarbeiterin. Das Mißtrauen der Vorgesetzten in die Motive und die Ernsthaftigkeit der Klienten mit solchen Ideen kommt in der Rolleninterpretation zum Ausdruck. Es scheint mit der höheren Position verknüpft zu sein, denn auch bei der Auswertung wird die pessimistische Sichtweise nur von Teilnehmern mit Leitungsfunktionen vorgebracht. Es entsteht der Eindruck, daß sie der Sozialarbeiterin des Rollenspiels vorhalten, diese Möglichkeit des Betrugs und der Ausbeutung nicht bedacht zu haben. Entsprechend gerät die Rollenspielerin mit ihrer Spielabsicht, positiv zu reagieren, in eine Verteidigungshaltung. Sie weist darauf hin, daß sie ja alles offen gelassen habe. Konfrontiert mit dem amtsmäßigen Mißtrauen ihrer Kollegen, bekommt diese Offenheit im nachhinein eine negative Bedeutung. Die Spielerin rechtfertigt sich:

Münzenberger: „... aber ob es überhaupt positiv entschieden werden kann, das steht ja noch in den Sternen. Da ist von vornherein ja nichts gesagt worden." (12/10) Ich meine hier jetzt in der realen Situation, da wäre es auch gar nicht so weit gekommen, daß die noch die 200 DM gekriegt hätten ... Denn ich habe mir nämlich auch überlegt, also ich habe mir schon gedacht, drei Tage warst du hier ... und bist auch so hingekommen. Also irgendwie wirst du dich auch durchs Wochenende noch durchschlagen, und dann kommt halt die nächste Woche, und sehe ich überhaupt mal, ob du Durchhaltevermögen hast auf diese Art und Weise. Also wir lassen auch öfters auch mal Leute schmoren und sehen erst mal, wie ist das Durchhaltevermögen, wie stark ist der Wille. Die können ja auch jederzeit nach Hause gehen und sich da was holen.“ (12/15)

Die Strategie der Sozialarbeiterin im Rollenspiel, alles offen zu lassen, wird auf dem Hintergrund des Auswertungsgesprächs noch verständlicher. Nicht nur die eigenen Ambivalenzen finden Ausdruck. Offenlassen bietet auch die Möglichkeit, sich angesichts der Kritik von Kollegen und Vorgesetzten zurückzuziehen. Die Geschichte kann noch so oder so ausgehen, nichts wurde entschieden, man hat Zeit, sich die erforderlichen Informationen und Sicherheiten zu verschaffen.

Die Jugendlichen hatten nach dem Spiel das entsprechende Gefühl, nichts Festes in der Hand zu haben.

Lausing: „Ja, im ersten Moment dachte ich, ja gut, es läuft an, und wenn ich das hinterher überlege, dann ist doch alles sehr vage, es hat ja noch keiner entschieden, ich bin an den Dezernenten verwiesen worden, der Abteilungsleiter hat zum Beispiel Sprüche über politische Opportunität gesprochen, hat auch nichts groß von sich gegeben. Also im Prinzip bin ich da eigentlich genauso unsicher, die Wohnung ist also auch noch nicht abgeklärt, wenn ich mir das recht überlege, dann muß ich noch am Dienstag kommen, und ich hab auch, was ich auch sehr gut nachempfinden konnte, mich sehr machtlos erlebt. Im Prinzip zeigte sie so Verständnis und Sympathie usw., aber konkret etwas bewirken, das einzige, was sie bewirkt hat, andere Leute praktisch auf den Fall in gewisser Weise, darauf anzuspitzen. Die wirtschaftliche Jugendhilfe, den Abteilungsleiter, den Dezernenten, aber konkret in der Tasche habe ich eigentlich nichts.“ (11/15)

4.5.3. Einladung zum Risiko

Dennoch war im „Amt“ etwas anderes als sonst passiert: Die Jugendlichen wurden nicht gleich hinausgeworfen, ihre Ideen wurden nicht abgelehnt, sondern positiv aufgenommen; es wurde gemeinsam nachgedacht, wie der Idee zur Realisierung verholfen werden könnte – und es ist zwar nichts entschieden, aber dadurch auch alles noch offen.

Diese Offenheit läßt sich auch verstehen als ein Angebot und eine Aufforderung an die anwesenden Seminarteilnehmer, als Kollegen Stellung zu nehmen. Sind sie bereit, so etwas mitzutragen, neue Wege mitzugehen – oder beharren sie auf ihren gewohnten Sichtweisen?

Während die beiden Teilnehmerinnen, die im Spiel die Sozialarbeiterin und die wirtschaftliche Hilfe dargestellt haben, zufrieden sind,

Münzenberger: „Also im Rahmen eines Amtes wäre ich damit schon zufrieden.“ (11/13)

Fromme: „... wenn so etwas beim Amt rauskommen würde, wäre das schon unheimlich viel.“ (11/14)

nimmt die Diskussion in der Gruppe eine andere Richtung. Es wird über das Verhältnis von Zeitaufwand und Effizienz gesprochen und die folgende Überlegung angestellt:

Otten: „... ich weiß nicht, ob ich die beiden Erwachsenen nicht gleich abgekoppelt hätte und nach 72 BSHG oder so zum Sozialamt geschickt hätte.“ (11/11)

Rumpel: “... diese Leichtfertigkeit, den Wunsch, den diffusen, den verrückten Wunsch dieser drei auch noch zu bestärken, ganz spontan durch ein ‚find ich ja prima‘, das mag in der Heimerziehung da und dort angemessen sein. Aber da, wo es jetzt nun um Geld geht und um eine eminente Schwierigkeit, das überhaupt umzusetzen, auch wenn es um kleinere oder bescheidenere Dinge geht, hätt ich erwartet, daß sich der Sozialarbeiter erheblich stärker zurückhält ... Ich habe mir überlegt, was hätte ich gesagt, ich hätte vielleicht gesagt, das könnt ihr euch alle drei sofort abschminken. Da wären die gar nicht überrascht gewesen. Ich glaube, das haben die im Grunde erwartet und kamen eigentlich nur, um ... zu holen ... den Scheck oder sonst was.“ (12/2)

Im folgenden konzentriert sich die Diskussion immer wieder darauf, wie man die drei möglichst elegant hätte loswerden und sich das

Projekt hätte vom Hals halten können. Diese Richtung der Phantasien wird selbst dann beibehalten, ja sogar intensiviert, obwohl einer der Teilnehmer kritisch darauf hinweist.

Lausing:	„Also ich finde für mich jetzt so, was in der Diskussion jetzt auffallend ist, daß ... jetzt ständig, jetzt Versuche gemacht werden, der Sozialarbeiterin zu raten, du hättest die ja schon vorher abkoppeln müssen, und daß praktisch der alternative Ansatz, daß 'ne Gruppe sich Lebensformen sucht, also von vornherein dahingehend praktisch zu brechen, indem man diesen einen erzieherisch Formbaren herauslöst und die anderen weg[haben] will. Also daß jetzt die ganzen Ratschläge, also jetzt dahingehen, praktisch überhaupt den Ansatz kaputtzumachen und den einen jetzt praktisch reinzukriegen in die Erziehungshilfe und die anderen draußen zu lassen und jetzt zu akzeptieren, daß die jetzt, ich mein, das ist ja ganz sinnvoll, daß sie zu dritt kommen, daß die was zusammen machen wollen. Die ganzen Ratschläge gehen jetzt also praktisch dahin, diese drei jetzt auseinanderzudividieren." (13/14)
Mannebach:	„Die Verwaltungslinie unter Umständen bis zum Exzeß. Hier hätte man sofort sagen müssen, ich bin nicht zuständig. Verwaltung, Tür zu, fertig. Die beiden raus, so etwas."
Rumpel:	„Das ist eine denkbare Begründung, ich könnt das anders begründen. Der Bub ist zwar schon 17½, aber er ist nun mal jetzt da, und wenn ich mit dem überhaupt noch was anfange, also dann zugeschnitten auf seine Person, und diese zwei schrägen Gesellen, die können das, was sich hier vielleicht noch ergibt, im Zweifelsfalle nur negativ beeinflussen." (13/14)

Die Konfrontation mit der Alternative – dem Buchladenprojekt und den erforderlichen Grenzüberschreitungen im Amt – scheint in der Gruppe eine Gegenbewegung auszulösen. Die Teilnehmer überlegen sich Maßnahmen, mit denen sie ihre routinemäßige Amtspraxis schützen können.

4.5.4. Abwehrtechniken

Teile und herrsche

Weinert: „... man hätte aus 'ner anderen Motivation da die Schere machen können. Die ganze Sache macht einem Bauchschmerzen, ist also fürchterlich kompliziert, nicht nach dem Prinzip zumachen, rauslösen, nach dem Motto ‚Teile und herrsche'. Dann hab ich also nur noch einen vor der Flinte und ich könnte dann also da dann weiter." (13/15)

Das Gesetz als Schutzschild

Lausing: „... die gesetzliche Regelung, daß man einfach jemand sagen kann, es geht nicht, weil man davon ausgehen kann, daß der Paragraph da ist. Wenn ich jetzt argumentieren würde: ‚Aus den und den pädagogischen Überlegungen kann man Sie als 18jähriger nicht fördern', dann kann der ja darauf antworten. [Mit dem Gesetz] hab ich die Möglichkeit zu einer präzisen Auskunft: Es geht nicht. Wobei es keine inhaltliche Begründung ist. Ich glaube, wenn man einen Sozialarbeiter fragen würde: ‚Kennst du überhaupt die ganze Rechtsprechung zum Paragraphen 5/6 JWG?', könnt's ja sein, daß es trotzdem gehen würde, aber er hat erst mal ein Schutzschild aufgebaut, das der andere nicht durchdringen kann ..., weil Gesetz für ihn etwas Definitives ist, und Gesetz kann man nicht dran rütteln." (13/47)

Das Verwaltungsgeländespiel

Mannebach: „Es wäre einfacher gewesen, wenn Sie den Klienten mitgenommen hätten zur wirtschaftlichen Hilfe, dort im Büro oder im Besprechungszimmer das abgehandelt hätten, dann wären Sie nämlich raus gewesen." (15/15)

Diese Überlegung, wie man die Jugendlichen hätte loswerden können, wird durch folgende Erinnerung an übliche Praktiken weitergeführt.

Lausing: „... im Prinzip hätte die [die Sozialarbeiterin] sie [die Jugendlichen] ja praktisch dahinbringen müssen [zur wirtschaftlichen Jugendhilfe] und sagen müssen: Wenn Sie fertig sind, kommen Sie wieder zurück. Also im Prinzip praktisch den Kreislauf der Ämter: irgendwo hinschicken, wieder zurückschicken, wieder hinschicken, wieder zurückschicken."

Weinert: „Das Verwaltungsgeländespiel."

Lausing: „Und einfach vom Aufwand ist es vielleicht sinnvoll, daß einer kommt, statt daß drei in der Gegend rumlaufen, wobei es sicherlich einfach auch eine Machtfrage ist, daß man laufen läßt, um den Leuten zu demonstrieren, also, so leicht haben sie's bei uns nicht. Und die Hoffnung, irgendwann auf dem Weg und irgendwo suchen sie den Ausgang, und das steckt doch auch dahinter." (15/17)

Weiterschicken

Mannebach: „... es wäre also ... ein Übergang gewesen zu sagen: ‚Hier gibt es eine Arbeitslosenselbsthilfe, da ist die Anschrift, ich kann auch noch mal eben nachsehen, wann die Sprechstunde haben, und das Thema ist erledigt. Da können Sie sich beraten lassen, wenn die dort ganz konkrete Dinge, die werden Ihnen auch sagen, wie das ablaufen muß, an welche Stellen Sie sich hier wenden müssen, alles.' Das wäre der erste Punkt gewesen und der zweite wäre gewesen: ‚Wenn Sie heute nichts zu essen haben, da sind die zuständigen Stellen.' In ein paar Minuten wären Sie uns los gewesen. Dagegen hätten wir nichts, hätten wir nur powern können, wir wollen ja jetzt etwas oder was weiß ich. Es wäre nicht mehr Ihr Problem gewesen." (16/10)

So wie die Teilnehmer über diese Abwehrtechniken reden, hat es den Anschein, als seien es soziale Tatsachen, die eine Art Eigenleben beanspruchen könnten. So jedenfalls wäre es richtig gewesen, wird der Sozialarbeiterin mitgeteilt, weil es üblich gewesen wäre. Das, was der Routine, der Normalität entspricht, erhält in den Beiträgen der Teilnehmer zugleich den Anschein des Richtigen. Wie sich die Sozialarbeiterin im Spiel verhalten hat, ist dagegen falsch. Sie gerät entsprechend immer mehr in eine Verteidigungsposition.

Münzenberger:	„Ich wehre mich dagegen, weil mir das sowieso im Amt immer Bauchschmerzen macht. Daß man eigentlich so reagieren müßte. Wenn man irgendwo, wenn man diesen geraden Weg geht, dann muß man eigentlich alles aussparen, nach allen Seiten, müßte sich dann an den Jugendlichen ranpirschen, müßte den schnappen und müßte sagen: ‚Am besten, hier, guck mal, da ist Aubach, wir verständigen Aubach, fahr dahin.“
Mannebach:	„Taxi bestellen, hinbringen.“
Münzenberger:	„Taxi, hinbringen, fertig, aus.“ (15/28)

4.5.5. Ängste

Wofür die geschilderten Abwehrtechniken so dringend erforderlich sind und warum man schwer auf sie verzichten kann – auch wenn sie sinnvolle Hilfe erschweren bzw. gar unmöglich machen –, bedarf der Erklärung. Solche Erklärungen werden immer wieder durch die Forscher herausgefordert, die mit der Verwaltungspraxis nicht vertraut sind und dementsprechend bei der Spielauswertung nachfragen, ob man es denn nicht auch hätte anders machen können.

In Konflikte geriete man schon, sobald man eine positive Beziehung zu den Klienten aufnähme. Einerseits möchte man ihnen wirklich helfen und sie nicht bürokratisch abfertigen. Dieses Ziel erfordert, daß man sich auf die Probleme der Hilfesuchenden einläßt. Andererseits hat das aber unerwünschte Folgen, denn die Klienten richten sich immer wieder an die Person im Amt, die ihnen geholfen, und auf diese Weise für ein positives „Ereignis“ in der Behörde gesorgt hat.

Münzenberger: „Nur krieg ich das Ereignis dann später wieder ab, indem die alle drei fordernd dauernd vor meiner Tür stehen und sagen: ‚Sie haben mir das versprochen … und wie machen wir das jetzt?‘ Und da werde ich dauernd von den dreien belabert und komme überhaupt nicht mehr weiter.“ (14/5)

Die Angst vor dem Druck der Klienten fußt auf der Angst, sich nicht abgrenzen zu können, die eigenen Grenzen zu verlieren, wenn man nicht frühzeitig dichtmacht. Es kommt das Bild auf, in die Enge getrieben zu werden, sich nicht mehr bewegen zu können, nicht mehr aus seiner Tür treten zu können, ohne mit den fordernden Klienten konfrontiert zu sein.

Münzenberger: „Man kann zum Beispiel viel an sich rankommen lassen, aber dann wird man auch schnell eingeengt. Dann muß man wieder seine Grenzen suchen, und das ist dann unheimlich schwierig. Dann spürt man auf einmal so …“ [atmet hörbar aus]. (13/39)

Entweder engt man seine Perspektive von vornherein ein, d. h. hält sich an die gegebenen Grenzen, oder man wird selbst eingeengt, weil man den sichernden und schützenden Rahmen verlassen hat, in dem man sich gefahrlos bewegen kann. Die Klienten stehen bildlich gesprochen dauernd vor der Tür und engen den Bewegungsspielraum ein. Die Grenzen, nämlich die eigenen Grenzen, muß man dann wieder suchen und „das ist dann unheimlich schwierig“, schwieriger, so ließe sich ergänzen, als sich an die vorgegebenen Grenzen zu halten.

Diese werden durch das System bürokratischer Handlungsregeln und sozialer Gesetze gezogen, nach denen Hilfe gewährt werden kann. Die institutionelle Struktur des Amtes mit ihrer Hierarchie, ihrer arbeitsteiligen Organisation, ihren Werten, ihren geschriebenen und ungeschriebenen Gesetzen bietet den Mitarbeitern ein Bollwerk, hinter das sie sich zurückziehen können, wenn der Druck zu groß wird. So erklärt die Sozialarbeiterin im Rollenspiel den fordernden Jugendlichen:

Sozialarbeiterin: „Ich habe gemeint, es gibt bestimmte formelle Gänge, die ich hier auch irgendwo vertreten muß und in denen ich mich leider nur bewegen kann, auch wenn ich jetzt denke, diese Grundidee finde ich ganz dufte, ich ... aber ich bin bestimmt, ich bin auch in einem bestimmten Rahmen hier eingepreßt, ich kann nur sagen, wir können nur auf bestimmte Sachen reagieren, können nur Hilfen in bestimmten Möglichkeiten, in bestimmtem Rahmen geben." (Rsp., S. 6/7)

Und der Abteilungsleiter mit seinem sehr viel größeren Entscheidungsspielraum zieht sich am Ende des Rollenspiels in derselben Weise zurück:

Abteilungsleiter: „Ja, es tut mir leid, ich stehe auch unter gewissen Sachzwängen, die mich auch nicht so handeln lassen, wie ich eigentlich gerne möchte, als Mensch, als Privatperson." (Rsp., S. 33)

Hinterher bei der Auswertung nach dieser Stelle befragt, sagt die Sozialarbeiterin des Rollenspiels:

Münzenberger: „Ich weiß nicht, ob das so ehrlich war, von mir selber jetzt, daß ich jetzt gesagt habe, ich fühle mich also sehr eingeengt hier und ich, wenn ich anders könnte, würde ich's anders machen, weil ich hätt's im Moment auch nicht anders machen wollen." (13/37)

Was die Teilnehmer auf der einen Seite als Einschränkung ihrer Hilfsmöglichkeiten erleben, die sie beklagen, bietet ihnen auf der anderen Seite eine entlastende Grenzsicherung, die sie gerade deshalb in Anspruch nehmen können, weil sie sie augenscheinlich nicht selbst verantworten müssen. Diese institutionelle Sicherung funktioniert nach zwei Seiten: gegenüber dem Druck der Klienten und gegenüber den eigenen Impulsen: Hilfswünschen und Schuldgefühlen. Die Berufung auf Gesetz und Vorschrift ermöglicht:

Münzenberger: „... daß wir endlich einmal sagen können, wo wir einen Schnitt ansetzen dürfen, ne? ... Da haben wir gesetzliche Hintergründe, die uns wirklich daran hindern, da die Sache zu überschreiten."

Otten: „Ja, endlich 'ne Grenze.“ (13/43) …
„Ich hab sogar Leute, zu denen ich sage, möchten Sie [das] Gesetz lesen? … Ja, dann sehen, das ist die Realität, daß ich's nicht erfunden habe, sondern daß ich im Rahmen dieser Institution daran gebunden bin und hab das Gesetz genauso vorgelegt bekommen.“ (13/44)

4.5.6. Im Konflikt mit den eigenen Wünschen

So sehr von den Teilnehmern darüber geklagt wird, daß der Apparat so groß und der Mensch so klein sei und daß das Menschliche zu kurz käme, so sehr ist diese Klage ambivalent. Dem Menschlichen mehr Raum geben heißt auch, selbst auf den Schutz des Apparats zu verzichten. Auf ihm beharren hieße, von den Wünschen nach einer anderen, besseren Sozialarbeit und Verwaltung Abschied zu nehmen. Dieser innere Konflikt kommt im folgenden Beitrag exemplarisch zum Ausdruck:

Münzenberger: „Also dieses Abwimmeln, das bringt aber auch nichts Neues … Was in so ner Gruppe auftaucht [gemeint sind die Jugendlichen], sind eben neue Ideen. Natürlich kann man die auch nicht nah an sich herankommen lassen. Man muß immer wieder sehen, wo man selber bleibt und was zu verwirklichen ist. Aber es könnte einen wieder auf eine neue Idee bringen, die wieder andere Lösungsmöglichkeiten zuläßt. Nur, läßt das Amt die Möglichkeit zu, hängt man da wieder in der Luft.“ (16/2)

Die Herausforderung des Rollenspiels besteht gerade darin, daß der Fall mit gegebenen Instrumenten nicht zu greifen ist. Die Teilnehmer haben es so konstruiert, daß ihr Konflikt zwischen ihren erklärten progressiven Werten und Zielen und ihrer weniger bewußten Identifikation mit dem bürokratischen Apparat, die ihren Sicherheitsbedürfnissen entspricht, anschaulich wird. Dieser Konflikt erzeugt Angst vor dem Unbekannten, Nichtgeregelten, für dessen Konzeption man persönlich Verantwortung übernehmen müßte.

Weinert: „Das andere muß ja irgendwo neu gestaltet werden, konzipiert werden, und dann kommt gleich der ganze amtliche Wust, der ist daran beteiligt. Und dann kommt man selbst drauf, was für ein kleines Licht man da ist." (16/3)

Und die Konsequenz lautet:

Mannebach: „Sofort abblocken, ... sonst komm ich in eine Schwierigkeit rein, die ich nicht will." (16/3)

Wer das Amtliche nicht dazu benutzt, zu kontrollieren, zu bemessen und einzuschränken, wer etwas Neues ermöglichen will, vielleicht etwas, das aus Not und Abhängigkeit herausführt, handelt gegen den Sinn des bürokratischen Apparats und bekommt Schwierigkeiten. Der „amtliche Wust" schützt nicht mehr, sondern wird zum Hindernis. Was man vorher nicht so gemerkt hat, da kommt man dann selbst drauf: wie klein und ohnmächtig man ist. Umgekehrt hingegen funktioniert es immer:

Münzenberger: „... es gibt immer irgendwelche Schienen zum Ablehnen ... obwohl es gesetzlich eigentlich geregelt wäre. Das kann man. Man hat Argumente, irgendwelche. Es lohnt sich nicht, oder der ist nicht vertrauenswürdig ..." (15/35)

Das „andere" heißt, gegen den bürokratischen Strom zu schwimmen. Es bedarf mehrfacher Vorstöße und Begründungen, deren Erfolg ungewiß ist.

Otten: „... der Sozialarbeiter ist ständig beschäftigt mit Aufgaben und versucht es noch mal und noch mal und noch mal. Und was kommt nachher dabei raus?" (15/40)

Es scheint so, als habe das bürokratische System auch die Funktion, Mitarbeiter von Ideen abzuhalten. Beim Ablehnen braucht man jedenfalls nicht so viel zu arbeiten wie beim Befürworten.

Münzenberger: „Also die Angst ist, wenn ich diese Idee habe, wie lange hänge ich auf den dreien, wie lange muß ich damit arbeiten, um den überhaupt unterzukriegen, um so penetrant zu werden zum Schluß, daß ich sage, also ich mach es über Akte, über Amtsleiter, ich mach's über dies und mach's über jenes. Wieviel Kraft geht verloren, um meine Idee durchzukriegen?" (16/6)

In der Vorstellung der Teilnehmer wird die Unterstützung alternativer Werte zu einer Kraftprobe mit dem ganzen System, dem man dann ganz allein ohne Schutz und Verbündete gegenübersteht.

Weinert: „Tatsächlich Angst vor dem ganzen Risiko, daß es also nicht durchgeht mit den unterschiedlichen Dingen, wo ich auf die Finger geklopft kriege von Vorgesetzten wie von Kollegen ..." (16/8)

Angesichts dieses Risikos scheint es nur die Wahl zu geben, sich entweder mit der verweigernden Macht des bürokratischen Systems zu identifizieren und so selbst an der Macht teilzuhaben oder aber dagegen anzuarbeiten und sich dabei klein, abhängig und ohnmächtig zu fühlen. Die Wut darüber wird offensichtlich an die Klienten delegiert.

Otten: „Was bei uns immer läuft, wenn also von anderer Stelle gesagt wird, das finanzieren wir nicht, und der Klient nimmt sich einen Anwalt ... und boxt das im Amt durch, daß da bezahlt werden muß, was meinen Sie, wie wir uns freuen. Und da ist auch eine Spaltung innerhalb der Verwaltung." (16/7)

4.5.7. Spaltung

Die Spaltung, von der die Teilnehmerin hier spricht, scheint nicht nur draußen in der Verwaltung, sondern auch im Seminar selbst zu existieren. Sie scheint ein Weg zu sein, mit dem Konflikt zwischen den progressiven Wünschen und der restriktiven Praxis zu leben. Im Seminar selbst ist sie in folgender Weise spürbar: Die Gruppenmitglieder schildern die Vorgänge und Mißstände in der Sozialverwaltung aus einer durchweg sehr kritischen Perspektive, was manchmal den Eindruck erweckt, daß nicht sie selbst, sondern andere dort arbeiten, deren Verhalten von außen kommentiert wird. Diese kritische Distanz zur eigenen Berufsrolle läßt vor allen Dingen offen, wofür die Mitarbeiter mit ihren unterschiedlichen Kompetenzen und Machtbefugnissen im Amtsalltag tatsächlich verantwortlich sind. Sie klären die Forscher über die Mißstände und Schwierigkeiten auf, aber behalten für sich, was sie zu ihrer Aufrechterhaltung beitragen. Vielmehr erscheinen alle Teilnehmer gleichermaßen als Opfer von Sachzwängen und bürokratischen Regeln, unabhängig davon, welche unterschiedlichen Handlungsspielräume sie im Apparat besitzen. In der Klage über Unmenschlichkeit und Bürokratismus sind sich die Gruppenmitglieder einig: vom arbeitslosen Sozialarbeiter bis zum Abteilungsleiter. So bleibt verborgen, wie Verantwortung und Macht von den Teilnehmern persönlich gehandhabt werden: Verweigern sie oder bewilligen sie die Mittel im Zweifelsfall? Setzen sie sich in ihrem Amt für Veränderungen ein oder blockieren sie sie?

4.6. Realitätsgehalt und Reichweite der Ergebnisse

Welche Aussagekraft haben dann die Ergebnisse für die Praxis in Jugend- und Sozialämtern? Haben die Teilnehmer im Bemühen, sich selbst gegenüber den Forschern möglichst kritisch darzustellen, nicht übertrieben? Wirft das nicht ein schiefes Licht auf die Verhältnisse? Im Verlauf der Seminarwoche sagt eine Teilnehmerin, man habe sich erst einmal „ausgekotzt ", um den Ärger aus dem Berufsalltag loszuwerden. „Objektiv" schildern die Seminarteilnehmer ihre Berufswelt nicht – sie schildern sie subjektiv; sie sind keine neutralen Beobachter, sondern stecken mittendrin. Das hat für die Gültigkeit der Forschungsergebnisse Vor- und Nachteile. Einerseits kennen sich diejenigen, die selbst Hilfesuchende beraten und Mittel bewilligen, in der Amtspraxis am besten aus. Andererseits schildern sie die täglichen Anforderungen und die Wertkonflikte, in die sie geraten, aus ihrer ganz persönlichen Perspektive. Wir sind eingeladen, diese Konflikte mitzuvollziehen und die institutionellen Rahmenbedingungen mit den Augen derer zu betrachten, die dort arbeiten. Daß man den Jugendlichen unter Verwendung anderer Paragraphen vielleicht hätte anders helfen können, mag sein. Manchem Kenner der Gesetze werden noch andere Möglichkeiten einfallen. Die Ausschöpfung gesetzlicher Bestimmungen aber – so berichten die Teilnehmer – hängt von vielen Faktoren ab,

z. B. auch davon, was der Amtsleiter vertritt, welche Wertvorstellungen und Normvorgaben er seinen Mitarbeitern vermittelt. Erwartet er eine restriktive oder eher eine großzügige Bewilligungspraxis? Wie steht er dem Typ des neuen Selbständigen aus dem sogenannten alternativen Produktions- und Dienstleistungssektor gegenüber? Der Stil des Amtsleiters prägt die Behörde. In vielen Ämtern sei es immer noch so, daß derjenige, der am wenigsten ausgibt, intern am höchsten angesehen ist.

Die Forschungsergebnisse geben darüber Auskunft, was den Beteiligten unter den Bedingungen des Forschungsseminars und unter der Leitung der Forscher eingefallen ist. Im letzten Schritt meiner Analyse möchte ich daher untersuchen, wie sich diese Bedingungen ausgewirkt haben. Wie haben sie die Ergebnisse beeinflußt und was läßt sich daraus für ihre Bedeutung in der sozialen Realität schließen?

4.7. Die Forschungskooperation als Alternativprojekt

Während ich bisher *inhaltlich* nachvollzogen habe, was die Teilnehmer über ihre Berufspraxis draußen mitteilten, frage ich nun: Wie spiegelt sich diese Berufspraxis in den unmittelbaren Beziehungen zwischen Forschern, Veranstalter und Teilnehmern im Seminar.

Bei dieser Art der Analyse betrachte ich alle Beteiligten in erster Linie nicht als Berichtende, sondern als Handelnde, die gemeinsam eine soziale Wirklichkeit herstellen. In dieser Perspektive ist das Verhalten der Forscher und das des Veranstalters ebenso Gegenstand der Analyse wie das Verhalten der Teilnehmer.

Nicht nur der Inhalt des Rollenspiels bezieht sich auf den Versuch, ein alternatives Selbsthilfeprojekt zu unterstützen, auch das Forschungsseminar selbst läßt sich als ein Versuch betrachten, Alternativen in der Sozialarbeit auf dem Weg der Selbsthilfe zu entwickeln und Veränderungswiderständen auf die Spur zu kommen. Handelnde in diesem Stück sind: der Vertreter der veranstaltenden Fortbildungsinstitution, zwei Friedensforscher (ein Mann und eine Frau), Fachkräfte aus der Sozialarbeit und Verwaltung auf unterschiedlichen Hierarchiestufen und aus unterschiedlichen Feldern der sozialen Arbeit. Sie sind nicht als Hilfe Zuteilende und Ablehnende gefragt, sondern als Kooperationspartner in einem Analyse- und Entwicklungsprozeß. – Wie sieht das Schicksal dieses Alternativprojektes aus?

4.7.1. Die Vorgeschichte

Sie beginnt mit den Verhandlungen mit einer sozialen Institution, die bundeszentral Fort- und Weiterbildungsmaßnahmen für Sozialarbeiter und Verwaltungsfachkräfte anbietet. Es bedurfte einer zweijährigen Vorlaufphase, bis das Seminar schließlich im Februar 1986 durchgeführt werden konnte. Interessen, Rollen und Kooperationsformen mußten geklärt werden. Wir verstanden uns als Forscher, die eine Kooperation zu gemeinsam interessierenden Fragen anboten. Von einer Ausschreibung im offiziellen Fortbildungsprogramm der Institution erhofften wir uns, geeignete Teilnehmer besser ansprechen zu können. Der Vertreter der Institution definierte sein Interesse inhaltlich: Angesichts gestiegenen Bedarfs und knapper Kassen sei die Auseinandersetzung mit Alternativen in der sozialen Arbeit dringend erforderlich. Mit einer solchen Seminarausschreibung würden seine eigenen Bemühungen, brennende aktuelle Fragen wie etwa Arbeitslosigkeit zum Thema zu machen, unterstützt. Seine Institution könne von den Ergebnissen der Forschung profitieren.

So weit die erklärten Interessen. Schwieriger war es, eine Kooperationsform zu finden, da eine externe Mitarbeit in dieser Institution nicht üblich war. Alle Seminare werden von festangestellten Mitarbeitern durchgeführt, die unser Anliegen verständlicherweise als Konkurrenz von außen empfanden. Das Forschungsseminar mußte also in die bestehende institutionelle Ordnung eingepaßt werden, und wir mußten eine Rolle darin erhalten. Welche, das sollte uns erst im Verlauf der Ereignisse richtig klar werden.

Mit der Ausschreibung als Studientagung und der kooperativen Leitung zu dritt (Forscher, Forscherin und der Vertreter der Institution) schien zunächst der geeignete Rahmen gefunden, doch es kam anders. Statt der 15–20 Teilnehmer, mit denen wir gerechnet hatten, hatten sich nur 11 angemeldet, 9 kamen. Der Versuchung, das Seminar ausfallen zu lassen und so allen Schwierigkeiten und Unklarheiten aus dem Wege zu gehen, wurde widerstanden, aber die Stimmung war ambivalent: Sollte man sich wirklich auf dieses ungewöhnliche Vorhaben gemeinsam einlassen oder nicht doch lieber diese letzte Gelegenheit zum Ausweichen nutzen? Angesichts der geringen Teilnehmerzahl ließ sich das geplante Kooperationsmodell (Seminarleitung zu dritt) schlecht durchführen. Der Vertreter der Institution bot an, sich aus dem Team zurückzuziehen und die direkte Leitung uns Forschern zu überlassen. Das war verlockend, da wir als eingespieltes Team uns so nicht auf einen unbekannten Kollegen einlassen mußten. Dreierteams gehören schließlich zu den schwierigsten Konstellationen. Das hat uns wohl verführt, die möglichen Konsequenzen der neuen Rollenverteilung zu übersehen.

4.7.2. Rätselhafte Ambivalenzen im Prozeß

Zu Beginn des Seminars gab der Veranstalter diesen Beschluß bekannt und zog sich nach den ersten anderthalb Stunden aus dem Seminar zurück: Er sei erst wieder in der Schlußsitzung dabei und werde bis dahin das Seminar von außen begleiten, er stehe bei Fragen zur Verfügung, sei in den Pausen und beim Essen erreichbar und sorge für die organisatorischen Rahmenbedingungen.

Als der Vertreter der Institution den Seminarraum verließ, blieb sein Stuhl frei. Auch während der folgenden vier Seminartage wurde die Runde nicht verkleinert, vielmehr ein Stuhl für den unsichtbaren Dritten frei gehalten. Dies Faktum war nicht das einzige, das uns Forschern Rätsel aufgab. Typisch für das Seminar war ein merkwürdiges Klima der Unverbindlichkeit. Äußerlich war es an der Tatsache festzumachen, daß kein Tag verging, ohne daß nicht einer später kam, früher ging oder überhaupt nicht da war, manchmal fehlten sogar zwei. Eine Teilnehmerin verschwand jeden Tag für eine Stunde, ohne zu sagen, wohin. Im Gegensatz dazu gab es aber auch sehr verbindliche Phasen, in denen die Teilnehmer sich persönlich und engagiert einließen und aufeinander Bezug nahmen, so daß insgesamt eine Atmosphäre der Ambivalenz, der Unwirklichkeit und des Scheins entstand: Sind die Beziehungen nun verbindlich, oder sind sie unverbindlich? Sind die Teilnehmer persönlich engagiert, oder sind sie es nicht? Ist der Institutionsvertreter anwesend, oder ist er abwesend? Mit dem frei gehaltenen Stuhl entschieden sich die Teilnehmer dafür, daß er gerade durch seine Abwesenheit anwesend war.

Der Versuch, das unklare Verhalten zum Thema zu machen, führte nicht zur Klärung, sondern dazu, daß in der nächsten Phase Engagement und persönliche Beteiligung gesteigert wurden.

Wir Forscher reagierten als Mann und als Frau unterschiedlich auf dieses ambivalente Klima. Die Forscherin versuchte, den Kontakt auf der Beziehungsebene, der Forscher auf der Themen-/Arbeitsebene zu intensivieren. Eine sehr unklare und gespaltene Situation entstand am Schluß des Seminars. Zur letzten Auswertungseinheit kam der Vertreter der Institution wieder dazu. In ihr gelang es nicht, die am Vortag bei der Auswertung des Rollenspiels gesponnenen Fäden zu einem Ergebnis zusammenzubinden. Kein Wunder, denn die drei Leiter zogen nun an verschiedenen Fäden. Während die beiden Forscher den Schwerpunkt der Betrachtung auf die Mut, Hoffnung und Vertrauen schaffende Beratung der drei Jugendlichen legten, bewertete der Vertreter der Institution das ganz anders (Grundlage war die Betrachtung des Videobandes):

Zielinski:	„Ich bewundere Ihre Engelsgeduld, ich hätte die schon längst rausgeschmissen."
Rumpel:	„Ja, sehen Sie." (Gelächter)
Zielinski:	„Ich hätte die erstens getrennt, ich hätte den Jugendlichen von den anderen getrennt, ich sag das mal so, und hätte gesagt, geht ihr zum Sozialamt und seht, wie ihr da klarkommt, ihr könnt mich mal gerne haben. Ich hab Gescheiteres zu tun, das hätte ich gesagt ..." (15/44)

Diese Äußerung war deshalb so bedeutend, weil hier zugleich derjenige, der die institutionellen Ziele als Veranstalter vertrat, zu den Bemühungen Stellung nahm, im Seminar Alternativen zu entwickeln. Wie auch immer der Beitrag gemeint war, er hatte zur Folge, daß sich der abwehrende Teil der Gruppe bestätigt fühlte („Ja, sehen Sie").

Der Konflikt zwischen dem Wert, angemessen auf das Anliegen der Klienten einzugehen und dabei bürokratisch gesetzte Grenzen zu überschreiten, und dem Wert einer effektiven Verwaltungspraxis, kommt erneut zur Anschauung.

Münzenberger:	„Ich hätte sie aber nicht rausgeschmissen, also diese Engelsgeduld habe ich, und ich hätte auch gedacht, nein, das will ich im Kontext sehen, was hat der Jugendliche für Bezüge, was sind das für Typen, laß das mal einwirken, und du mußt so und so noch klären." (15/47)

Das eine heißt die Dinge in ihrem Kontext wahrnehmen, das andere diesen Kontext im bürokratischen Verfahren auflösen. Diese verschiedenen Wert- und Verhaltensorientierungen blieben am Schluß des

Seminars nebeneinander stehen. Dabei sah es so aus, als sei das Team genauso gespalten wie die Gruppe. Die Forscher (als Vertreter des Alternativprojekts Forschungsseminar) schienen die Wünsche nach anderen Möglichkeiten zu repräsentieren. Der Vertreter der Institution fühlte sich in die Haltung derer ein, die sich davon überfordert fühlten.

Zielinski: „Ich kenne die Situation, da kommen so drei Leute rein, besetzen einen mit einem Problem, wo man sagt, oh, spannend ist das schon, was die machen, auf der anderen Seite auf meinem Schreibtisch liegt so'n Berg von Zeug. Dann läuft ein Prozeß so an, wie er gelaufen ist, das muß man mal sagen, sie hat sich ungeheuer viel Zeit genommen. Das fand ich schon unwahrscheinlich gut. Jetzt ist für mich die Frage, können wir lernen, in solchen Situationen erst mal Luft zu schaffen, ... also ein Stückchen Balance zu halten, die Sache nicht viereckig zu machen, sondern mich auch ein Stückchen darauf einlassen, aber mir offenhalten, ob ich da einsteige auch so mit meiner Kraft oder ob ich mich mit dem nächsten Gespräch da ausgrenze. ... Ich glaube, die Gefahr ist das, daß wir immer überfahren werden von solchen Situationen, und weil wir überfahren werden, dann ausgrenzen. ... Das war ja auch Ihre [gemeint ist die Sozialarbeiterin des Rollenspiels] Strategie, Sie haben ja in der Pause gesagt, daß Sie sagen, ich laß es also weitgehend offen, während andere halt die Tür sehr früh zumachen, weil sie Angst haben vor den Folgen." (16/17–18)

Über die Lösung, alles offenzulassen, hinaus schienen in der Gruppe keine weitergehenden gemeinsamen Schlußfolgerungen gezogen werden zu können. „Offenlassen" muß insofern als *die* Antwort der Gruppe auf die simulierten und aktuellen Konflikte im Seminar verstanden werden. Offen blieb freilich damit auch der Sinn der Forschungskooperation und die Ausgangsfragestellung nach Alternativen in der Sozialarbeit – zwischen Integration und Polarisierung. Wer könnte Träger von Innovationsprozessen sein, und wie könnten sie aussehen?

Der Forscher griff diese Frage eines Teilnehmers auf, um sie als Schlußfrage an alle zu formulieren:

Forscher: „... daß jeder mal so versucht, im Rahmen dessen, was wir hier diskutiert haben, was wir erlebt haben, was im Rollenspiel gelaufen ist, was Sie auf den Bildern wiedererkannt haben ... wie geht das mit der Innovation? Wie setzt sich alternatives Handeln irgendwie aus der Position, in der ich nachher zu Hause bin, [um]." (16/20)

Die Antworten fielen sehr disparat aus, sie reichten von: Innovation kann, wenn überhaupt, nur von außen kommen, über: Innovation muß von oben kommen, bis: Innovation kann nur von mir selbst ausgehen.

Der Forscherin fiel auf, daß die Antworten relativ abstrakt formuliert waren und daß das Persönliche, das auch am Schluß eines Seminars zu sagen wäre, fehlte. Auf wiederholtes Insistieren bekam sie Antworten, die einen Schlüssel zu den Rätseln des Seminarprozesses liefern.

Münzenberger: „... also ganz ehrlich, ich habe so das Gefühl, wir haben einen Punkt erreicht, wo wir jetzt eigentlich anfangen könnten, über Innovation zu sprechen und zu arbeiten, und hatte die ganze Zeit hier das Gefühl, daß ich für euch beide gearbeitet habe. Ja, also, daß ich für dieses Projekt gearbeitet habe, wo ich denke, gut, das sind so Sachen, die sind mir ja schon längst bewußt ... " (16/37)

Rumpel: „Ich sehe das ähnlich ... wie Sie das sagten, auf eine Gruppe von Helfern zu stoßen [Gelächter in der Gruppe], und dadurch eine Reaktion ausgelöst wird, nämlich die, daß sie letztlich doch nur murrend mitgemacht haben. Ich kam mir auch vor wie ein Esel, den Sie von hinten anschieben wollen. Ich hätte gerne mal ausgeschlafen [ausgeschlagen? U.V.], aber da habe ich eben auch diese Art von Bißhemmung, die ein Teil meiner Person inzwischen geworden ist, vielleicht eine Art Berufskrankheit." (16/40)

Mannebach: „Mir schien oder ich hatte immer so das Gefühl, daß es allzu langwierig ging und wir also Zuarbeiten leisteten für das Tonband, was Sie nachher auswerten müssen, wenn Sie Ihre Arbeiten erledigen müssen. Wir waren also Gehilfen oder Ihre Gehilfen.“ (16/41)

Diese Äußerungen beleuchten das Rollen- und Beziehungsmuster, in dem die Forschungskooperation verlaufen ist. Anders als von den Forschern intendiert wurde sie nicht als partnerschaftlich in dem Sinne verstanden, daß beide geben und beide nehmen, sondern asymmetrisch: Der eine gibt (hilft), der andere nimmt (ihm wird geholfen). Das Alternativprojekt „gemeinsames Forschen“ war unversehens in die Mühlen eines Amtes geraten. Die Forscher erhielten die Rollen von Klienten, die Teilnehmer übernahmen die der Helfer, und es gab auch einen Vorgesetzten, der Weisungen erteilte und die Dinge von oben überwachte. Liest man die einleitenden Worte des Veranstalters auf diesem Hintergrund noch einmal, so lassen sie sich durchaus auch so verstehen.

Zielinski: „Als wir vor 14 Tagen dann gewahr wurden ..., daß wir hier für diese Veranstaltung nur 13, 14 Anmeldungen hatten, wir aber das Gefühl hatten, wir wollten schon gerne die Veranstaltung doch trotzdem durchführen ... dann haben wir es so vereinbart, daß ich nur den Tagungsservice mache, weil ich hier im Haus sitze, und Ansprechpartner bin, wenn's um irgend was Technisches mehr oder weniger geht, und bin in der ersten Runde dabei und komm am Freitag, wenn die Auswertung, weil ich ja hier der Veranstalter bin, und wir haben gerade überlegt, wir frühstücken jeden Tag miteinander und essen zusammen Mittag, daß ich weiß, was läuft ... “ (1/3)

Weiter empfahl er den Teilnehmern, es auch zu nutzen, daß sie für acht Tage aus ihrem Alltagsbetrieb rauskommen.

Zielinski: „Das heißt nicht so furchtbar viel Streß sich zu machen, sich auch ein bißchen zu entspannen, sich ein bißchen die Tage auch schön zu machen, mittags und abends ... “ (1/5)

Zum Schluß betonte er noch einmal

Zielinski: „Ich kann mich sehr mit dem Konzept identifizieren und sag noch mal, wie sehr es mir leid tut, daß ich nicht mitmachen kann. Ich bin dahintergekommen, mach jetzt hier seit acht Jahren Fort- und Weiterbildung, daß es darum geht, wie reg' ich Veränderungen an, dort, wo ich stehe, wie kann ich was anders machen ... " (1/56)

Man hätte diese Einleitung auch anders verstehen können. Daß die Teilnehmer daraus einen Hilfs- bzw. Unterstützungsauftrag ableiteten, klärte sich erst am Schluß des Seminars mit der Konsequenz:

Die Teilnehmer haben nicht für sich, sondern für andere gearbeitet, sie haben nicht ihr Interesse an Veränderung in den Mittelpunkt gestellt, sondern das vermutete Interesse „der Klienten" und der veranstaltenden Institution. Daß sie dabei für ihre eigenen Bedürfnisse zu wenig bekommen haben, liegt in der Natur dieser Beziehungsdefinition. Forscher und Teilnehmer haben am Schluß des Seminars gleichermaßen ein ungutes Gefühl: Etwas „Eigentliches" ist ihnen vorenthalten worden. Den Forschern: Die Teilnehmer haben nur zum Schein mitgemacht und ihr „Eigenes" draußen gehalten; den Teilnehmern: Sie haben nur für andere gearbeitet und für das „Eigene" nichts bekommen. Was dabei draußen gehalten wurde, benennt ein Teilnehmer so:

Weinert: „Ich glaube, wir sind uns auch irgendwo nicht nähergekommen oder begegnet. Da waren einfach noch so viele Schranken. Ich glaube, so acht Tage mehr würden an für sich, da könnte es mehr werden." (16/39)

Zugleich aber wurde gegen die Forscherin der Vorwurf erhoben, sie habe mit ihrer Frage nach dem Persönlichen den Arbeitskontrakt gebrochen, und auch ihr Insistieren am Schluß löste ja erheblichen Widerstand aus.

Wie sind diese Widersprüche zu verstehen, und was sagen sie über die Chance aus, daß alternative Werte in die sozialen Behörden Eingang finden?

4.8. Schlußbetrachtung

Unter alternativ verstehen die Teilnehmer in erster Linie eine Hilfe, die den Menschen als Ganzheit in seinen sozialen Bezügen in den Mittelpunkt stellt. Gängige Praxis ist dagegen, daß zum Beispiel eine in Not geratene Familie nach Maßgabe der gegebenen Zuständigkeiten auseinandergerissen wird. Mit der Organisation der Hilfe werden die Probleme der Verwaltung gelöst, die ihrem gesetzlichen Auftrag nachkommen muß, selten aber wird der Familie wirklich geholfen. – Das ist die erste Problemschilderung zu Beginn des Seminars, mit der sich die Gruppe auseinandersetzt. Gemalt sieht sie so aus:

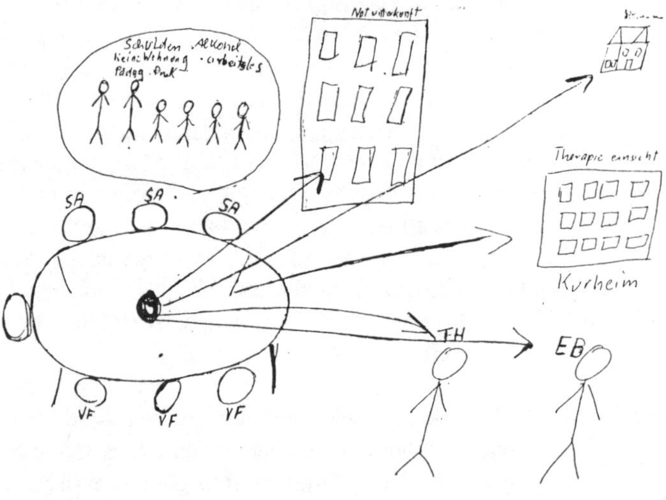

Die Betrachter sehen auf dem Bild einmal die Ausplitterung der Familie in die verschiedenen Einrichtungen (Notunterkunft, Kleinstheim, Therapieeinrichtungen, Kurheim), zum anderen die begrenzten Möglichkeiten, im Rahmen staatlicher Institutionen überhaupt Hilfe zu gewähren. Der Maler des Bildes ergänzt diese Kritik mit der Schilderung der verwaltungsinternen Dynamik bei der Konfliktlösung:

Mannebach: „... es brennt jedem, es brennt unter den Nägeln, der Verwaltungsfachmann hat die Probleme, wenn sie ständig dastehen und mit dem Geld nicht zu-

> rechtkommen, der Sozialarbeiter hat sie ebenso und versucht jetzt, dieses im Augenblick vordergründige Problem anzugreifen, aufzugreifen ... und es wird finanziell dann getragen, ohne der Familie ... tatsächlich zu helfen. Das sah ich als Konflikt.“ (2/33)

Das Mißverhältnis Apparat–Mensch wird zu einem durchgängigen Thema im Seminar: Die Versorgung des Apparats mit Anträgen, Begründungen, Rechtfertigungen und Aktenführung; die Kämpfe mit der Hierarchie und der Organisationsstruktur haben den Löwenanteil an der Arbeit, nicht die Beziehungen zu den Klienten. Eine „alternative Sozialarbeit“ stellen sich die Teilnehmer umgekehrt vor. An der Verwirklichung ihrer Wünsche sehen sie sich jedoch durch ihre Arbeitsbedingungen gehindert. Ihre Veränderungsideen haben durchweg die Form: Was müßte sich an der Verwaltung ändern, damit wir anders arbeiten könnten.

Durch die Tatsache, daß auch Sozialarbeit in freier Trägerschaft durch einen Mitarbeiter des Kinderschutzbundes im Seminar vertreten war, ergab sich eine direkte Konfrontation mit den Möglichkeiten von Sozialarbeit ohne bürokratische Vorschriften. Dabei stellte sich heraus, daß gerade diejenigen, die von Amts wegen mit dem Schutz des Kindes beauftragt sind, sehr besorgt waren, es könne durch den Kinderschutzbund falsche, unqualifizierte Hilfe vermittelt werden. Sie identifizierten sich nicht mit den Vorteilen, unbürokratisch helfen zu können, sondern mit den Kontrollansprüchen des Amtes.

Im Rollenspiel setzten sich die Teilnehmer mit ihren eigenen Möglichkeiten auseinander, neue Wege zu beschreiten. Sie stießen dabei auf die Grenzen, die sie vorher als sinnvolle Hilfe behindernd kritisiert hatten: Werden die Jugendlichen getrennt und in Schubkästen maßnahmegerecht untergebracht und damit der alternative Ansatz kaputtgemacht, oder gelingt es, die Verwaltungslogik im Sinne bedürfnisadäquater Hilfe zu überwinden?

Die Analyse des Rollenspiels hat gezeigt, daß die Verwaltungslogik die Sozialarbeiterin nicht nur behindert, sondern ihr auch Schutz bietet. Sie hat ein Herrschaftsinstrument in der Hand, von dem sie auch im eigenen Interesse Gebrauch macht – ohne freilich dafür die Verantwortung übernehmen zu müssen. Die Anlehnung an den Apparat schützt vor dem Druck der Klienten, vor Entscheidungsnöten und vor Verantwortung. Die Unverzichtbarkeit dieses Schutzes wird vor allen Dingen an der Auswertungsdiskussion deutlich: Solange man sich an die Vorschriften und die gängige Praxis hält, weiß man, was richtig und was falsch ist, befindet sich im Einklang mit Kollegen und Vorgesetzten und hat an der Macht teil. Wer gegen den Strom schwimmt, läuft Gefahr, so ohnmächtig zu werden wie die Klienten.

Das Rollenspiel ist ein Versuch in diese Richtung. Es verdeutlicht den Konflikt zwischen dem Wunsch, *richtig* zu helfen, bezogen auf das Anliegen der Hilfesuchenden, und dem Bestreben, *richtig* zu helfen, bezogen auf die Vorschriften des Amtes. Das eine „richtig" bezieht sich auf den Menschen, das andere auf den Anspruch der Institution. Der Fall im Rollenspiel ist so konstruiert, daß die richtige Verwaltungspraxis richtige Hilfe unmöglich macht. Zugleich wird deutlich, daß die Anwendung der Verwaltungslinie die Wahrnehmung und Definition der Situation so steuern kann, daß die Verweigerung von Hilfe gerechtfertigt erscheint: Die Jugendlichen werden zu kriminellen Elementen, die mit einem geschickten Trick das Jugendamt ausbeuten wollen. Die Mitarbeiter des Amtes bestätigen sich selbst die Realität, in der sie die gewohnten Regeln, Praktiken und Instrumente anwenden können. In dieser Welt gibt es dann keine ernsthaften alternativen Selbsthilfeversuche, weil es auch keine Instrumente gibt, sie zu handhaben.

Zu dieser extremen Polarisierung, in der das andere, das sich nicht greifen läßt, für nicht existent erklärt wird, kommt es im Rollenspiel nicht. Die Vertreterin der fiktiven Behörde versucht, eine integrative Lösung anzustreben, die nach beiden Seiten hin richtig ist: für die Klienten und für das Amt. Der Weg, den sie zu diesem Ziel hin beschreitet, ist zweispurig: sich auf die Jugendlichen und ihr ungewöhnliches Anliegen einzulassen und zugleich die Verwaltungslinie im Auge zu behalten. Wie unvereinbar beide Spuren des Weges sind, zeigt die Angst der Rollenspielerin, durch die Beziehung zu den Klienten so gebunden zu werden, daß sie die Verwaltungslinie nicht mehr anwenden kann. Die Spuren des Weges führen zu entgegengesetzten Zielen: Menschlich richtig helfen setzt voraus, daß man sich auf die Beziehung einläßt. Dann ist man aber auch dem Druck der Klienten ausgesetzt. Die Verwaltungslinie soll einen gerade davor bewahren. Dann kann man aber nicht mehr richtig helfen.

Im Seminar besteht der Umgang mit diesem Dilemma darin, alles offenzulassen. Im Rollenspiel sieht das so aus: Die Sozialarbeiterin gestaltet die Beziehung zu den Klienten zwar persönlich, zugleich aber achtet sie auf Unverbindlichkeit. Dieselbe Figur wiederholt sich im

Hier und Jetzt des Forschungsseminars; sie macht das ambivalente Klima, die Atmosphäre des Scheins und der Unverbindlichkeit aus – und zwar mit demselben Effekt, den die Jugendlichen am Ende des Rollenspiels spüren: Sie wissen nicht, woran sie sind:

Der Jugendliche: „Ja, im ersten Moment dachte ich, ja gut, es läuft an, und wenn ich das hinterher überlege, dann ist das doch alles sehr vage ... Im Prinzip zeigte sie so Verständnis und Sympathie und so weiter, aber konkret was bewirken ... aber konkret in der Tasche habe ich eigentlich nichts.“ (11/15)

Anders als die Klienten im Rollenspiel beläßt es die Forscherin nicht bei der Ambivalenz, in der beides offen bleibt: die Bedeutung der Beziehungen und die Handlungskonsequenzen. Sie beharrt auf Klärung und gerät damit ungewollt in die Rolle einer fordernden Klientin, die die erlebte persönliche Qualität der Beziehung als verbindlich einklagt.

Unter diesem Druck entscheiden sich die Teilnehmer, das Persönliche des Seminars für irrelevant und bedeutungslos zu erklären, ja sogar der Forscherin vorzuwerfen, daß sie unangemessenerweise im Laufe des Seminars immer wieder das Persönliche eingebracht habe. Im Gesamtzusammenhang der Ereignisse wird nun das Offenlassen als eine Schutzmaßnahme verständlich. Sie erweist sich als eine Garantie dafür, sich unter Druck aus der Beziehung noch jederzeit auf die Verwaltungslinie zurückziehen zu können. Gleichzeitig kommt der gegen die Jugendlichen gehegte Verdacht der Ausbeutung gegenüber dem Alternativprojekt „gemeinsames Forschen“ nun doch noch zum Tragen. Die Forscher nehmen die Ergebnisse mit nach Hause, die Teilnehmer haben, wie es die Sozialarbeiterin des Rollenspiels formuliert, „nur ein Fitzelchen“ bekommen.

Das Gefühl des Verrats, das die Forscherin an dieser Stelle empfand, rührt daher, daß die Teilnehmer ihr eigenes Anliegen, daß der Mensch und nicht das Amt im Mittelpunkt stehen soll, für sich selbst nicht wahrmachen. Es wird erneut als Anspruch formuliert und auf später verschoben („so acht Tage mehr ... , da könnte es mehr werden“).

Woran liegt das? Wolfgang Schmidbauer hat in seinen Analysen der Helferberufe die Unveränderlichkeit sozialer Institutionen in Zusammenhang mit der Helferpersönlichkeit gebracht (Schmidbauer, 1977, 1983). Helfen kann eine Form der Abwehr von Beziehungen sein, die auf Gegenseitigkeit beruhen. In solchen Beziehungen geben und nehmen beide Partner; das heißt, beide Partner bringen ihre Bedürfnisse ein und sind in der Lage, von der Beziehung zu profitieren. In der Asymmetrie einer Helferbeziehung ist dagegen festgelegt, wer etwas zu geben und wer etwas zu bekommen hat, damit zugleich wer reich und mächtig und wer arm und ohnmächtig ist. Der Vorteil einer solchen einseitigen Rollenverteilung ist, daß sich der Helfende seiner eigenen Bedürftigkeit nicht bewußt zu werden braucht, gibt es doch immer einen Bedürftigeren, der dem Helfenden das Gefühl vermittelt, etwas zu geben zu haben. Diese Form der Abwehr von eigenen Gefühlen der Schwäche, Ohnmacht und Hilfsbedürftigkeit hat jedoch ihren Preis. Die Bedürfnisse des Helfers bleiben unbewußt und ungestillt, die Fähigkeit zu nehmen ist blockiert. Die Wut über die Tatsache, selbst nicht genug bekommen zu haben, erhält ständig neue Nahrung und kann – da die Zusammenhänge ja nicht bewußt sind – unbemerkt das Bild von den Klienten beeinflussen (Ausbeuter, schräge Typen ...) Eine restriktive Verwaltungspraxis, in der unterschwellige Aggressionen Ausdruck finden können, rechtfertigt sich dann von selbst.

Die Anpassung sozialstaatlicher Institutionen an veränderte gesellschaftliche Bedingungen setzt dagegen voraus, daß die Vertreter dieser Institutionen für die Wahrnehmung neuer Anforderungen offen sind. Das geht nur, wenn die Gegenseitigkeit der Beziehung nicht verleugnet wird und das Risiko in Kauf genommen wird, auch selbst etwas zu bekommen – selbst bewegt zu werden.

Betrachten wir das System staatlichen Helfens insgesamt, so liegt sein verborgener Sinn freilich in der umgekehrten Richtung: Es verhindert, daß die Gesellschaftsmitglieder, die in Übereinstimmung mit den geltenden Werten und Normen erfolgreich sind, mit dem Elend in Kontakt kommen, das diese Ordnung auch produziert und ihre Werte in Frage stellen könnte. Es wird abgespalten, versorgt, verwaltet, kontrolliert. Diejenigen, die aus dem Leistungssystem herausfallen, werden im „sozialen Netz“ aufgefangen – das ist der Vorteil des Sozialstaats –, aber auch gefangen – das ist sein Nachteil. Lieber wird Arbeitslosenhilfe und Sozialhilfe gezahlt als die Arbeit mit demselben Geld umverteilt. Eine solche Lösung wäre allerdings ein Unterschied ums Ganze: Sie bedeutete, im gesellschaftlichen Maßstab „richtig“ zu helfen. Insofern trifft das Thema des Rollenspiels den Kern des Problems: Jugend- und Sozialhilfe oder Hilfe zur Existenzgründung.

Die Nichtentscheidung dieses Wertkonflikts spiegelt auch den Stand des gesellschaftlichen Bewußtseins und die Funktion des sozialen Systems für dessen Abschottung wider.

Was kann aus dieser Sackgasse herausführen? Gerade Menschen in sozialen Helferberufen orientieren sich an einem hohen Ich-Ideal. Das prädestiniert sie dazu, in Übereinstimmung mit übergeordneten Werten und Normen handeln zu wollen – für Sozialarbeit in staatlicher Trägerschaft repräsentiert durch das Gesetz. Deshalb bekommt die Kategorie „richtig“ einen so hohen Stellenwert. Es geht nicht nur darum, zu helfen, sondern darum, „richtig“ zu helfen. Weite Strecken der Seminardiskussion handeln davon, welchen Paragraphen man auf welchen Fall anwenden kann. Die Versorgungsfrage ist der Kontrolle untergeordnet: Hat ein Jugendlicher mit siebzehneinhalb noch Anspruch auf Erziehungshilfe oder nicht?

Was dabei zu kurz kommt, ist der Blick für menschliche Bedürfnisse ganz unabhängig von der Prüfung ihrer Anspruchsberechtigung. Diese Einschränkung zeigt sich in der Selbstwahrnehmung der Teilnehmer. Ja, es ist gerade das Bestreben, es im Sinne der Forscher und des Veranstalters „richtig“ zu machen, was eventuell darüber hinausgehende eigene Bedürfnisse, Antriebe und Motive draußen hält.

Gesellschaftliche Veränderungen – auch Innovationen – zeichnen sich dadurch aus, daß sie über das Bestehende hinausgehen, gemessen daran sind sie nie „richtig“. Vielmehr gehört das Gesetz zu den konservativen Elementen einer Gesellschaftsordnung. So gesehen scheint es mit der Entwicklung von Alternativen in staatlicher Sozialarbeit schlecht bestellt. Anders sähe es aus, wenn die Mitarbeiter einen Weg fänden, sich selbst und ihre eigenen Veränderungsbedürfnisse in den Mittelpunkt zu stellen. Die Integration des eigenen „nicht richtigen“ Anteils würde auch die Chance erhöhen, gegenüber dem gesellschaftlich Unpassenden und Unangepaßten flexibler und kreativer zu reagieren.

Nachspiel

Das Manuskript hat Diskussionen auf sehr unterschiedlichen Ebenen ausgelöst. Die einen identifizierten sich mit den Klienten („Nie möchte ich auf staatliche Hilfe angewiesen sein“), die anderen kritisierten die Spieler, daß ihnen nicht mehr eingefallen sei, etwa der weithin unbekannte Paragraph 30 BSHG, der Existenzgründungen aus der Sozialhilfe heraus auch präventiv ermögliche. Ich bin in diesem Zusammenhang auf einen Artikel verwiesen worden, den ich an dieser Stelle weiterempfehlen möchte: Rolf Schroedter, Cornelia Schlüter-Hingst, Existenzgründungen in der Sozialhilfe, Neue Praxis, Heft 1, 1988, S. 32–38. Wenn diese Untersuchung Phantasien und Diskussionen anregt, wie in einer Zeit anhaltender Massenarbeitslosigkeit und zunehmender Ausgrenzung von Dauerarbeitslosen Selbsthilfeinitiativen gefördert werden können, hat sie ihren Zweck erfüllt.

5. Hauptschullehrer

5.1. „Lehrer sein für Schüler ohne Perspektive?“

Wie gehen Hauptschullehrer mit der Tatsache um, daß ein Großteil der Jugendlichen, die sie unterrichten, nach der Schule keine Arbeit finden wird? Lehrstellenmangel und Jugendarbeitslosigkeit sind in unserer Gesellschaft keine vorübergehenden Erscheinungen. Welchen Einfluß hat das auf das Selbstverständnis der Lehrer und den Auftrag der Schule, zentrale Wertorientierungen und Fähigkeiten für die Teilnahme am gesellschaftlichen Leben zu vermitteln?

Mit dieser Fragestellung hatte die Hessische Stiftung für Friedens- und Konfliktforschung zusammen mit der Hessischen Landeszentrale für Politische Bildung (HLZ) im Frühjahr 1985 zu einem einwöchigen Forschungsseminar eingeladen. Es war im Mitteilungsblatt der HLZ unter dem Titel „Hauptschule für das Leben – Lehrer sein für Schüler ohne Perspektive?“ angekündigt und richtete sich an Haupt- und Realschullehrer (Text s. Anhang). In dem Forschungsseminar sollte untersucht werden, wie sich Lehrstellenmangel und Jugendarbeitslosigkeit auf das Leben und Lernen in der Hauptschule auswirken.

Die Analyse konkreter Konfliktsituationen aus dem schulischen Alltag sollte zu einem differenzierten Selbst- und Rollenverständnis und zur Erweiterung beruflicher Handlungsmöglichkeiten der Lehrer führen. In diesem Sinne war das Forschungsseminar auch ein Fortbildungsseminar.

Die Teilnehmer des Seminars, dreizehn Männer und sechs Frauen im Alter zwischen 30 und 50 Jahren, kamen aus allen Teilen Hessens. Sie verstehen sich selbst als Hauptschullehrer bzw. als Haupt- und Realschullehrer unabhängig davon, an welchen Schultypen sie unterrichten.

Vor dem Einstieg in die inhaltlichen Fragen wollten die Teilnehmer geklärt haben, wie sich die Forscher in ihrer Rolle als Seminarleiter verstehen: Wie kann das Forschungsinteresse mit den Fortbildungserwartungen der Teilnehmer vereint werden? Sind die Leiter des Seminars Lehrer, die wie die Teilnehmer in ihrem Schulalltag Wissen vermitteln? Oder sind die Teilnehmer Wissende, die an die Forschenden ihr Wissen weitergeben. Wer ist dann in der Lehrerrolle und wer in der Schülerrolle? Die Einladung zur Forschungskooperation löste

Versuche in der Gruppe aus, sich die Rollenverteilung im Seminar auf der Basis der beruflichen Alltagserfahrungen plausibel zu machen.

Sebastian:	„In erster Linie wollen Sie etwas von uns. Es klang zwar an, daß wir auch etwas davon profitieren sollten, aber das ist doch mehr oder weniger ein Nebeneffekt, der davon abhängt, was wir dazu tun, uns gegenseitig zu helfen." (1/32)
Brigitte:	„Ich bin eigentlich hierher gekommmen, um etwas von Ihnen zu hören. Es ist genau umgekehrt." (1/33)
Harald:	"... und die Chance für uns, so sehe ich das jetzt, verstehe ich darin, daß hier Strukturen für den Ablauf einer Woche angeboten werden, die man akzeptieren kann ..., um im Gespräch die eigene Situation zu verstehen, sich das jetzt klarer zu machen ... und von daher den Anforderungen auf einer anderen Ebene begegnen zu können. So habe ich das jetzt für mich klar gestellt, wie es diese Woche laufen kann, und darin sehe ich auch das eigentliche, was man mitbekommen kann ..." (1/33)

Mit dem letzten Beitrag schien zunächst eine geeignete Rollendefinition für die Zusammenarbeit gefunden. Doch es kam anders: Am Morgen des dritten Seminartages geschah etwas völlig Unerwartetes. Es zeigte, daß die Rollendefinitionen zwischen den Leitern und Teilnehmern des Seminars keineswegs ausgehandelt und akzeptiert waren, sondern daß vielmehr unterschwellig weiterhin darum gerungen wurde. Ich möchte dies Ereignis an den Anfang meiner Analyse stellen, weil es einen guten Einstieg in die Problematik der Lehrerrolle bietet, die im Seminar zu einem zentralen Thema wurde.

5.2. Die Schlüsselszene: „Mal ein originäres Hauptschulerlebnis"

Wir hatten bereits anderthalb Tage konzentriert miteinander gearbeitet. In dieser Zeit hatten die Teilnehmer erlebte Konflikte aus ihrem Schulalltag auf Bildern skizziert und einander vorgestellt. Am Morgen des dritten Tages sah ich meinen Kollegen verwirrt aus unserem Arbeitsraum wieder herausstürzen, den er wenige Sekunden zuvor betreten hatte. Er schaute sich die Tür des Raumes von außen an, wie um sich zu vergewissern, daß er sich nicht in der Tür geirrt habe. Mir ging es kurz darauf nicht anders. Den Raum betretend, schreckte ich zurück: Anstelle unserer kreisförmig angeordneten Stühle, vor mir ein wohlgeordnetes Klassenzimmer. Tische und Stühle zwei und zwei parallel nach vorne ausgerichtet mit Blick auf einen Fernseher, der mit einigen Aufklebern zu einem freundlichen Gesicht (Smily) umgestaltet war. Ich erkannte unseren Raum nicht wieder. Die Herausforderung machte mich ängstlich und wütend zugleich, lachen konnte ich nicht. Ich empfand diese Inszenierung vielmehr als ein Zunichtemachen unserer bisherigen Arbeitsform im Kreis, als eine Ablehnung unseres prozeßorientierten, kooperativen Leitungsstiles verbunden mit der Aufforderung, die Lehrerrolle im „Klassenzimmer" zu übernehmen.

Diese Inszenierung setzte an die Stelle der bisher kreisförmigen Sitzordnung ohne Tische deren Gegenteil: die schulische Ordnung des Klassenzimmers. Wer nebeneinander sitzt und parallel zum Lehrer hin ausgerichtet ist, hat es schwer, Beziehungen aufzunehmen. Tische sind nicht nur zum Schreiben geeignet, sie verbergen auch den Körper vor den Blicken des Lehrers. Im Stuhlkreis dagegen ist die ganze Person sichtbar. Die Teilnehmer sind auch räumlich einander zugewandt, und die Leiterposition ist nicht isoliert herausgehoben. Weil die formelle Gleichheit der Sitzpositionen in einem Kreis noch nichts darüber aussagt, wie die informellen Machtpositionen tatsächlich verteilt sind, ist die Gruppe dazu aufgefordert, sich darüber klar zu werden. Die Klassenzimmerordnung legt dagegen die Positionen fest, die durch ihre unterschiedliche Nähe zum Lehrer charakterisiert sind. Die Mitglieder einer Gruppe sind dadurch zwar festgelegt, andererseits aber auch entlastet.

Beim Gespräch über die Aktion wurde klar, daß die Ordnung des Klassenzimmers zwar für eine Klassenarbeit bestens geeignet ist, nicht aber für die Förderung von Beziehungen.

Gegen die Situations- und Rollendefinition der Seminarleiter, wie sie sich im Stuhlkreis ausdrückt, setzten die Teilnehmer die Ordnung, unter der sie täglich zu leiden haben. Dieser Sinn der Aktion wurde im anschließenden Klärungsgespräch offenkundig:

Matthias: „Wir haben uns gedacht, ihr wollt doch Hauptschulerfahrung erforschen und in euch aufnehmen …

Mal ein originäres Hauptschulerlebnis, weil Ihr da in diesem Milieu nicht arbeitet." (8/1)

So schlecht, wie es uns als Lehrer geht, so schlecht soll es euch auch mal gehen, kann die Botschaft übersetzt werden. So betrachtet, enthält die Aktion auch ein aggressives Element gegen die Seminarleiter.

5.3. Vorausgegangene Ereignisse

Nach Überwindung des ersten Schreckens ergriffen die Seminarleiter die Chance, nach dem Sinn der Aktion zu fragen. Es stellte sich heraus, daß sie sich spontan ergeben hatte. Die Teilnehmer wollten die Forscher mit einer Realität konfrontieren, in der sie ihre Rolle als Lehrer erfüllen müssen. Zugleich kann die Aktion aber auch als eine Antwort auf das verstanden werden, was im bisherigen Seminarverlauf geschehen ist. Was wurde dazu gesagt?

Christoph: „Es war ja, wenn ich das so richtig sehe, ein unübersehbarer Haufen von Problemen auf dem Tisch, und ich kann mir im Moment nicht vorstellen, wie das jetzt weitergehen wird. Und ich bin ganz gespannt auf heute, wo das jetzt irgendwie aufgelöst werden muß ..." (8/6)

Die Bestandsaufnahme schulischer Konfliktsituationen anhand bildlicher Darstellungen hatte zu einem Gefühl der Spannung und zu einem Bedürfnis nach Auflösung geführt. Gleichzeitig hatte die Art und Weise des Vorgehens bei dieser Bildbesprechung Enttäuschung ausgelöst. Ohne Vorgabe der Leiter und ohne Absprache hatten sich die Teilnehmer stillschweigend darauf geeinigt, der Reihe nach vorzugehen.

Harald: „Ich war enttäuscht, daß wirklich dann ab dem zweiten oder dritten Bild, daß das dann der Reihe nach ging. Das hat mich unheimlich enttäuscht." (8/10)

Durch das selbst gewählte Reihumverfahren konnten zwar – wie die Teilnehmer im nachhinein erkennen – Reibungsverluste und Positionskämpfe vermieden werden, doch hatte die an Unterrichtsstil erinnernde starre Regel andere belastende Konsequenzen: Die Teilnehmer fühlten sich wie Schüler einem Druck ausgesetzt, den sie selbst nicht regulieren konnten.

Michael: „Dieses völlige Im-Kreis-Sitzen, dieser völlige Druck, da mitmachen zu müssen ..." (8/4)

Wolfgang: " ... genau der Punkt, den wir von unseren Schülern immer verlangen, an einem Vormittag dieses ewig lange Sitzen ..." (8/5)

Der Zwang, der Reihe nach vorzugehen, verhindert die organische Selbstregulation der Spannung in der Gruppe in dem Sinne, daß derjenige, der sich gerade unter dem größten Druck befindet, spontan sein Problem (Bild) vortragen kann. Dadurch gerieten diejenigen unter den größten Druck, die am längsten gewartet hatten, was am Ende der Bilderrunde zu einer heftigen emotionalen Reaktion des letzten Teilnehmers führte. Sein Bild zeigt einen Schüler mit einem aufsässigen, provokativen Verhalten. Der Teilnehmer erzählte, daß er sich um diesen Schüler besonders bemüht habe. Es sei ihm zwar gelungen, zu ihm eine positive Beziehung herzustellen, doch habe er später einsehen müssen, daß all sein Bemühen fruchtlos gewesen sei angesichts der Tatsache, daß der Vater des Jungen seinen Sohn emotional „verrecken" ließe. Als der Teilnehmer dieses Wort aussprach, brach er in Tränen aus.

Gefühle von Trauer, Wut, Verzweiflung und Ohnmacht brachen sich in einem heftigen Weinen Bahn. Daß hier der Teilnehmer auch stellvertretend für die anderen reagiert hatte, nur daß bei ihm die Kontrolle eben nicht mehr funktioniert hatte, wurde im Gespräch über die Klassenzimmeraktion offenkundig:

Elke: „Das hat mich außerordentlich betroffen gemacht, weil ich im Moment gedacht habe, da passiert etwas, was sicherlich manchem von uns um ein Haar auch in der Situation, die wir geschildert haben oder die wir erleben, auch passiert. Aber aus irgendeinem Grunde ist es uns nicht passiert." (8/35)

5.4. Schulische Belastungen

Während ich bisher das unmittelbare Seminargeschehen in den Vordergrund gestellt habe, werde ich im folgenden fragen, wie diese Ereignisse im Rahmen dessen zu begreifen sind, was die Lehrer über ihre Schulrealität draußen mitgeteilt haben. Wie sehen dort die Konflikte mit der Lehrerrolle und die Belastungen aus, die einen Hauptschullehrer an den Rand seiner Beherrschung bringen können? Bereits das erste Bild, das in der Gruppe vorgestellt wurde, hatte diese Gefährdung zum Thema.

Die Betrachter assoziierten dazu:

Reinhard: „Der Lehrer, der steht unter Hochspannung" (Gelächter).

Winfried: „Der Lehrer flüchtet aus der Klasse."

Volker: „Vielleicht tun die im Werkraum da unten nichts, was dem Werkraum angemessen ist, und das wochenlang ..."

Wolfgang: „Das Ergebnis ist, da ist einer fix und fertig, der fällt vom Stuhl."

Michael: „Die Probleme, die Schüler haben, werden überhaupt nicht mit Unterricht angesprochen. Das macht den Lehrer fertig."

Hannelore: „Der Lehrer ist unheimlich vereinzelt, die Schüler sind immer in der Bank zu zwein ..."

Winfried: „Da ist jemand schlecht."

...

Matthias: „Es ist auch ein Pärchen."

...

Michael: „Der hat keine Idee, was er im Unterricht machen soll." (2/2–6)

Die Erläuterungen des Malers bestätigten die Assoziationen der Betrachter, wichen in einem wichtigen Punkt aber auch davon ab.

Wolfgang: „Ja, einfach die Situation da, daß ich sag, ich kann nichts mehr machen. Das geht dann im Unterricht los. Ich stehe da links und will jetzt unterrichten, und die beiden anderen stehen da, stellvertretend für die Gruppe. Die unterhalten sich, die schwätzen da einfach kreuz und quer weiter. Das ist also ein besonderer Schüler, der mir da auffällt. Und zwar sind das zwei, bzw. einer davon ist das, der mich also wochenlang nervt. Die kleinste Kleinigkeit bringt mich in einen Zustand von Raserei. ... Und dann gipfelt das in der Situation im Werkunterricht. ... Die arbeiten da im Werkunterricht. Und dieser eine Schüler, mit dem ich schon wochenlang im Clinch bin, der weigert sich über eineinhalb Stunden hinweg, auch nur irgend was in die Hand zu nehmen oder irgend was zu machen. Da zitier' ich mir den vor die Tür, und ein Wort ergibt das andere. ... Und diese Beschimpfungen, die gehen nachher so weit, daß also wirklich jegliche Kontrolle eigentlich versagt, vor allen Dingen bei mir, muß ich natürlich sagen, als Erwachsener dem Schüler gegenüber. Und es kommt zu Handgreiflichkeiten zwischen dem Schüler und mir. Also die Situation ist kein Liebespärchen da [Gelächter in der Gruppe]. Also, die gehen sich da an den Kragen, ganz handgreiflich." (2/7–8)

Die Gruppenmitglieder assoziierten an dieser Stelle statt der Handgreiflichkeiten ein Liebespaar in der Umarmung. Gewalt in der Realität, Liebe in der Phantasie? – Diesen Widerspruch zwischen dem, was das Bild bei den Betrachtern auslöste, und dem, was der Maler damit zeigen wollte, lese ich als einen Hinweis auf eine verborgene emotionale Dynamik, die beim Verständnis der Belastungen des Hauptschullehrers weiterführen kann.

Gewalt scheint jedenfalls in der Hauptschule die übliche, akzeptierte, Liebe dagegen die verbotene Realität zu sein. Der Teilnehmer sagt dazu:

Wolfgang: „Aber da ist in der Tat etwas dran, daß ein Schüler und eine Schülerin, die sich da umarmen, daß das tatsächlich als was viel Schlimmeres angesehen wird, als wenn zwei sich da die Nase blutig prügeln." (2/34)

Wenn man sich die Situation vor dem Werkraum vergegenwärtigt, die mit dem ersten Bild angesprochen ist, so erlebt sich der Lehrer als jemand, der nach wochenlangem nervenaufreibendem Bemühen um die Integration des Schülers seine Wut nicht mehr beherrschen kann.

Zwischen dem ersten Bild und dem tatsächlichen Kontrollverlust des Teilnehmers, der als letzter seinen Konflikt schilderte, liegen differenzierte Bestimmungsversuche der Realität an heutigen Hauptschulen. Anhand von persönlichen Konflikterfahrungen wurden in der Gruppe verschiedene Belastungsfaktoren aufgefächert. So entstand mosaikartig ein Bild von den Anforderungen, denen sich Lehrer, die Hauptschüler unterrichten, heute gegenüber sehen. Ich versuche, es teils im Zitat, teils in meinen eigenen Worten zusammenfassend nachzuzeichnen.

5.4.1. Entwertung beruflicher Werte

Mit der Aussicht, daß ein großer Teil der Schüler keinen Arbeitsplatz und keine Lehrstelle finden wird, werden bisherige Verhaltensorientierungen und berufliche Werte und Normen der Lehrer in Frage gestellt.

Die bisherige Lehrereinstellung „Lern! Dann haste Chancen" scheitert an der Tatsache, daß einfach nicht genug Lehrstellen für alle da sind. Auch wenn alle gleich gut lernen würden, würde ein wesentlicher Teil der Schüler herausfallen. Die Teilnehmer machten sich klar, daß ihre berufliche Orientierung am Leistungssystem der Situation nicht mehr angemessen ist. Die Beibehaltung dieser Orientierung helfe zwar dem Lehrer, die Augen vor der Wirklichkeit zu verschließen, gehe aber auf Kosten der Schüler: Durch das Notensystem scheint es, als hätten gute Schüler Chancen und als würden schlechte Schüler durch die Arbeitslosigkeit dafür bestraft, daß sie nichts lernen. Diese Sichtweise stützt – so meinten die Teilnehmer – die Autorität des Lehrers und wälzt das Problem der Arbeitslosigkeit auf die Lernunwilligkeit der Schüler ab. Diese Problemverschiebung habe jedoch ihre Kehrseite: Solange der Schein aufrechterhalten wird, daß es an der Leistung liegt, wie die Arbeitsplatzsuche ausgeht, haben Lehrer den Schwarzen Peter. Gute Lehrer sind dann solche, die viele Schüler in Lehrstellen unterbringen, schlechte, denen das nicht gelingt. Das führe zu Rivalität und Entsolidarisierungsprozessen unter den Lehrern. Die Konkurrenz um knappe Lehrstellen schlägt auf die Schule und auf die Lehrer zurück.

5.4.2. Entmachtung der Schule

Die Macht, über gute und schlechte Startbedingungen auf der Leiter beruflichen Erfolgs zu entscheiden, liegt aber längst nicht mehr bei der Schule, sondern – so wissen die Teilnehmer aus Erfahrung – bei der Industrie, die das Kontingent an Arbeitsplätzen definiert und ihre eigenen Tests und Prüfungen durchführt. Das stelle die Schule in ihrer Funktion der Vorbereitung auf das Arbeitsleben und der Selektion generell in Frage. Diese Verunsicherung wirkt sich auf das System Schule als Ganzes aus: Bisherige Lerninhalte, Werte, Sanktions- und Steuerungsmethoden werden fraglich. Die Entmachtung der Schule werde sinnfällig in der Tatsache, daß sich Lehrer durch die Tests, die die potentiellen Arbeitgeber durchführen, gleich mitgeprüft fühlen.

Reiner: „Im Grunde genommen wird durch diese Art von Prüfung Schule generell in Frage gestellt. Vor ein paar Jahren, da ging man nach den Zeugnissen; wer ein gutes Zeugnis hatte, kriegte die bessere Lehrstelle, wer ein schlechteres Zeugnis hatte, kriegte die schlechtere Lehrstelle. Alle kriegten eine. Ja, inzwischen traut man der Schule nicht mehr ..."

Michael: „Aber Schule war vor 15, 10 Jahren nicht besser und nicht schlechter als heute. Da kamen, da gingen Schüler aus dem siebten und achten Schuljahr, weil sie zweimal hängengeblieben sind ... und bekamen eine Lehrstelle. Jetzt sieht es ganz anders aus, jetzt sieht es so aus, als wenn wir dafür verantwortlich seien als Schule, weil wir die Schüler so schlecht ausbilden, daß sie keine Lehrstelle kriegen und ... das stimmt ja gar nicht, da sind gar keine Lehrstellen da, wir können uns abrackern, wie wir wollen." (5/4)

5.4.3. Lernschwache Schüler und Problemkinder

Zwar würden auch Jugendliche anderer Schulformen nach der Schule arbeitslos oder fänden keine bzw. nur schwer eine Lehrstelle, doch seien Hauptschüler besonders betroffen. Einmal, weil typische Ausbildungs- und Arbeitsplätze, die früher für Hauptschüler reserviert waren, inzwischen von Abgängern anderer Schulstufen besetzt werden; zum anderen, weil in der Hauptschule diejenigen versammelt sind, die sich in die anderen Schulstufen nicht integrieren ließen. Die Folge: Ein nach Leistung differenzierendes Schulsystem überläßt der Hauptschule die Schüler, die es mit dem Lernen schwer haben. Die Hauptschule wird – das sehen die Teilnehmer als Konsequenz – zur Restschule und ein Auffangbecken für Kinder, die den Übergang in weiterführende Schulen nicht schaffen oder dort scheitern.

Michael: „Die anderen Schulstufen, die haben ihre Probleme auch, nur die geben sie weiter. Die Gymnasien schicken sie an die Realschule, die Realschule an die Hauptschule. Und wir haben sie. Und wir wissen nicht genau, was wir machen können, weil wir wahnsinnig überfordert sind." (4/41)

Einerseits bestehe die Notwendigkeit, gerade für diese Gruppe gescheiterter Schüler etwas zu tun, andererseits fühlen sich Hauptschullehrer dafür nicht hinreichend ausgebildet. Sie stoßen an die subjektiven Grenzen ihrer beruflichen Identität als Lehrer und an die objektiven Grenzen des Systems Schule. So wird das berufliche Handeln des Hauptschullehrers von zwei Seiten in Frage gestellt. Einmal von seiten schwieriger Schüler, zum anderen von außen. Das, was der Lehrer versucht, auch schwierigen Schülern noch zu vermitteln, kann ihnen einen Platz in der Arbeitsgesellschaft nicht mehr sichern.

Mehrere Beispiele für solche schwierigen Schüler werden in der Gruppe vorgestellt:

- Da ist der türkische Schüler, der es einfach nicht schafft, „allein in die Praktikumsstelle zu gehen“, weil er den Eingang zu dem Fabrikgebäude nicht findet, trotzdem aber so tut, als ginge er jeden Morgen dahin; der auch nicht in der Lage ist, eine Bewerbung zu schreiben.
- Da ist der Schüler, der versucht, „es allen recht zu machen ..., kriegt aber eigentlich überhaupt nichts geregelt ... weil eigentlich nie was da ist. Das sind nicht die Hausaufgaben, das sind auch nicht nur die Bücher, sondern das ist alles Mögliche ... das ist das völlige Chaos. Und ich glaube nicht, daß der Junge vom Leistungsvermögen her irgendwelche Schwierigkeiten hätte, wenn er den emotionalen Hintergrund hätte, um sein Leben organisieren zu können“.
- Da ist der Schüler, „der kommt fast täglich mit einer Plastiktüte in die Schule“ unterschiedlichen Inhalts: Buntstifte, Butterbrot. „Ich habe von diesem Schüler so gut wie noch nie ein ordentliches Buch gesehen, ein einziges Heft ... und es ist mir bisher nicht gelungen ... den in irgendeiner Weise zu motivieren. Er kommt lieb und nett in die Schule, aber es interessiert ihn überhaupt nichts“.
- Da ist der Schüler, der eine „Null-Bock-Haltung einnimmt, er macht keine Aufgaben, er schwänzt die Schule“, er stiehlt und provoziert, um seine Entlassung aus einem Schülerheim zu erzwingen, in dem ihn seine geschiedenen Eltern untergebracht haben.

Solche Problemkinder machen die Teilnehmer ratlos. Das Schicksal dieser Schüler, nach der Schule arbeitslos zu werden, scheint besiegelt.

5.4.4. Widersprüchliche Rollenanforderungen

Durch den hohen Anteil von Problemkindern geraten Hauptschullehrer in eine Zwickmühle. Auf der einen Seite ist es ja durchaus noch so, daß schulische Leistungen zumindestens einem Teil der Schüler den Eintritt ins Berufsleben ermöglichen. Also ist es auch sinnvoll, ihnen

Wissen zu vermitteln, das sie auf den Beruf vorbereitet. Leistungskontrolle und Notensystem können dazu beitragen, daß ihre Ausgangschancen bei der Konkurrenz um knappe Lehrstellen und Arbeitsplätze verbessert werden. Aber was ist mit den anderen, den voraussichtlich Arbeitslosen, müßte für sie nicht der Unterricht ganz anders aussehen? Woran soll sich der Lehrer orientieren? Mit seiner eigenen Ausbildung, seiner Zugehörigkeit zu den Arbeitsbesitzenden, die für Leistungen bezahlt werden, mit seinen Werten, Sanktions- und Verhaltensmöglichkeiten steht er eindeutig auf der Seite der potentiellen Gewinner, obwohl doch die anderen seine Unterstützung viel nötiger bräuchten. Ja, er stellt fest, daß er an der gesellschaftlichen Polarisierung in zukünftige Arbeitslose und Arbeitsbesitzende beteiligt ist und nicht mehr wie früher nur darüber mitentscheidet, wer einen besseren und wer einen schlechteren Arbeitsplatz erhält.

Hannelore: „Und die, die dann rausfallen, die mehr oder weniger große Gruppe, die dann nicht mehr auftaucht, schon gar nicht mehr in den Tests, weil die schon aufgrund ihrer Vornoten nicht eingeladen werden, die, die machen dann ein schlechtes Gewissen." (5/13)

5.5. Reaktions- und Verarbeitungsformen

Wie reagieren die Hauptschullehrer auf den Druck der Probleme und die geschilderte Zwickmühle? Diese Frage möchte ich nach zwei Seiten hin betrachten. Einmal: Was berichteten die Teilnehmer über ihre Kollegen aus dem Schulalltag? Zum anderen: Wie reagierten sie selbst im Seminar auf die Konflikte, die auf den Bildern dargestellt wurden?

Im Schulalltag werde die Lage verdrängt, sowohl von den Lehrern als auch von den Schülern.

Wolfgang: „... sie [die Schüler] vertrauen eigentlich darauf, daß irgendwann sich die ganze Sache schon zum Besseren wendet ..." (3/18)

Matthias: „Es passiert aber schon eine ganze Menge, es passieren bestimmte Abläufe, Handlungsabläufe, Störungen, nur das wird auf anderen Kanälen abgeladen, und darüber zu sprechen ist äußerst schwierig, weil dann die eigene Fähigkeit oder Unfähigkeit [als Lehrer] zur Diskussion steht." (3/19)

Bernhard: „... an unserer Schule ... wo überhaupt keine Schüler mehr eine Lehrstelle bekommen: Das Thema wird schlicht verdrängt, sowohl von den Lehrern als auch von den Schülern selbst." (4/47)

Die Teilnehmer des Forschungsseminars zählen offensichtlich zu denjenigen, die das Thema nicht oder nicht mehr verdrängen wollen – sonst hätten sie sich nicht angemeldet. Wie gehen sie nun im Seminar mit den ausgebreiteten Schwierigkeiten um? Welche aktuellen Gefühle und Reaktionen werden durch die Bilder ausgelöst, auf denen die Gruppenmitglieder ihre Konflikte darstellen?

Gegen Ende der Bildbetrachtungsrunde häuften sich in der Gruppe Gewaltassoziationen. Nicht eindeutig gezeichnete Gegenstände wurden als „Zeitbombe ", „Drecksack ", „Kreissäge" und „Teufelskreis" identifiziert.

Ein Bild, das die Hauptschule als kleinen schwarzen Kasten mit vergitterten Fenstern neben der Realschule und dem noch größer gezeichneten Gymnasium – beide mit Blumen an den Fenstern – zeigt,

erhielt den Titel „Zeitbombe Hauptschule“. Ein Teilnehmer erläuterte dazu:

Michael: „Da ist schon ein Potential an Kraft drin, das irgendwann mal explodieren wird.“ (6/17)

Zugleich wurde assoziiert, daß die Gitter vor den Fenstern wohl etwas Gefährliches zurückhalten müßten.

Dies Gefährliche schien sich bei den weiteren Betrachtungen so zu verdichten, daß die Teilnehmer zum letzten Bild assoziierten: Der Lehrer wird angegriffen und schlägt zurück.

Bernhard: „Ich seh das als Kampf der beiden. Ich seh das gar als rechte Hand, die so kommt. Und die anderen gucken teilweise schelmisch interessiert.“
Christoph: „Ja, der Lehrer schlägt zurück.“
Wolfgang: „Ach, ja, jetzt sehe ich es auch. Das ist die Faust, die dem Lehrer an den Kopf geht.“
Christoph: „Ja, genau.“
Wolfgang: „Ah, jetzt seh ich das.“
Sebastian: „Die Beine hat er nur gemalt, damit's nicht so auffällt.“
Reinhard: „Basketballkorb.“

Matthias: „Schlägerei."
Volker: „Der Schüler nützt den Pferdsprung aus und kommt aus Versehen mit der Faust ins Gesicht."
Wolfgang: „Der Lehrer wird abgelenkt, extra abgelenkt. Einer wirft den Ball und lenkt den Lehrer extra dadurch ab." (7/26–27)

Der Maler, der nach diesen Assoziationen sein Bild erklärte, hatte etwas ganz anderes darstellen wollen. Er war von den Vorstellungen, die sein Bild in der Gruppe ausgelöst hatte, überrascht:

Harald: „Ja, das war toll. Das ist also ne ganz spannungsfreie Situation. … die ham da Buchstützen gemacht und die haben in der Phase, wo sie's lackiert haben, da hab ich denen gezeigt, daß da Rotznasen sind, und gezeigt, wie sie die wieder wegkriegen, ja, und der Schüler, der rote, der mir sehr viel Kummer macht, wenn er da ist, und mich sehr beschäftigt, Tag und Nacht mich begleitet, der kam also und drängt sich in die Situation rein und legt dabei den Arm von seiner grünen Bomberjacke in den Farbtopf, der umgekehrt auf dem Tisch liegt, damit keiner reinkommt. … und da hab ich gesagt, was machst du? Keinem passiert so was, nur dir. Woher kommt denn das? … Und das ist also ein Problem dieses Schülers, der schwänzt, die Eltern sind geschieden oder getrennt lebend … Der hat ein freches, selbstbewußtes Verhalten, der kennt genau die Grenzen, wie weit er gehen kann, der kann also zum Lehrer sagen, du Arschloch, lacht dir frech ins Gesicht, und der weiß ganz genau, wenn der die Nerven verliert und mir eine scheuert, dann zeig ich ihn an. Der beherrscht die Situation vollkommen. Und da hab ich ihn normal begrüßt, freundlich, komm her, ich zeig dir, was die anderen machen, ich helf dir auch, damit du den Anschluß kriegst." (7/28–29)

Der Teilnehmer berichtete dann weiter, daß es ihm gelungen sei, den Schüler zum Mitmachen zu bewegen und ihn in die Klasse zu integrieren. Leider seien aber seine Anstrengungen dennoch umsonst gewesen, weil der Schüler dann lange Zeit die Schule geschwänzt habe. Die Geschichte mit dem Farbtopf hatte noch ein Nachspiel. Eines Tages rief nämlich der Vater des Jungen in der Schule an und verlangte, den Lehrer zu sprechen. Nach diesem Telefongespräch sei ihm so richtig klar geworden, daß der Junge keine Chance habe.

Harald: „Der Vater hat sich also irgendwo unheimlich ins Zeug gelegt wegen dieser Scheißjacke, weil da 'n Farbfleck drauf war. Da hat der telefoniert und gemacht und getan und da Zinnober am Telefon veranstaltet wegen 'ner Scheißjacke [klingt verzweifelt], so 'ner Bomberjacke, so 'ne, aber den Jungen läßt er verrecken, und das ist das [bricht in Tränen aus], das ist komisch, das macht mich so fertig [schluchzt]." (7/33)

In der Identifikation mit dem Jungen erlebt der Teilnehmer Verzweiflung über die fehlende Liebe und die Sehnsucht danach. Der Ausdruck „verrecken" bezeichnet zugleich die Gewalt, die dem angetan wird, dem Liebe nicht gewährt wird.

Der emotionale Prozeß der Gruppe hatte zu einer Seminarsituation geführt, in der die Grenze der Belastbarkeit erreicht war. Was auf der Inhaltsebene anhand verschiedener Situationen berichtet wurde, wiederholte sich im Seminar: Der Lehrer verliert die Kontrolle. Jenseits dieser Grenze herrscht Gewalt und Verzweiflung. Die Gefühle polarisieren sich in Wut auf der einen, Hilflosigkeit auf der anderen Seite. Die Wut wird von den Gruppenmitgliedern ausgedrückt, die assoziieren, daß der Lehrer zurückschlägt. Die Verzweiflung bricht sich am Ende Bahn, als der Teilnehmer von dem Telefonat mit dem Vater des Jungen berichtet.

Daß der Lehrer die Kontrolle verliert, ist kein Einzelfall. Das letzte Beispiel steht für andere, die in den zwei Seminartagen berichtet und von den Kollegen mit Anteilnahme und Verständnis aufgenommen wurden. Jeder schien etwas Ähnliches zu kennen. Ich möchte das letzte Beispiel noch genauer betrachten, weil sich daran zeigen läßt, welche Anforderungen die Lehrerrolle mit sich bringt.

Das Protestverhalten von Schülern, sei es Verweigerung, sei es Störung, konfrontiert den Lehrer mit entgegengesetzten Bedürfnissen: mit Aggression und dem Wunsch nach emotionaler Zuwendung. Der

Teilnehmer beschreibt die entsprechende Verhaltensanforderung an den Lehrer so:

Harald: „Auf der einen Seite muß man ihm [dem Schüler] ganz deutlich zeigen: So geht's nicht; und das muß er auch kapieren, und auf der anderen Seite sofort ganz offen für ihn sein, um ihm zu vermitteln – ja, sagen wir's mal ganz einfach –, daß man ihn gern hat, daß man ihn akzeptiert, daß man ihm helfen will und daß man für ihn da ist." (7/31)

Auch der Lehrer ist in beiden Gefühlsbereichen gleichzeitig gefordert: In seiner Abgrenzungs- und seiner Zuwendungsfähigkeit. Wird ihm die Integration der widersprüchlichen Gefühle gelingen – wenn sie schon dem Schüler nicht gelingt? Oder reagiert er auf Aggressionen mit Gewalt? Die in der Runde erzählten Beispiele für Gewaltreaktionen und die im Seminar aktualisierten Gewaltphantasien zeigen, daß der Lehrer in der Hauptschule an eine Grenze gerät, an der auch die emotionale Integration seiner Persönlichkeit gefährdet ist. Wenn diese Grenze überschritten ist, brechen sich die Affekte unkontrolliert Bahn. Denken, Fühlen und Handeln fallen auseinander. Gewalt wird mit Gewalt beantwortet, zugleich herrscht Ohnmacht und Verzweiflung beim Lehrer und beim Schüler.

Kinder entwickeln ihre Persönlichkeit in der Bindung an Erwachsene und der Auseinandersetzung mit Erwachsenen. Unter der Voraussetzung einer positiven Bindung lernen sie, ihre ambivalenten Gefühle, Liebe und Haß, zu ertragen, und sie erfahren, daß Aggressionen das Liebesobjekt nicht zerstören können. In der Identifikation mit einer geliebten Person gewinnt das Ich jene Integrationsfähigkeit, die negative und zerstörerische Affekte an ihrer Verselbständigung hindert. Gerade dadurch, daß sie als zur Person gehörig erfahren werden können, ohne daß die Person oder das Liebesobjekt tatsächlich zerstört wird, wird ihre Integration in die reifende Persönlichkeit möglich.

Wo die Eltern aus sozialen oder ökonomischen Gründen, oder weil sie selbst Entwicklungsdefizite haben, für diese Aufgabe ausfallen, kommen die ambivalenten Bedürfnisse – ob er/sie will oder nicht – verstärkt auf den Lehrer bzw. die Lehrerin zu. Zugleich wissen Lehrer, daß sie den zu Hause fehlenden „emotionalen Hintergrund" nicht ersetzen können, so daß sie die Grenzen ihrer Wirksamkeit als Lehrer zu spüren bekommen.

Harald: „Ich bin also heute in der Lage, mit dem Jungen genauso, ihn genauso wieder anzunehmen, aber diese Situation dahinter, und da sieht man, da hat man keine Chancen; man hat keine Chance, gegen diesen Vater, gegen dieses Elternhaus da zu sein." (7/37)

Angesichts der Hilfsbedürftigkeit des Schülers, dem man nicht helfen kann, ist auch der Lehrer mit seiner eigenen Ohnmacht und Hilflosigkeit konfrontiert. So war am Ende der Bildbetrachtung von der eigenen Bedrohtheit und Gefährdung die Rede.

Brigitte: „Ich glaube, hier ist 'ne ganz große Gefahr. Wenn man nämlich zu sehr sich dann engagiert, dann kann man also wirklich kaputtgehen als Lehrer seelisch, d. h. man muß hier eine Linie finden und auch sicherlich 'ne Grenze, das mag jetzt komisch klingen, aber man muß sich selber abschirmen, sonst verkraftet man den Beruf nicht." (7/38)

Die Aussage läßt sich auf zwei Ebenen lesen: Einmal bezogen auf die Schulwirklichkeit, in der man sich abgrenzen muß, zum anderen bezogen auf die aktuelle emotionale Belastungssituation im Seminar, in der ja das Verdrängte und Abgeschirmte wiederbelebt wurde.

Welche Formen der Grenzziehung die Gruppe im Seminar fand, zeigt die „Aktion Klassenzimmer". Auf dem Hintergrund des bis dahin abgelaufenen Seminarprozesses wird sie als ein Versuch verständlich, mit den davon ausgelösten Gefühlen auf eine aktive Art und Weise fertig zu werden. Die Wut über die beruflichen Anforderungen und ausweglosen Verhältnisse ist in die Herausforderung an die Seminarleiter geflossen: Sie sollen die Lehrerrolle übernehmen. Die Teilnehmer ziehen sich demonstrativ auf Schülerrollen zurück.

5.6. Blick in den Spiegel: Die Seminarleiter als Lehrer

Wie erlebten nun die Forscher und Seminarleiter diese Herausforderung? Was ist aus ihren Gefühlen und Reaktionen über die Situation des Hauptschullehrers zu erfahren? Das Angebot der Gruppe an sie, die Lehrerrolle im Klassenzimmer zu übernehmen, war unübersehbar.

Die Leiter lehnten dieses Angebot auf der symbolischen Ebene deutlich ab, indem sie hinter „der Klasse“ auf den letzten Bänken Platz nahmen und von da aus die Bedeutung der Aktion hinterfragten. Sie forderten die Teilnehmer auf, sich der Gefühle bewußt zu werden und die Motive zu verbalisieren, die der Inszenierung zugrunde lagen. Das Gefühl der Hilflosigkeit und das Bedürfnis, sich durch eine Aktion vom Druck der Probleme zu befreien, war den Teilnehmern so bewußt, daß sie darüber sprechen konnten. Nicht besprochen werden konnte die Aggression gegen die Seminarleiter, die auch in der Aktion zum Ausdruck kam. Und zwar weder von den Seminarleitern noch von den Teilnehmern. Sie kam zum Beispiel auch in einem Angriff auf die Kompetenzen der Seminarleiter zum Ausdruck, weil sie nicht geholfen hätten, als der Teilnehmer in Tränen ausbrach.

Reiner: „Da schienen mir die Teamer auch etwas hilflos zu sein, an der Stelle, weil, mir fiel spontan der Filmtitel ein: ‚In der Zirkuskuppel ratlos‘, als ich dann darüber guckte. Ich hab das nicht gesagt, aber dasselbe Erleben hatten, glaube ich, viele. Daß wir berührt waren, angerührt waren und dann sicherlich darauf warteten, wer durchbricht nun diese Stille, die sich da so für jeden eingrub, und dann hab ich so nach rechts geguckt in der Erwartung, jetzt muß ja eigentlich was kommen von den Teamern, Profs, Profis und dann kam nichts, und da hat ich so diese Assoziation (8/25).

… ich hab mich an der Stelle auch gefragt, was ich gemacht hätte … ich wäre wahrscheinlich spontan hingegangen, hätte so den Arm um ihn gelegt, das wäre von Ihnen aus möglich gewesen [gemeint ist der Leiter] und hätte gesagt: ‚So hier, ich bin an deiner Seite‘, irgend so’n Signal gegeben.“ (8/27)

Während sich der Seminarleiter von diesem Vorwurf angegriffen fühlte und mit Rechtfertigungen reagierte, war die Leiterin in ganz anderer Weise betroffen. Ihr machten die grenzenlos scheinenden

Hilfserwartungen angst, die an die Leiter als quasi „Überlehrer" gerichtet wurden:

Reinhard: „Ich war hilflos, und ich gestehe mir auch zu, hilflos zu sein, denn die Erwartung an einen Lehrer, daß er alles kann, die ist einfach beschissen. Das kann er nicht ... Ich hab so die Erwartung an die Teamer, die eben auch so mit rauskam, dann die Profis, die machen das, die Erwartung, die auch am ersten Tag geäußert wurde, ich komme hierher, Fortbildung, ich will was lernen, da ist noch so ein besserer Lehrer, ein Überlehrer." (8/29)

Was auf den ersten Blick wie eine Idealisierung aussieht, verdeckt die darin enthaltene Aggressivität. Sie steckt darin, daß die „beschissenen Erwartungen", unter denen man selbst als Lehrer täglich zu leiden hat, nämlich daß der Lehrer alles kann, nun gegen die Seminarleiter gerichtet werden.

Die unterschiedliche Betroffenheit der Leiter von den emotionalen Themen der Gruppe ließ sich erst sehr viel später bei der Auswertung des Materials als – in sich ambivalente und zugleich miteinander konkurrierende – Anforderungen an die Lehrerrolle verstehen. Auf der einen Seite wenden sich Schüler mit ihren Hilfs- und Versorgungswünschen an den Lehrer. Das bringt ihn in die Position des idealisierten, allmächtigen Gebenden. Auf der anderen Seite stellen sie aber auch seine Macht auf die Probe und in Frage.

Vor der Schulklasse steht in der Regel nur eine Person, die mit beiden Beziehungsangeboten umgehen muß. Wie und mit welchen Konsequenzen das einem Lehrer gelingt, zeigt das Rollenspiel, das im zweiten Teil des Seminars inszeniert und analysiert wurde.

5.7. Handeln im Rollenspiel

War bisher anhand der Bilder über Konflikte aus der Hauptschule berichtet und diskutiert worden, sollten diese Konflikte nun im Rollenspiel simuliert werden, um typische Handlungsabläufe gemeinsam analysieren und Alternativen überlegen zu können. Dazu war eine Entscheidung nötig, was in den Mittelpunkt der Weiterarbeit gerückt werden sollte. Die Teilnehmer einigten sich auf das Thema „Der hilflose Lehrer“ und ein Rollenspiel, in dem nichts festgelegt sein sollte. Vielmehr sollte alles genauso unbestimmt sein wie in der Realität.

Harald: „... keiner weiß, was, wer, wie machen oder nicht machen wird. Das gilt für alle Beteiligten innerhalb der Situation.“ (10/4)

Matthias: „... das soll wahrscheinlich zum Konflikt kommen mit 'nem Schüler. Welcher Art, das wissen wir nicht so richtig. Es kann eventuell bei 'ner Handgreiflichkeit enden, kann, muß aber nicht.“ (10/4)

Ein Teil der Gruppe übernahm aktiv die Spielgestaltung, während ein anderer Teil beobachtete. Der Lehrerdarsteller wurde durch das Los bestimmt. Es traf einen männlichen Teilnehmer. Die anderen Spieler stellten die Schüler einer Klasse dar. Der Seminarraum wurde erneut zum Klassenzimmer umgestaltet. Dann entwickelte sich das Spiel spontan ohne weitere Absprache. Es wurde eine Vertretungsstunde und zugleich eine „Überlebensstunde“ für den Lehrer, die nach etwa 20 Minuten nach einer Intervention der Leitung vom Lehrer des Rollenspiels beendet wurde.

5.7.1. Spiel und Realität

In dem Spiel kam beinahe alles vor, was zuvor mit den Bildern als schwierige Unterrichtsbedingungen angesprochen wurde: Das Liebespaar, der türkische Junge, der sich nicht zurechtfindet, Schüler, die nichts dabei haben, die rücksichtslos schwätzen, aggressives Gerangel, brave Schüler, die Unterricht erwarten, und solche, die ihn stören, Angriffe auf den Lehrer, Provokation seiner Autorität, Wünsche nach Aufmerksamkeit, Zuwendung und Orientierung. Die besondere Schwierigkeit für den Lehrer bestand darin, daß alles gleichzeitig passierte.

Nach dem Spiel hieß es: Das ging ja „Schlag auf Schlag“. Die geballte Ladung der Probleme, die in dem Rollenspiel auf den Lehrer zukam, wurde in der Gruppe einerseits als „typisch, nur noch aggressiver“ bezeichnet, andererseits aber auch in ihrem Realitätsgehalt in Frage gestellt. Es seien ja in Wahrheit Lehrer, die sich verhalten hätten, und nicht Schüler, und insofern würde die „echte Motivierung" des Verhaltens fehlen.

In der Tat bildet ein Unterrichtsrollenspiel von Lehrern nicht die Schulwirklichkeit so ab, wie sie ist, sondern so, wie sie von Lehrern subjektiv erlebt wird. In den Rollen der Schüler stellen die Teilnehmer das Verhalten dar, das ihnen als Lehrer Schwierigkeiten bereitet. Darin kennen sie sich allerdings bestens aus. Das, was als Schülerverhalten gezeigt wird, sagt also weniger über die Welt der Schüler aus als über die der Lehrer. Aber so ist es ja auch im Unterricht. Der Lehrer reagiert auf das, was er subjektiv wahrnimmt, und auf die Gefühle, die es in ihm auslöst. Natürlich versucht er, dem Schüler gerecht zu werden, aber auch das kann er nur, soweit er sich in ihn hineinversetzen und sein Verhalten verstehen kann.

Wie die Teilnehmer hinterher berichteten, hatten sie sich teils in Schüler eingefühlt, die ihnen besondere Schwierigkeiten machen, teils hatten sie ihre eigenen früheren Schülerrollen wieder eingenommen.

5.7.2. Der Spielverlauf (Zusammenfassung)

Der Lehrer kommt zu spät in die Klasse, weil er auf dem Weg dorthin noch einen Unfall zu versorgen hatte. In der Klasse weiß niemand, was man jetzt für eine Stunde hat und ob Hausaufgaben zu machen waren. Als der Lehrer eintrifft, fragt er zuerst nach dem fehlenden Klassenbuch, schreibt dann seinen Namen an die Tafel. Nach ihm treffen noch zwei Schüler ein. Der eine ist ein türkischer Jugendlicher, der von den anderen beschimpft wird. Der Lehrer bittet die Schüler, ihren Namen auf einen Zettel zu schreiben. Eine Schülerin hat keinen Stift und bekommt den des Lehrers. Aber es haben noch mehr Schüler keinen Stift zum Schreiben. Es beginnt ein die ganze Stunde anhaltendes Ringen um „den Kuli", den sich die Schüler teils gegenseitig wegnehmen, teils vom Lehrer fordern. Die Schüler fordern aber auch Unterricht. Der Lehrer schreibt das Thema „Lebenslauf" an die Tafel, was mit Protest in der Klasse quittiert wird. Ein Schüler hat bereits eine Lehrstelle und weigert sich mitzumachen, kümmert sich aber intensiv um seinen türkischen Nachbarn. Die anderen, die mitschreiben wollen, was der Lehrer an die Tafel schreibt, stellen erneut fest, daß sie nichts zum Schreiben dabei haben. Der Lehrer entwickelt an der Tafel ein Beispiel für den

Beginn eines Lebenslaufs und bittet einen Schüler, es fortzusetzen.

Der türkische Schüler versteht überhaupt nichts und erhält intensive Beratung von seinem Nebenmann. Inzwischen stehen zwei Sätze an der Tafel, die der Lehrer besprechen will, was ihm wegen der Unruhe in der Klasse aber nicht gelingt.

Die Jungen rangeln mit den Mädchen um einen Zettel, auf dem ein Liebespaar genannt ist. Der Lehrer verteilt an jeden ein Blatt Papier, damit sie abschreiben können, was an der Tafel steht. Das löst erneut den Kampf um den Kuli aus.

Ein Mädchen fragt den Lehrer, ob sie aufs Klo gehen dürfe. Ein Junge schleicht ihr hinterher. Zwischen zwei Schülern kommt es zu Handgreiflichkeiten, weil der eine dem andern den Weg versperrt. Der Lehrer wird zu Hilfe gerufen.

Dem türkischen Schüler ist schlecht vor Hunger. Der Lehrer geht mit ihm ins Sekretariat, um ihm etwas zu essen zu besorgen. Allein gelassen sind die Schüler recht ruhig, sie verhindern, daß ein Mitschüler abhaut.

Der Lehrer kommt mit dem Türken zurück und fordert von einem Schüler seinen Stift. Er gibt seiner Meinung über die Klasse Ausdruck: „Jetzt weiß ich auch, warum der Kollege pensioniert worden ist, vorzeitig." Das führt zu einer Eskalation der Angriffe auf seine Person, zugleich wird seine Lehrerrolle eingefordert.

Der Lehrer gibt, was im Unterricht nicht gelungen ist – den Lebenslauf –, als Hausaufgabe auf, was Protest hervorruft. Am Schluß ermahnt er die Schüler, ihre Sachen zu packen und die Stühle ordentlich hochzustellen und holt noch die zurück, die diese Aufforderung mißachten. Die Schülerin legt den Stift des Lehrers auf dessen Pult zurück, der türkische Jugendliche lädt seinen hilfreichen Mitschüler zum Essen ein.

5.7.3. Spielinterpretation: eine Überlebensstunde

Bei der Interpretation dieses komplexen Geschehens geht es mir nicht darum, den Lehrer in seinem beruflichen Können zu beurteilen, sondern darum, zu verstehen, was die Lehrerkollegen mit verteilten Rollen – einer in der des Lehrers, die anderen in Schülerrollen – über ihre Wirklichkeit und den Umgang mit dieser mitteilen.

So unübersichtlich der Ablauf scheint, es gibt einen roten Faden.

In immer wieder neuen Variationen geht es um den Stift des Lehrers. Ausgelöst wird dieses Thema am Anfang der Stunde durch die Zuwendung des Lehrers zu einer Schülerin.

Lehrer:	„Ach, nehmt doch mal bitte einen Zettel raus und schreibt mir jeder so seinen Namen auf, damit ich weiß, mit wem ich es zu tun hab." (Geht zum linken vorderen Tisch, steht Schülerin 1 gegenüber)
Schülerin 1:	„Ich hab' keinen Stift."
Lehrer:	„Na, komm, nimm meinen." (legt seinen Stift auf den Tisch der Schülerin) (Rollenspieltranskript, S. 1)

Da die wenigsten Schüler dieser Klasse einen Stift zum Schreiben haben, wird der Stift einmal zu einem Symbol des Mangels am Notwendigsten, zum anderen zu einem Symbol der Zuwendung durch den Lehrer.

Schüler 1:	„Ich hab' nichts zum Schreiben."
Schüler 2:	„Soll ich das abschreiben?"
Schüler 3:	„Wir machen Partnerarbeit. Ich schreib' das ab."
Schüler 2:	„Ja gut."
Schüler 4	meldet sich ganz intensiv.
Lehrer:	„Kannst du die Schnipserei nicht lassen, die geht mir auf den Keks."
Schüler 4:	„Ich melde mich."
Lehrer:	„Ja?"
Schüler 4:	„Ich brauch 'n Kuli."
Lehrer:	„Du brauchst 'n Kuli?"
Schüler 4:	„Mit der rede ich nicht."
Lehrer:	„Ich hab' keinen mehr, ich habe meinen schon verliehen. Hat mal jemand einen Kuli für ihn?"
Mustafa:	„Ich auch keinen Kuli."
Schüler 3:	„Der klaut immer Kulis, dem würde ich sowieso keinen geben." (Alle reden durcheinander.)
Schüler 2:	„Bei jedem Lehrer macht er das so."
Schülerin 2:	„Ich hab' ihm gestern schon einen gegeben."

Schüler 1: „Ach kommt, jetzt mault doch nicht, immer auf den Mustafa verflixt nochmal."

Schüler 4: „Dann schreibe ich auch keinen Lebenslauf hier." (Rsp., S. 5)

Solche Szenen wiederholen sich noch öfter. Immer wieder scheitert der Unterricht an den fehlenden Voraussetzungen. Zugleich wird dargestellt, daß der Lehrer, der sich einem Schüler zuwendet, um den Mangel zu beheben, eine kritische Dynamik in der Klasse auslöst. Alle wollen und brauchen die Zuwendung des Lehrers, um die während des gesamten Spiels aggressiv gerungen wird, teils mit Provokation, teils mit Verweigerung. Die Aktionen der Schüler richten sich an und gegen den Lehrer, und auch auf der Schüler-Schüler-Ebene haben die Interaktionen doppelten Boden: Sie sind sowohl werbend aneinander als auch gegeneinander gerichtet.

Die existentielle Dimension des vorherrschenden Mangels wird im Rollenspiel durch die Figur des türkischen Jugendlichen ausgedrückt. Ihm wird in der Stunde schlecht vor Hunger. Zugleich wird er – in der schlechtesten und hilflosesten Position – als Sündenbock für den Mangel verantwortlich gemacht („der klaut immer Kulis").

Mustafa: „Hast du was zu essen?"

Schüler 1: „Hier, ich habe nichts." (zum Lehrer) „Hier, der Kerl hat Hunger, der kann nicht schreiben, der kann noch nicht mal Lebenslauf abschreiben."
(Der Lehrer ist inzwischen zur Bank von Schüler 1 und dem türkischen Schüler gegangen).

Mustafa: „Du haben was zu essen?"

Lehrer: „Leider habe ich selbst kein Frühstück mit." (Rsp., S. 10)

Bei der Auswertung des Rollenspiels sagte der Lehrer über seine Schwierigkeiten, Unterricht zu geben:

Reinhard: „Ich wußte also, ich konnte keinen Chemieunterricht machen, den ich gelernt habe ... Grad mit Chemiekursen, da muß ich Futter geben ... Ich war damit beschäftigt, da wenigstens die Tafel reinzuschleppen, hatte zum Glück diesen Stift vorher eingesteckt, ich hab auch immer Kreide in der Tasche ..." (10/18)

In Erinnerung an Unterrichtssituationen fielen den anderen Teilnehmern im Auswertungsgespräch Beispiele dafür ein, daß es öfter vorkommt, daß den Schülern im Unterricht schlecht wird. Als Lehrer weiß man es nicht so genau, ob die Bauchschmerzen Hunger oder Wut bedeuten. Der Sprachgebrauch des Lehrerdarstellers im Rollenspicl „da muß ich Futter geben" bezeichnet, welche Grundbedürfnisse und Anforderungen im Hauptschulunterricht auf den Lehrer zukommen. Im Spiel kommt der Lehrer spontan auf die Idee, an jeden ein Blatt Papier auszuteilen, obwohl hierfür gar keine Notwendigkeit besteht. Es wirkt wie ein Kompensationsangebot, mit dem sich der Lehrer vor dem „Hunger" der Klasse rettet. Doch es nützt alles nichts. Die Schüler meinen ihn als Person, seine Aufmerksamkeit und Zuwendung, und nicht das Papier, den Stift oder den Unterrichtsgegenstand. Eine Teilnehmerin im Auswertungsgespräch:

Hannelore: „Denen geht es doch primär mal ums Drankommen und um die direkte Beziehung zum Lehrer, aber nicht um den Unterrichtsgegenstand, und da muß man sie frustieren." (13/6)

Denn dem Lehrer müsse es primär um den Unterrichtsgegenstand gehen.

Rivalität und Sexualität

Wie das Rollenspiel zeigt, hat es der Lehrer nicht nur mit dem Wunsch nach Zuwendung zu tun. An ihn richten sich ebenso Wünsche nach Orientierung und Führung wie aggressive Impulse.

Schüler 3: „Wann fangen wir denn mit dem Unterricht an?"
Lehrer: „Der hat schon angefangen."
Schüler 3: „Ja, wann machen wir denn Unterricht?"
Lehrer: „Kann ich die Frage mal weitergeben? Ja, wann wollen wir denn anfangen?"
Schüler 4: „Wollen? Sie wollen doch anfangen, oder?"
Lehrer: „Ich muß. Also Klassenbuch habt ihr keins – ich hätte heute eingetragen in das Klassenbuch Thema: Lebenslauf."

Die Klasse:	Großer Protest in der Klasse: „Schon wieder, nein, das hatten wir doch schon, ach, Mensch, bloß keinen Lebenslauf." (Rsp., S. 4)

Die Autorität des Lehrers wird herausgefordert und abgelehnt, wobei sich insbesondere die Jungen der Klasse beteiligen.

Lehrer:	„Jetzt weiß ich auch, warum der Kollege pensioniert worden ist, vorzeitig."
Schüler 4:	„Wann wollen Sie denn in Pension, Herr Hummel?"
Schüler 1:	„Das schaffen Sie auch noch."
Lehrer:	„Wie bitte?"
Schüler 4:	(sehr artikuliert) „Wann wollen Sie denn in Pension, Herr Mummel?"
Schüler 2:	„Der hat schon was geschnallt." (Gelächter)
Schüler 1:	„Erst tun se nichts und nach der Pension tun se gar nichts." (Gelächter) „Ein Mordsunterschied ist das."
Schüler 4:	„Ei, was verdienen Sie dann, Herr Gummel?" (Rsp., S. 13)

Das Spiel mit dem Namen des Lehrers zielt darauf ab, ihn in seiner Person zu verletzen, ihn herabzuwürdigen und vor der Klasse lächerlich zu machen. Die aggressiv rivalisierenden Angebote der Jungen an den Lehrer finden ihren Höhepunkt, als einer der Schülerdarsteller den Lehrer mit „du" anredet. Dieser Schüler verweigert demonstrativ die Mitarbeit im Unterricht, zugleich macht er dem Lehrer dadurch die Rolle streitig, daß er seinem türkischen Mitschüler eine Art Nebenunterricht erteilt. Der Vorwurf an den Lehrer, daß dieser doch hier schließlich für den Unterricht zuständig sei, treibt die Ambivalenz auf die Spitze. Es geht dem Jungen offensichtlich darum, den Lehrer als Rivalen herauszufordern, um auszuprobieren, wie weit es gelingt, ihn klein zu machen. Zugleich wird aber auch seine Zuwendung und Gerechtigkeit eingefordert.

Dies Spiel der Jungen mit dem Lehrer ist im Zusammenhang mit dem Verhalten der Mädchen zu sehen, das in der simulierten Unterrichtsstunde dargestellt wird. Die Attacken der Jungen zielen darauf, die Aufmerksamkeit des Lehrers und die Aufmerksamkeit der Mädchen auf sich zu ziehen.

(Schüler 4 hat sein Papier zerknüllt und nach vorne zu den Mädchen geworfen.)

Schülerin 1: „Eh, Mensch!"
Schüler 4: „Haben Sie gesehen, wie die angefangen hat?"
Schülerin 1: „Haben Sie gesehen, der macht das immer so!"
Schüler 4: „Halt doch's Maul, Mädchen."
Schülerin 1: „Ach, Mensch, leck mich."
Schüler 4: „Alte Kuh."
Schülerin 1: „Blöder Depp." (Rsp., S. 4)

Auch den Mädchen geht es um die Aufmerksamkeit des Lehrers und der Mitschüler des anderen Geschlechts. Doch sie provozieren auf andere Weise. Sie sitzen gelangweilt herum, kämmen sich demonstrativ die Haare, schreiben Liebesbriefe unter der Bank und lassen sie sich von den Jungen entreißen. Daß die Aktionen zugleich an und gegen die Autorität gerichtet sind, zeigt eine Fehlleistung, mit der plötzlich die fiktive Welt des Rollenspiels und die Seminarrealität vermischt werden. Als der Schüler den Liebesbrief der Mädchen ergattert hat, liest er laut vor:

Schüler 4: „Wolfgang und Frederike begegneten sich im Dunkeln." (dann fügt er hinzu) „Die Ute wird sich freuen." (Rsp., S.10)

Ute ist der Vorname der Seminarleiterin. Die Anspielung auf die Autorität der Leiterin war, wie sich hinterher herausstellte, dem Rollenspieler nicht bewußt. Im Kontext der simulierten Lehrer-Schüler-Beziehungen bedeutet der Hinweis, daß die Autorität auf etwas aufmerksam gemacht wird, über das sie sich vermutlich nicht freuen wird: ein Schüler und eine Schülerin gehen im Dunkeln ihre eigenen Wege. So ist das zweite emotionale Thema, das in dieser Unterrichtsstunde dargestellt wird, wie Schüler und Schülerinnen in der Hauptschule den Lehrer in ihre entwicklungsbedingte Geschlechtsrollenproblematik miteinbeziehen. Die sexuelle Identitätsfindung wird mit der Autorität, an der Autorität und gegen die Autorität erprobt, weil ihr demonstriert werden muß, daß man erwachsen wird. (Vergleiche zu diesem Aspekt ausführlicher den Bericht von Christian Büttner 1988).

Weil das Los der Hauptrolle von einem männlichen Teilnehmer gezogen wurde, zeigt das Rollenspiel, wie ein Lehrer mit diesem

Thema gefordert ist: Die Aktionen der Mädchen sprechen den Lehrer als Mann an, stellen aber seine Autorität als Lehrer in Frage. Die Aktionen der Jungen zielen darauf ab, den Lehrer als Mann und als Autorität anzugreifen.

Überlebensstrategien des Lehrers

Wie geht nun der Lehrer mit der Notsituation der Klasse und den ambivalenten und komplexen Anforderungen an seine Person um? Einfühlend kommentierte ein Kollege nach dem Spiel

Christoph:	„Also ich fand, daß Du unter einer ungeheuren Spannung standest, ... das hat etwas mit der Lernsituation zu tun eines Lehrers, wo aus jeder Ecke praktisch eine Anforderung auf ihn einstürzt und er permanent überfordert ist.“ (11/11–12)

Diese Überforderung signalisierte der Lehrer der Klasse schon vor seinem Eintreffen: Er hat noch einen Unfall zu versorgen. Die Klasse muß also mit ihren Wünschen an den Lehrer erst einmal zurückstehen.

Für den Lehrerdarsteller war diese Idee, wie der Teilnehmer bei der Auswertung erklärte, eine Möglichkeit, die Stunde zu verkürzen. Er ergreift sie ein zweites Mal, als er mit dem türkischen Schüler zum Sekretariat geht, um ihm etwas zu essen zu besorgen. Die Zuwendung zu einem Schüler erlaubt es ihm, sich den Ansprüchen aller anderen zu entziehen. Das verschafft dem Lehrer Luft und zwingt die Klasse dazu, ihre Spannung selbst zu regulieren. Während der Lehrer draußen ist, ist es erstaunlich ruhig in der Klasse.

Schüler 4:	„Ich bin so fertig, ich bin so fertig.“ (Auch an den anderen Tischen unterhalten sich die Schüler. Schüler 1 dreht sich zu Schüler 2 und Schüler 3 um, Schüler 4 steht auf.)
Schüler 4:	„So, Leute, ich geh heim, mir langt's.“
Schüler 1:	„Hierbleiben, sonst macht der wieder nen Mordsstunk.“
Schülerin 2:	„Komm, mach keinen Mist, bleib hier.“
Schüler 4:	„Ich geh jetzt.“
Schülerin 2:	„Es gibt doch nur wieder Ärger, bleib doch hier.“

Schüler 2:	„Wo willste denn hin?“
Schüler 3:	„Der hat dir das das letzte Mal gesagt, ich glaub, das ist es, der ist doof, der wird zum Direx gehn.“
Schüler 4:	„Was soll ich denn machen, ich hab keine Lust.“
Schülerin 2:	„Setz dich hin.“ (Er setzt sich wieder auf seinen Platz)
Schüler 3:	„Der macht das, der geht wieder zum Direx und ...“
Schüler 1:	„Ja, das kriegste doch auch noch rum.“
Schüler 3:	„Laß ihn doch rumhampeln.“
Schüler 2:	„Laß den Spinner doch.“ (Rsp., S. 12)

In den Rollen der Schüler hatten die Teilnehmer – wie sie nach dem Spiel berichteten – das Gefühl, beim Lehrer überhaupt nicht angekommen zu sein.

Matthias:	„Ich fand's ungemein anstrengend, die Rolle des Schülers zu spielen ... der nimmt einen überhaupt nicht wahr.“ (10/19)
Marianne:	„Wir haben nicht abgeschrieben, wir haben nichts gemacht, uns halt mit uns beschäftigt, während er [gemeint ist der Lehrer], ich weiß nicht, wo er war, also er hat nicht reagiert ... und das war furchtbar langweilig. Mußte man sich ständig wieder in Szene setzen, damit er einen sieht.“ (10/21)
Frederike:	„Einfach das Gefühl, es wird ja auf mich auch gar keine Rücksicht genommen. Ich kann machen, was ich will ... man reagiert nicht auf mich.“ (10/24)

Zugleich sei dies Nichteingehen auf die Kontaktangebote der Schüler „sehr entwaffnend“ gewesen.

Matthias:	„Er [gemeint ist der Lehrer] hat aufgrund seines Agierens wenig Angriffsmöglichkeiten geboten ... ich hab mich sehr bemühen müssen, aggressiv zu werden.“(10/19)

Ähnlich ging es einem anderen Teilnehmer, der sich vorgenommen hatte, einen besonders renitenten Schüler zu spielen.

Klaus-Peter: „Also, ich konnt's eigentlich nicht so durchhalten, wie ich gerne gewollt hätte, wo er mir ja auch gar keine Angriffsflächen geboten hat. Der hat ja immer schon abgewinkt nach dem Motto: Na, ja, wenn du nicht willst, dann mach doch, und dann laß ich dich halt gehen." (10/25)

Wie macht der Lehrer das, keine Angriffsfläche zu bieten? Er tritt den Schülern nicht als jemand gegenüber, der sich mit seiner Rolle als Lehrer identifiziert und unterrichten will, sondern als jemand, der die Unlust der Schüler in der Zwangsinstitution Schule teilt.

Schüler 3: „Ja, wann machen wir denn Unterricht?"
Lehrer: „Kann ich die Frage mal weitergeben? Ja, wann wollen wir denn anfangen?"
Schüler 3: „Wollen? Sie wollen doch anfangen, oder?"
Lehrer: „Ich muß ... ." (Rsp., S. 4)

Diese Selbstdefinition wird durch die Art und Weise des Lehrers, auf Störungen zu reagieren, unterstrichen. Zum Teil übergeht er sie einfach, selten reagiert er abgrenzend und zurechtweisend; wenn es ihm zuviel wird, begibt er sich anklagend in die Rolle des Opfers.

Lehrer: „Eins ist ja gut, ich muß euch heute nur eine Stunde ertragen, aber die anderen hier tun mir ja leid, ne, sechs Stunden am Tag." (Rsp., S. 6)
Lehrer: „Jetzt weiß ich auch, warum der Kollege pensioniert worden ist, vorzeitig." (Rsp., S. 13)

Der Sinn dieses Unterrichtsstils, keine Angriffsfläche zu bieten, wird an den Äußerungen nach dem Spiel verständlicher. Die Spieler berichten über die Spannung, die sie gefühlt haben:

Frederike: „Ich hab auch in mir selbst so eine Spannung gefühlt, daß jetzt noch etwas kommt, das noch irgend etwas explodiert." (14/5)
Elke: „Ich habe schon an den Eklat gedacht, aber ich hatte auch Angst vor. Ich war froh, daß die Stunde zu Ende war ... daß es dann nicht dazu kam." (14/14)

Diesen Erwartungen und Befürchtungen der Schüler entspricht das Gefühl des Lehrers, einem ungeheuren Druck ausgesetzt gewesen zu sein.

Lehrer: „Ich bin ja auch da rausgegangen, um einfach, um mal Luft zu schnappen … schon war dieser Deckel wieder drauf, und da war dieser Schülerdruck, das war heiß von außen und dann geht innen gleich wieder …" (14/4)

Dennoch hat der Lehrer weder den Unterricht abgebrochen, noch ist er schreiend rausgelaufen. (Einem Kollegen schienen dies die einzigen Verhaltensmöglichkeiten in der Situation.) Dem Lehrer gelingt es vielmehr, den Druck unter Kontrolle zu halten, die Explosion zu verhindern, es nicht zum Eklat und zur Eskalation kommen zu lassen: Darin besteht die Leistung dieses Unterrichts.

Es war eine „typische Überlebensstunde", kommentierten die Teilnehmer hinterher. Der Lehrer ist einigermaßen über die Runden gekommen, wenn auch Unterricht nicht stattgefunden hat. Was durch sein Verhalten vermieden wurde und wie es hätte anders ausgehen können, wissen die Teilnehmer aus dem eigenen Schulalltag.

Bernhard: „Ich denke, daß aus irgendeinem Grund die aggressiven Anteile, die da so zweifellos drin waren, daß ich da mal einem eine scheuere oder daß ich auch schreien kann in einer Klasse, die sind irgendwie, die waren nicht da. Und irgendwie hab ich das auch gemerkt."

Hannelore: „Die wären aber vielleicht rausgekommen, wenn er auch aggressiver gewesen wäre."

Sebastian: „Also, wenn er autoritär reagiert hätte, hätte es auf jeden Fall einen Schlag getan." (14/15)

Unter Verzicht auf die Durchsetzung seiner Funktion und Autorität als Lehrer vermeidet es der Darsteller, sich mit den aggressiven Impulsen der Klasse auseinanderzusetzen, die offen von den Jungen agiert werden. Er nimmt deren Herausforderung nicht an. Daß er gleich zu Beginn der Stunde seinen Stift an eine Schülerin abgibt, signalisiert einmal seine Beziehung zu den Mädchen, läßt sich im Zusammenhang der Rollen- und Autoritätsthematik aber auch als Selbstentmachtung verstehen. Dazu paßt auch, daß er zu Beginn der Stunde die „dreckige Tafel“ selbst wischt, obwohl er zuvor die Schüler dazu aufgefordert hatte und eine Schülerin tatsächlich diese Aufgabe übernehmen wollte.

So gehen die Angebote und Angriffe, die der Autorität und dem mächtigen männlichen Rivalen gelten, ins Leere, und auch die Versorgungswünsche bleiben offen, weil der Lehrer – in seinem eigenen Bewußtsein – nichts zu geben hatte. Aus dem Auswertungsgespräch:

Harald:	„Was ich von dir [gemeint ist der Lehrer] eigentlich gern noch wissen möchte: Wie bist du emotional und gedanklich damit umgegangen, daß du eigentlich nichts für den Unterricht hattest?“
Reinhard:	„Ich habe etwas gemacht, was man mit den Krükken, die ich mithatte, machen kann, und meine Krücke war, die ich noch schnell angeschleppt habe, war die Tafel. Man hätte auch Video einsetzen können.“
Christoph:	„Ich sehe es ein bißchen anders. ... Ich denke, wenn du da gezeigt hättest, jetzt mal für alle erkennbar, hier ist ein Punkt, da kann ich jetzt nicht mehr, das läuft nicht ... also, wenn geschrien wird, daß du sagst, verdammt noch mal, ich mach jetzt nicht mehr so weiter, ich will jetzt, daß hier etwas anderes läuft, nur als Beispiel.“
Reinhard:	„Ich hab doch nix anzubieten. Was soll ich denn sagen? Es muß anders werden?“ (14/23)

Bei den Schülern stellte sich das entsprechende Gefühl der Öde, Leere und Langeweile ein, das wiederum die Sehnsucht nach Aktion hervorrief. Denn die Wut über den Mangel und die Lust an der Herausforderung bleiben ja ebenso bestehen wie die Wut des Lehrers, der darauf verzichtet, sich zu wehren. Das Unterdrückte macht sich als Druck bemerkbar – beim Lehrer und beim Schüler.

Der Lehrerdarsteller, der die Stunde überlebt hat, ohne daß sich die Aggression in ihm und an ihm entladen hätte, dem es vielmehr gelungen ist, diesen Druck unter Kontrolle zu halten, ist hinterher „fix und fertig“. Er hätte es als Niederlage empfunden, wenn er explodiert wäre. Dann hätte ja nicht mehr er die Kontrolle gehabt, sondern den Schülern wäre es gelungen, ihr Ziel zu erreichen: „eine Explosion vom Lehrer“ mitzuerleben. Die Kontrolle über die Aggresssion aber zu behalten war wohl das wichtigste Ziel der fiktiven Unterrichtsüberlebensstunde.

Reinhard: „Ich wollte noch mal etwas fragen: Ich war ja in der Situation drin. Einige haben auch gesagt, da haben sie gewartet, daß etwas passiert. Ich weiß nicht, wenn ich also jetzt so eine Explosion vom Lehrer miterlebe als Schüler, dann macht er doch das, dann hab ich doch erreicht [was ich wollte]. Du hast gesagt, den kriegen wir aber auch noch dahin und dahin, wo ihr wollt, da geh ich dann hin." (14/23)

5.8. Auf der Suche nach Alternativen

Während sich die Teilnehmer bei der Analyse des Rollenspielgeschehens noch einig waren, gingen die Meinungen bei der Beurteilung des Lehrerverhaltens und bei der Suche nach Alternativen auseinander. Einerseits wurde der Lehrerdarsteller kritisiert, daß er nicht versucht habe, die Schüler stofflich zu packen. Er habe sich in Einzelkämpfe verwickelt und sich nicht als Lehrer mit einem Unterrichtskonzept der ganzen Gruppe gegenübergestellt. Andererseits wurde bemängelt, daß er nicht wirklich Beziehungen aufgenommen, sondern Kontakt angeboten und wieder abgebrochen habe.

Entsprechend sehen die Vorstellungen aus, die die Kollegen entwickelten, um es zu so einer Situation wie im Rollenspiel nicht kommen zu lassen. Sie gingen in entgegengesetzte Richtungen: Ein Teil der Gruppe vertrat die Auffassung: Man brauche als Lehrer ein „übergreifendes Instrumentarium" und müsse versuchen, den Schülern eine „Unterrichtsstruktur" anzubieten. Bei 30 Kindern könne man nicht auf jedes persönlich eingehen und im Unterricht quasi therapeutische Beziehungsarbeit leisten. Ein anderer Teil der Gruppe sah gerade hierin die Aufgabe des Hauptschullehrers.

Volker: „... daß bei den Schülern der sogenannte emotionale Kern absolut leer ist, schon seit Jahren überall. Ja, und wer füllt den denn? Da müssen wir uns doch ein Stück mit einbringen und versuchen, ihn zu füllen ... Für mich persönlich: Stoff steht nie im Vordergrund." (15/44)

Alle Versuche, Brücken zwischen beiden Positionen zu finden, schlugen fehl, die Gruppe polarisierte sich. Der „Scheidepunkt" wird in folgendem Zitat deutlich benannt.

Hannelore: „Du mußt irgendwo als Lehrer auch, oder ich als Lehrer stelle meine Sache in den Vordergrund. Ich sehe diese Signale, aber ich gehe da nicht auf jede Kleinigkeit ein, weil es auch ein Eingriff in die Privatsphäre der Schüler ist. Das meine ich schon."

Matthias: „Der eine Satz von dir, das ist für mich ein Schlüsselsatz. Du sagst, ich muß irgendwo auch die Lehrerrolle als Stoffvermittler wahrnehmen, ich kann nicht ständig auf so filigrane [Sachen] eingehen, und da ist nun der Scheidepunkt. Was tue ich? Also ich habe mich dafür entschieden, diesen Stoff erst mal wegzulassen, und versuche, über die Beziehungsebene erst einmal zu arbeiten." (15/ 28)

Worum es auf einer tieferen – emotionalen – Ebene bei dieser Frontstellung gehen könnte, deuten die Bilder an, die dafür in der Gruppe gefunden wurden.

Winfried: „Es gibt in den Lehrerzimmern überall, wo ich drin gewesen bin, zwei Fraktionen, die Harten und die Weichen ... [ich will] keine Wertigkeit zwischen den harten und den weichen Lehrern sehen, der harte ist moralisch schlechter, weil der halt mal auf den Putz haut, sondern im Prinzip gehe ich erst mal davon aus, eher umgekehrt, daß der harte Lehrer der bessere ist, weil der den Schülern irgendwo eine Möglichkeit bietet, sich abzuarbeiten ..."

Wolfgang: „Winfried, das wäre gut, wenn es wirklich so wäre, aber die Wirklichkeit zeigt doch, daß die Schüler sich eben nicht an dem harten Lehrer abarbeiten, sondern an dem weichen."

Reinhard: „Der [gemeint ist der Harte] kommt doch mit allen klar bis zum Herzinfakt." (14/41)

Aus dem Schulalltag wurde darüber hinaus berichtet, daß die „Harten" die „Weichen" für Chaos und Unruhe verantwortlich machen, während umgekehrt die „Weichen" meinen, daß die von den „Harten" unterdrückten Impulse der Klasse an ihnen ausagiert würden.

Diese Polarisierung mag auch manche Lehrerkollegien daran hindern, gemeinsame Strategien zur Veränderung der Schulwirklichkeit zu entwickeln. Im Seminar jedenfalls war es so. Die verschiedenen Fraktionen bedrohten und blockierten sich wechselseitig, was verhinderte, daß in die eine oder andere Richtung konsequent weitergedacht werden konnte. So blieb der Prozeß in der Schwebe bei gleichzeitigem Ansteigen der Aggressionsspannung in der Gruppe. Woran lag das? Was macht es so schwer, daß sich die „harten" und die „weichen", die stofforientierten und die beziehungsorientierten Lehrerfraktionen verständigen? Was macht den Druck und die Aggression in solchen Auseinandersetzungen aus? Das Seminar endete damit, daß die Fraktionen sich wechselseitig Vorwürfe machten: Die einen (an die Adresse der Leiter und die beziehungsorientierten Kollegen), sie hätten nichts Konkretes, was sie mit nach Hause nehmen könnten. Die anderen (an die Adresse der eher stofforientierten Lehrer), sie hätten sich ja persönlich herausgehalten und sich auf die Beziehungen im Seminar nicht eingelassen, so sei es kein Wunder, daß ihnen das Seminar nichts gebracht hätte.

5.9. Schlußbetrachtung

Diese Polarisierung war für alle Beteiligten unbefriedigend. Ich möchte es dabei nicht belassen, sondern versuchen, die Motive dieser Spaltung zu verstehen. Da dies im Seminar nicht gelungen ist, steht mir – im nachhinein – nur das eigene Erleben als Interpretationsschlüssel im Forschungsteam zur Verfügung.

Aufgrund der Rollenverteilung im Forschungsseminar sind die Leiter dazu prädestiniert, mit der Lehrerrolle identifiziert zu werden und auch in die entsprechenden Konflikte zu geraten. An einem wichtigen Punkt weicht die Konstellation des Forschungsseminars aber auch von der Schulwirklichkeit ab. Im Seminar hatten zwei Personen die Leitungsfunktion inne und mußten sich über ein gemeinsames Vorgehen einigen. In der Schule ist der Lehrer mit der Klasse allein und kann in seinem Stil unterrichten. Er trifft erst im Lehrerzimmer auf Kollegen, die vielleicht auf eine andere Weise Lehrer sind als er selbst.

Die Leiter im Forschungsseminar hatten die Möglichkeit, ihre Konflikterfahrungen und Verhaltenstendenzen gegenüber derselben Gruppensituation miteinander zu vergleichen. Was trägt ihr Erleben dazu bei, die Polarisierung in der Gruppe zu verstehen? Zurück zur entscheidenden Szene des Seminars: der „Aktion Klassenzimmer". Wie der erste Blick in den Spiegel gezeigt hat (vgl. Kap. 5.6.), fühlten sich die beiden Leiter von den Erwartungen an die Lehrerrolle in unterschiedlicher Weise bedroht: die Leiterin von den grenzenlos erscheinenden Hilfserwartungen, der Leiter vom Angriff auf seine Autorität und Kompetenz. Beide Botschaften waren in der Aktion enthalten. Die Leiterin hatte daraufhin das Bedürfnis, strukturierter (Wechsel von Plena und Arbeitsgruppen), thematisch zentrierter und zielorientierter (Arbeitsgruppen zu bestimmten Fragen ohne Leiter) zu arbeiten. Der Leiter hingegen zog es vor, die Arbeit in der unstrukturierten Großgruppensituation fortzusetzen.

Was die Einigung auf ein gemeinsames methodisches Konzept schwermachte, war dic – crst im nachhinein erkannte – Tatsache, daß beide Leiterstrategien auch eine abwehrende Funktion gegenüber der erlebten aggressiven Herausforderung durch die Gruppe hatten. Die Leiterin wollte mit ihrem Angebot den regressiven Tendenzen in der Gruppe entgegenwirken. Sie wollte die Teilnehmer als Erwachsene in ihren Interessen und Kompetenzen ansprechen.

Damit wehrte sie zugleich ihre eigene Angst ab, den Hilfserwartungen und Versorgungswünschen der Teilnehmer nicht genügen zu können und dann ihrer Wut ausgesetzt zu sein. Es läßt sich auch so ausdrücken: Sie war eher bereit, sich als Autorität der Gruppe gegenüberzustellen und der Aggressivität auf dieser Ebene zu begegnen.

Der Leiter dagegen wollte gerade das vermeiden. Er war unbewußt an einem abhängigen Zustand der Gruppe interessiert, in dem sich die Teilnehmer mit Beziehungswünschen und Hilfserwartungen an ihn wenden. Er wehrte damit zugleich seine Angst ab, von den Teilnehmern in seiner Autorität angegriffen zu werden.

Die Leiterin entspricht damit eher einer Lehrerin, die eine „Unterrichtsstruktur" anbietet und versucht, die Gruppe „stofflich" zu packen, während der Leiter eher dem Lehrer entspricht, der die Beziehungen in den Vordergrund stellen möchte. Es geht hier nicht darum, daß das eine Lehrerverhalten richtig und das andere falsch ist. Wie das Rollenspiel eindrücklich zeigt, werden beide Erwartungen an den Lehrer gerichtet. Es kommt meines Erachtens auf die Balance an, die man zwischen beiden Anforderungen an die Lehrerrolle findet. Die Kinder brauchen einen beziehungsorientierten Lehrer, der nicht „weich" ist, und einen stofforientierten Lehrer, der nicht „hart" ist. Schulwirklichkeit ist jedoch häufig die Polarisierung in Fraktionen.

Die wechselseitige Akzeptanz ist deshalb so schwer, weil die Lösung der einen Fraktion jeweils die Sicherheit der anderen bedroht. Denn die Verhaltensstrategie des anderen beschwört jeweils das herauf, was man selbst gerne vermeiden möchte: Der „harte Lehrer" provoziert Autoritätskonflikte und frustriert Beziehungswünsche, die dann beim „weichen" ausagiert werden, und der „weiche" fördert die Beziehungswünsche und vermeidet die Autoritätskonflikte, die dann auf den „harten" zukommen. Über die Bedrohung, die man füreinander darstellt, wird selten geredet, die Auseinandersetzungen bewegen sich, wie auch im Seminar, auf der ideologischen Ebene. Die Abwertung des jeweiligen Gegenpols stabilisiert die eigene Überlebensstrategie als Lehrer und hilft, bedrohliche Anforderungen, denen zu stellen man sich nicht in der Lage fühlt, abzuspalten. Mit Blick auf „die anderen" werden die Kosten und Grenzen der eigenen Weise, Lehrer zu sein, erträglicher.

Das Seminar endete mit dieser Spaltung. Für mich ist sie Ausdruck und Abwehr des existentiellen Drucks, dem Lehrer an der Hauptschule heute ausgesetzt sind und der sich im Seminar reproduzierte. Je existentieller die Bedrohung, um so weniger ist man in der Lage, seine Überlebensstrategien zur Diskussion zu stellen. Die Wut über die Ausweglosigkeit der Verhältnisse wird in der Fraktionierung gegeneinander gekehrt, sie hat einen Adressaten und wird erträglicher, zugleich aber ist damit verhindert, daß die Fraktionen zur Veränderung der bedrückenden Realität zusammenarbeiten.

Die Konfliktlösung durch Polarisierung verdeckte, was in der ersten Phase des Seminars anhand der Bilder aus dem Schulalltag offensichtlich geworden war: Beide Interpretationen der Lehrerrolle stoßen in der Hauptschule an Grenzen, die das Lehrersein überhaupt in Frage stellen. Zusammenfassend läßt sich die Konfliktkonstellation so beschreiben: Weil die Hauptschule mit Problemkindern überlastet ist, ist dort Beziehungsarbeit dringend notwendig, aber dem Lehrer fehlt – nach Meinung der Teilnehmer – die Ausbildung, um mit den emotionalen Problemen der Klasse fertigzuwerden, und es fehlt das fördernde Klima, in dem Beziehungsarbeit überhaupt Erfolg haben kann. Gleichzeitig kommt seine institutionelle Aufgabe, Grundqualifikationen und

Kenntnisse für das Arbeitsleben zu vermitteln, zu kurz. Wenn der Lehrer sich aber darauf konzentriert, wofür er ausgebildet ist, muß er die Beziehungswünsche frustrieren und mit Störungen rechnen, die die Stoffvermittlung unmöglich machen können. Hält er sich an diesen Aspekt seiner Lehrerrolle, wird seine Autorität von außen in Frage gestellt. Er kann nicht darüber hinwegsehen, daß die Leistungen, die er den Schülern abverlangt, nach der Schule nicht belohnt werden. Fehlende Lehrstellen und Arbeitsplätze wirken sich sowohl auf seine eigene Rollensicherheit als auch auf die Akzeptanz seiner Autorität durch die Schüler aus.

In dieser Drucksituation vergeblichen Bemühens kann es vorkommen, daß bei Lehrern die Kontrolle versagt und sie Provokationen durch Schüler mit Gewalt beantworten. Eine Integration der widersprüchlichen Anforderungen, die ein Lehrer so beschreibt: „Einerseits muß man dem Schüler ganz deutlich zeigen, so geht es nicht, andererseits muß man ganz offen für ihn sein und ihm zeigen, daß man ihn gern hat", gelingt nicht.

Solche widersprüchlichen Anforderungen an die Lehrerrolle gibt es nicht nur in der Hauptschule, sondern auch in allen anderen Schulformen. Sie machen die Schwierigkeit der Lehrerrolle aus: Der Lehrer ist Fordernder und Fördernder. Er vertritt die Institution und das Kind, er ist Erwartungen von Schülern, Eltern, Kollegen und Vorgesetzten ausgesetzt. Aus der Perspektive des Kindes vertritt er die Macht der Institution, auch wenn er sich selbst darin ohnmächtig fühlt. Diese verschiedenen Anforderungen wollen im Selbstbild des Lehrers vermittelt sein. Seine Integrationsfähigkeit gegenüber den widersprüchlichen Rollenanforderungen ist für seinen Erfolg als Lehrer entscheidend.

Unter den Bedingungen der heutigen Hauptschule ist diese Integrationsleistung nicht nur besonders schwierig, sondern ihr Sinn ist auch objektiv in Frage gestellt. In die Hauptschule gehen die Kinder, die für kein anderes weiterführendes Angebot geeignet scheinen. Hauptschüler stellen die negative Auslese aus dem System der Leistungsdifferenzierung dar und sind insofern als „Rest" abgestempelt. Sie werden ausgegrenzt und zusammengefaßt, aus einzelnen Problemkindern werden ganze Problemklassen (vgl. dazu auch Knoop, 1985).

Wo Mangel, Benachteiligung, Randständigkeit und soziale Diskriminierung konzentriert sind, kann sich kein förderndes Klima entwickeln, weder für die emotionale und soziale Entwicklung der Kinder noch für die Aufnahme von Wissen oder die Entwicklung spezieller Fertigkeiten. An der Hauptschule herrscht, wie die Ergebnisse des Forschungsseminars zeigen, ein Klima aggressiver Bedürftigkeit mit der Tendenz zu offener Gewalteskalation, in der Schüler und Lehrer blind aufeinander reagieren.

Der Verlust der Selbstkontrolle markiert sozusagen den Endpunkt der Integrationsfähigkeit des Lehrers. Wie sollte auch der Lehrer durch seinen persönlichen Einsatz diejenigen integrieren können, deren Ausgrenzung bereits beschlossene Sache ist, die sich täglich in Schule und Gesellschaft erneut bestätigt? Er ist ja selbst Mitwirkender bei dieser Ausgrenzung. Für die Hauptschüler stehen die wenigsten Lehrstellen und Arbeitsplätze zur Verfügung. Die Arbeitsgesellschaft trägt ihre Strukturkrise auf dem Rücken der Schwachen, immer schon Benachteiligten aus, so daß der Lehrer seine Problemkinder auf etwas vorbereitet, was sie ohnehin nicht bekommen. Die gesellschaftliche Funktion der Hauptschule besteht – entgegen allen Intentionen der Lehrer – in der Selektion zukünftiger Arbeitsloser.

Lehrer sind dabei Täter und Opfer zugleich. Sie sind in den Prozeß gesellschaftlicher Polarisierung und Desintegration einbezogen, den sie mit Schuldgefühlen, Kontrollverlust, permanenter Überforderung und Gefühlen persönlichen Versagens bezahlen. Die gesellschaftliche Desintegrationspraxis gegenüber ihren Problemgruppen setzt sich bis in die psychische Fragmentierung von Lehrern und Schülern fort. So betrachtet, ist es eigentlich kein Wunder, daß – wie die Teilnehmer berichtet haben – Gewalt in der Hauptschule an der Tagesordnung ist, daß geprügelt wird, daß Lehrer von Schülern mit Revolvern bedroht werden, ums Überleben „kämpfen", Selbstmord begehen – entweder mit ihrer Gewalt die Schüler in Schach halten oder selbst zum Opfer werden (vgl. dazu auch *Der Spiegel* Nr. 15, April 1988 u. Knoop, 1985).

Was sind aus dem Forschungsseminar für Konsequenzen zu ziehen? Die Teilnehmer diskutierten, auch wenn sie sich nicht einigen konnten, folgende Überlegungen:

- die Schule muß wieder einen Wert an sich darstellen;
- sie braucht ein eigenes Selbstverständnis, das sich nicht darin erschöpft, auf Arbeit und Beruf vorzubereiten;
- es muß darum gehen, die Kinder zu befähigen, ihr Leben als Erwachsene selbst in die Hand zu nehmen;
- schulische Inhalte und Lernziele müssen gerade in der Hauptschule auf die tatsächlichen Lebensprobleme der Kinder bezogen sein;
- Schule muß auf ein Leben mit und ohne Arbeit vorbereiten;

- in der Hauptschule müssen die emotionalen Bedürfnisse Vorrang haben vor der Stoffvermittlung;
- dazu braucht es eine entsprechende Lehrerausbildung und personelle Ausstattung der Hauptschule.

Alle Versuche, die Hauptschule, wie sie jetzt besteht, zu verbessern, stoßen an die beschriebenen Grenzen, die immer mehr Eltern veranlassen, ihre Kinder dort nicht hinzuschicken (Hurrelmann, 1988). Diese Versuche können die negativen Lernvoraussetzungen in der Hauptschule nicht verändern, und sie können für die Hauptschüler keine Arbeitsplätze herbeizaubern. Das Problem fehlender Arbeitsplätze können weder die Hauptschullehrer noch die Schulpolitiker lösen. Was Schulpolitik aber kann, ist, dafür zu sorgen, daß die Lern- und Integrationschancen von Problemkindern nicht schon in der Schule reduziert, sondern dort erweitert werden. Nach allem, was die Teilnehmer berichtet haben und was sich im Prozeß gezeigt hat, ist zu bezweifeln, daß dies unter den negativen Rahmenbedingungen der Hauptschule, wie sie jetzt besteht, gelingen kann.

6. Zur Integrationsfähigkeit gesellschaftlicher Institutionen

Betrachtet man die Ergebnisse der vier Forschungsseminare unter der übergreifenden Fragestellung nach der Integrationsfähigkeit gesellschaftlicher Institutionen, scheint es damit schlecht bestellt. Diese Schlußfolgerung wird noch wahrscheinlicher durch die Tatsache, daß die Untersuchungsgruppen ja eine positive Auswahl darstellen. Die Teilnehmer kamen zu den Seminaren, weil sie sich von unseren Forschungsfragen, die in den Einladungsschreiben formuliert waren, angesprochen fühlten. Sie standen den neuen sozialen Bewegungen eher positiv als negativ gegenüber und waren in der Mehrzahl selbst auf der Suche nach neuen Orientierungen für ihr berufliches Handeln. Ihre Teilnahme an einem Forschungsseminar sprach für ihre Bereitschaft, sich auf etwas Unbekanntes einzulassen.

Diese besondere Aufgeschlossenheit der Teilnehmer, die ihre persönlichen Erfahrungen, Gefühle und Kenntnisse der institutionsinternen Abläufe einbrachten, war eine Voraussetzung unseres methodischen Ansatzes. Nur auf diese Weise konnten wir die Konflikte, die sich aus der Konfrontation mit neuen Werten und Anforderungen ergeben, aus der Perspektive der Institutionsmitarbeiter verstehend nachvollziehen. Auf der anderen Seite schränkt die positive Voreinstellung der Untersuchungsgruppen die Reichweite der Ergebnisse auch ein. Quantifizierende Aussagen über die Verteilung von Problembewußtsein und Innovationskompetenz in den untersuchten Institutionen sind auf dieser Basis nicht möglich.

Ich möchte in diesem letzten Kapitel dennoch den Versuch einer Verallgemeinerung wagen, der dem qualitativen Ansatz der Untersuchung entspricht. Gibt es etwas, das sich in allen Untersuchungsgruppen wiederholt, obwohl sie aus ganz verschiedenen Institutionen kommen? Der Vergleich der gruppenspezifischen Verarbeitungsformen und der Berichte und Erfahrungen aus vier Institutionen könnte weiteren Aufschluß geben über die – wie ich es nennen möchte – „Natur des Konflikts“ zwischen Institutionen und sozialen Bewegungen und die innere Dynamik seiner Bewältigung.

Jede der vier untersuchten Gruppen verhandelte unter der Forschungsfrage „Integration oder Polarisierung?“ etwas anderes. Das war durchaus in unserem Sinne, wollten wir doch das Thema so weit wie möglich fassen, damit auch jede Gruppe ihre spezifischen Konflikte mit alternativen Werten einbringen konnte.

Bereitschaftspolizisten thematisierten ihre Situation zwischen den Fronten: zwischen Demonstranten mit politischen Zielen, denen sie selbst auch nicht abgeneigt sind, und unverständlichen Einsatzstrategien ihrer Führung; zwischen straffällig gewordenen Jugendlichen, in deren Lage sie sich als junge Beamte einfühlen können, und der Autorität des Gesetzes, das sie vertreten müssen; zwischen den Schutz- und Strafbedürfnissen, die die Bevölkerung an sie heranträgt, und deren Ablehnung einer Zusammenarbeit mit der Polizei. Jugendoffiziere schilderten ihre Konflikte mit Kritikern aus der Friedensbewegung und Dissidenten in den eigenen Reihen. Sie setzten sich mit ihrer Situation als institutionalisierte Grenzgänger zwischen der zivilen und der militärischen Welt auseinander.

Mitarbeiter in sozialen Behörden konzentrierten sich auf die Kritik an Unmenschlichkeit und Bürokratismus der Sozialverwaltung und überprüften ihre Möglichkeiten, alternative Existenzgründungen zu unterstützen.

Hauptschullehrer hatten am stärksten von allen Gruppen die ökonomische Situation im Blick. Sie verständigten sich über die Auswirkungen der Arbeitslosigkeit auf die Schule als Institution und auf ihre Rolle als Lehrer gegenüber lernschwachen, aggressiven und sozial randständigen Jugendlichen.

Während Bereitschaftspolizisten und Jugendoffiziere von Auseinandersetzungen mit Menschen berichteten, die politisch anderer Meinung sind als die herrschende Mehrheit, schilderten Hauptschullehrer und Mitarbeiter sozialer Behörden ihre Schwierigkeiten mit Menschen, die von den üblichen Normen sozialen Verhaltens abweichen.

In keiner der vier Untersuchungsgruppen spielten dabei inhaltliche Ziele der Protest- und Alternativbewegung eine Rolle. Bei der Beschreibung der „anderen Seite" kamen die Teilnehmer der Forschungsseminare ganz ohne politisch-inhaltliche Bestimmungen aus.

In den Gruppendiskussionen der Forschungsseminare ging es vielmehr um das, was die Verständigung mit der „anderen Seite" schwer macht, und nicht um das Für und Wider alternativer Werte, wie sie etwa von der Friedens- oder Selbsthilfebewegung politisch angestrebt werden. So blieben die Konturen der „anderen Seite" auf der ideologischen Ebene merkwürdig unbestimmt. In dem Bild, das die Untersuchungsgruppen von ihrem jeweiligen Gegenüber zeichneten, herrschen Eigenschaften vor, die den eigenen Orientierungen und Verhaltensweisen entgegengesetzt sind. Bereitschaftspolizisten sehen vor allen Dingen das Bunte, Chaotische, Impulshafte, das nicht Ordentliche und die Freiheit, die sich die Friedensdemonstranten nehmen, die Gesetze zu ignorieren.

Jugendoffiziere betonen die emotionale, moralisch unberechenbare und unfaire Weise des Auftretens ihrer Gegner aus der Friedensbewegung, die sich nicht an die Sachebene halten.

Mitarbeiter in sozialen Behörden statten ihr Bild von jugendlichen „Alternativlern" mit Zügen der Unverschämtheit, Unehrlichkeit und Grenzenlosigkeit aus, auch ausbeuterische Absichten spielen eine Rolle.

Für Hauptschullehrer schließlich liegt die größte Herausforderung in der Aggressivität und Bedürfigkeit von Jugendlichen, denen sie nichts beibringen und denen sie nicht helfen können.

So verschieden nun die Bilder sind, die die Teilnehmer der vier Untersuchungsgruppen von ihrem jeweiligen Gegenüber gezeichnet haben – sie haben es ja tatsächlich mit sehr unterschiedlichen Menschen und Gruppierungen zu tun –, so ähnlich sind die Bilder doch in einer Hinsicht: Sie tragen alle die Züge dessen, was in der eigenen Institution verpönt bzw. durch institutionalisiertes Rollenhandeln ausgeschlossen oder behoben werden soll. Am deutlichsten wird dieser Zusammenhang bei den Jugendoffizieren und Bereitschaftspolizisten, die ihr Bild von der „anderen Seite" trotz der Unterschiede übereinstimmend als weiblich akzentuieren. Chaotisch, bunt, impulshaft und emotional, unberechenbar, moralisch, unfair – das sind Eigenschaften, die in beiden Männergruppen auch mit weiblichen Attributen in Zusammenhang gebracht werden.

Ich schließe daraus, daß in die gesellschaftlichen Konflikte zwischen Institutionen und sozialen Bewegungen projektive Anteile der Institutionsvertreter einfließen. Vermutlich ist es auf der Seite der Bewegung nicht anders, doch das ist hier nicht untersucht worden. Das, was in den Institutionen verpönt, ausgeschlossen, durch institutionelles Handeln unter Kontrolle gebracht werden soll, wird projiziert auf „die andern". Es wird nicht mehr auch an sich selbst, sondern nur noch beim Klienten, Demonstranten, Schüler oder politischen Gegner wahrgenommen. Das Ausgeschlossene, Verpönte und Projizierte tritt denjenigen, die sich mit den institutionellen Zielen identifiziert haben, von außen in den Gestalten der Bewegung gegenüber. Diese sorgen dafür, daß auch das wieder virulent wird, was die Rollenträger durch ihre Berufswahl zu bewältigen oder zu vermeiden trachten.

Auf diese Weise wird der gesellschaftliche Konflikt um neue Werte zwischen Institutionen und Bewegungen zu einem Konflikt, der sich auch in den Mitarbeitern der Institutionen abspielt. Sie werden von denen, die gegen institutionalisierte Regelungen, bürokratische Verkrustungen und traditionelle Schemata angehen, auch an das erinnert, was in ihnen selbst gegen Verhaltensnormierungen und Kontrolle rebelliert.

Das erzeugt einerseits Sehnsucht nach freieren Entscheidungsmöglichkeiten und Neid auf diejenigen, die sich diese Freiheit nehmen: Bereitschaftspolizisten würden auch gerne Steine werfen, um sich zu verteidigen und ihrer Wut auf Demonstranten Ausdruck zu verleihen, Jugendoffiziere haben es auch satt, den kühlen, kontrollierten, rein sachlich argumentierenden Repräsentanten der Bundeswehr darzustellen; Hauptschullehrer haben an der Zwangsveranstaltung Schule genausowenig Lust wie ihre Schüler; und Mitarbeiter sozialer Behörden kosten in der Konfliktsimulation des Forschungsseminars aus, einmal ihrerseits die Rolle der Grenzüberschreitenden, Unverschämten und ausbeuterisch Fordernden zu übernehmen.

Auf der anderen Seite entstehen durch die Konfrontationen mit diesen Möglichkeiten auch Ängste. Niemand wird bzw. bleibt „zufällig" Polizist, Jugendoffizier, Sozialarbeiter oder Lehrer. Abgesehen von der Notwendigkeit, seinen Lebensunterhalt zu verdienen, hat die Entscheidung, in einer bestimmten Institution eine Rolle zu übernehmen, sich bestimmten hierarchischen Strukturen unterzuordnen, in der Regel auch einen persönlichen Sinn für den Betreffenden.

Besonders anschaulich wird das an den Ergebnissen der Forschungsseminare mit Bereitschaftspolizisten und Mitarbeitern sozialer Behörden. Die jungen Bereitschaftspolizisten (ge-)brauchen das Gesetz und die Vorstellung einer unflexiblen, autoritären Führung auch als Orientierungs- und Sicherungsinstrument, um die eigenen spontanen Impulse des Mitgefühls, der Rache und Gewaltbereitschaft unter Kontrolle zu halten. Bei der Konfliktsimulation stellte sich heraus, daß sie sich an dem zu harten Vorgesetzten auch dann orientieren, wenn er real gar nicht anwesend ist und sie eigentlich zeigen wollten, wie man als Polizist weicher und angemessener reagieren kann. Der vorhandene Ermessensspielraum blieb ungenutzt, die Beamten gingen mit ihrer Maßnahme gegenüber den zwei Jugendlichen auf „Nummer Sicher" und schrieben eine Anzeige. Bei Demonstrationseinsätzen fühlen sie sich von ihren Vorgesetzten zwar einerseits am angemessen weichen Reagieren gehindert, aber sie sind auch froh, daß der Vorgesetzte dabei ist, sonst würden sie Gewalt mit Gewalt beantworten.

Im Forschungsseminar mit Mitarbeitern sozialer Behörden zeigte sich etwas Ähnliches: Sie benutzen das Gesetz nicht nur, um Hilfe zu leisten, sondern sie verwenden es auch als Schutzschild gegen die Klienten. Auf der einen Seite kritisieren sie die Unmenschlichkeit und den Bürokratismus der Sozialverwaltung, und gleichzeitig ziehen sie sich hinter die „Verwaltungslinie" zurück, wenn ihnen der Druck zu groß wird. Das institutionelle System mit seinen Vorschriften und Regeln wird als Sicherheitssystem nach zwei Seiten in Anspruch genommen: nach außen gegenüber der grenzenlosen Hilfsbedürftigkeit der Klienten und nach innen gegen die Gefahr, selbst seine Grenzen zu verlieren. Natürlich sind sich die Institutionsmitarbeiter dessen selten bewußt. Sie können die institutionellen Grenzen ja nur deshalb auch für ihre persönliche Sicherheit in Anspruch nehmen, weil sie glauben, an der Rigidität des Systems nicht beteiligt und dafür auch nicht verantwortlich zu sein. Im Bewußtsein herrschen die eigenen Wünsche nach mehr Spielraum, mehr Bewegung und mehr Flexibilität vor. Die Unveränderbarkeit der Institution sei es, die sie daran hindere, angemessen und kreativ auf die neuen gesellschaftlichen Konfliktlagen und Aufgaben einzugehen, die von den sozialen Bewegungen formuliert werden.

Nur die Jugendoffiziere werden sich auch der Schutzfunktion bewußt, die das Militär als Institution für sie übernimmt. Die Grenze zwischen der militärischen und der zivilen Welt, die durch Auftrag, Uniform, Männergesellschaft und starre Regeln markiert wird, ist zwar ein Hindernis für die Kommunikation mit der Friedensbewegung, aber auch ein „Mäuerchen, hinter dem man sich verstecken kann". Der Auftrag, die Sicherheitspolitik der jeweiligen Bundesregierung in der Öffentlichkeit darzustellen, behindert eine freie Diskussion, in der der Jugendoffizier auch seine persönlich abweichende Meinung sagen kann. Das schränkt seine Glaubwürdigkeit und damit seine Wirksamkeit als Jugendoffizier ein. Andererseits kann sich der Jugendoffizier aber auch immer auf seinen Auftrag berufen, daß er die Sicherheitspolitik der Bundesregierung darstellen müsse, wenn er den Argumenten der Rüstungskritiker persönlich nichts mehr entgegenzusetzen weiß.

Auch der Uniformzwang, als so hinderlich für die Verständigung mit der anderen Seite kritisiert, hat in diesem Sinn seine identitätsschützende und -stützende Funktion. In diesem Bewußtsein der hindernden und schützenden Funktion ihrer Institutionszugehörigkeit konnte am Ende des Forschungsseminars auch die Herausforderung zur Sprache kommen, die die Friedensbewegung für Jugendoffiziere darstellt: man könnte auf die andere Seite gezogen werden – man könnte Fahnenflucht begehen und auf diese Weise die institutionell abgesicherte Identität und Gruppenzugehörigkeit verlieren. Sinngemäß sagt dazu einer der Teilnehmer: Wenn doch nur die andere Seite von ihrem missionarischen Eifer abließe und akzeptieren würde, daß man über bestimmte Grenzen nicht gehen kann, dann wäre der Austausch leichter.

Bei der Konfrontation mit neuen Werten, der Notwendigkeit von Bewegung und Veränderung, wird die Angst mobilisiert, gerade das zu verlieren, weswegen man sich für die Mitarbeit in einer bestimmten Institution, bewußt oder unbewußt, entschieden hat. So wird es verständlich, daß die Teilnehmer in den Forschungsseminaren nicht über das Für und Wider alternativer Werte gestritten, sondern sich mit ihren Ängsten und Sicherheitsbedürfnissen auseinandergesetzt haben.

Für die Bereitschaftspolizisten könnte der subjektive Sinn ihrer Institutionszugehörigkeit im Schutz vor der Unberechenbarkeit liegen (der eigenen und der der anderen); für die Sozialarbeiter könnte es der Schutz vor grenzenloser Hilfsbedürftigkeit sein (der eigenen und der der anderen); und für die Hauptschullehrer mag es um Schutz vor Wut und Hilflosigkeit gehen (der eigenen und der der anderen).

Die Integration neuer Werte ins institutionalisierte Handeln und die Wahrnehmung neuer gesellschaftlicher Aufgaben – etwa die finanzielle Unterstützung alternativer Existenzgründungen – verlangt von den Mitarbeitern nicht weniger als eine Neuinterpretation ihrer institutionalisierten Rollen und die partielle Aufgabe bisheriger Sicherheiten. Die Forschungsseminare geben darüber Auskunft, wie den Teilnehmern das gelingt bzw. wodurch sie an der Verwirklichung ihrer bewußten Veränderungsziele gehindert werden.

6.1. Spaltung zwischen Rolle und Person

Ein durchgängiges Muster ist die Spaltung zwischen Rolle und Person. Solange die Institutionsmitarbeiter alle Veränderungsbereitschaft sich selbst und den Veränderungswiderstand der Institution zuschreiben, können sie schwerlich eine Neuinterpretation ihres Rollenhandelns vornehmen. Da ist es nur logisch, daß ihnen ein solcher Versuch wie eine Kraftprobe mit dem gesamten System vorkommt, den man am besten gar nicht erst unternimmt, weil er sowieso zum Scheitern verurteilt ist.

Eine Veränderung der Rolle bedarf der persönlichen Identifikation mit der Rolle. Unter dieser Voraussetzung wird aus einem „Alles-oder-Nichts-Konflikt", in dem die Person der Institution gegenübersteht, ein Konflikt um unterschiedliche Rolleninterpretationen. Ein solcher Konflikt spielt sich dann auch nicht mehr im einzelnen ab, sondern zwischen konkreten Institutionsmitarbeitern: Man kann mit Vorgesetzten und Kollegen zusammenstoßen, die eine andere Auffassung von den institutionellen Aufgaben vertreten. Man muß – wie die Mitarbeiter aus sozialen Behörden sagen – mit dem Risiko leben, daß einem Vorgesetzte auf die Finger klopfen oder daß sich Kollegen distanzieren und man dann ganz alleine steht.

Die jungen Bereitschaftspolizisten aus dem Forschungsseminar möchten dieses Risiko keinesfalls eingehen. Sie empfahlen einander, die eigene Person mit ihren Empfindungen, Wahrnehmungen und Gefühlen schlichtweg zu ignorieren, um allen Konflikten aus dem Weg zu gehen – selbst um den Preis einer Fehleinschätzung der Einsatzlage. Ihre Formel, Konflikte mit der Institution zu vermeiden, heißt: Man muß sich entweder selbst aufgeben oder den Beruf aufgeben. – Wer hätte angesichts solcher Alternativen noch den Mut zu einer eigenen Meinung? Diesen selbst auferlegten Zwang zu einer existenzbedrohenden Entweder-Oder-Entscheidung habe ich anhand der Erfahrungsberichte und Konfliktsimulationen aus dem Forschungsseminar als einen Weg verstehen können, dem Rollenkonflikt zwischen Verantwortung und Gehorsam zu entgehen.

Diesen Konflikt gibt es nicht nur bei der Polizei, er stellt sich tendenziell jedem, der in hierarchisch organisierten Institutionen arbeitet: Soll er/sie sich an vorgegebene Schemata halten (Gehorsam), oder soll er/sie die Verantwortung für eine Rolleninterpretation übernehmen, die auch seinen/ihren persönlichen Wertvorstellungen entspricht? Diese widersprüchlichen Anforderungen auszubalancieren ist für Institutionsmitarbeiter um so schwieriger, je höher Gehorsam gegenüber persönlicher Verantwortung in einer Institution bewertet wird.

Wie jeder anhand seiner Alltagserfahrungen überprüfen kann, gibt es das Muster der Spaltung zwischen Rolle und Person auf allen Ebenen der Institutionen. Die institutionellen Rollenzwänge werden jeweils immer von den anderen repräsentiert: Die Führungsspitze beruft sich auf die Inflexibilität und Veränderungsunwilligkeit der Mitarbeiter und umgekehrt. Wie wenig sich in dieser Hinsicht Abteilungsleiter von Sachbearbeitern unterscheiden, zeigte das Seminar mit Mitarbeitern sozialer Behörden. Hier führte die Abspaltung des „Eigenen", die Trennung von Person und Rolle soweit, daß die Teilnehmer selbst im Forschungsseminar nichts für sich persönlich profitieren konnten.

Worin auf der anderen Seite die Schutz- und Sicherungsfunktionen des persönlichen Heraushaltens liegen, wird anhand des Seminarergebnisses auch nachvollziehbar. Hierfür heißt die Formel: Als Mensch, als Person würde ich ja gerne anders, aber ich habe meine Vorschriften. Das hilft, sich gegenüber grenzenlosem Elend und grenzenloser Hilfsbedürftigkeit abzugrenzen; aber das führt auch genau zu den fatalen Konsequenzen, die die Mitarbeiter sozialer Behörden so sehr beklagen: Der Apparat ist so groß und der Mensch so klein.

Wenn die Person von der Rolle getrennt wird, das heißt, wenn die Vorschriften (Rolle) nicht menschlich (persönlich) angewendet werden, kann dabei nichts anderes herauskommen als Bürokratismus. Durch die Abspaltung des Menschlichen entsteht erst die Unmenschlichkeit des Apparats, zugleich können die Beteiligung daran und die Verantwortung dafür verleugnet werden.

Auch im Seminar mit den Hauptschullehrern ging es um das Verhältnis von Person und Rolle. Man kann nicht Lehrer sein, ohne Person zu sein – das lassen die Jugendlichen nicht zu. Sie fordern gerade den Lehrer als Person heraus. Dennoch ging der Streit in der Gruppe um dieses Thema. Stofforientiert (Rolle) oder beziehungsorientiert (Person) – wie kann man als Lehrer in der Hauptschule überleben? In der Überlebensstunde, die im Rollenspiel simuliert wurde, wurde dieses Thema eindrucksvoll inszeniert. Anders als für Verwaltungsgangestellte gibt es für den Lehrer in der Hauptschule keine Rollensicherheit, weder in bezug auf die zu vermittelnden Inhalte noch bei der Frage der Wertorientierungen: Für welches Leben sollen die Lehrer ihre Schüler vorbereiten – für ein Leben mit oder ohne Arbeit? Diese Berufsgruppe bekommt die Auswirkungen der Arbeitsmarktkrise und die Verunsicherung der Werte am unmittelbarsten zu spüren. Wie können die Hauptschullehrer ihr berufliches Rollenhandeln an die veränderten gesellschaftlichen Bedingungen anpassen? – Wie sich im Forschungsseminar herausstellte, war das für die Teilnehmer keine hypothetische Frage, sondern eine Frage des Überlebens als

Lehrer. Die Arbeitsmarktkrise wird zur Krise der Hauptschule und zur Krise des Hauptschullehrerberufs. Ohnmacht, Verzweiflung, Wut und Hilflosigkeit – solche Gefühle haben nicht nur die Schüler, sondern auch die Lehrer.

Der Versuch, diese Krise zu bewältigen, führte die Teilnehmer in dem Forschungsseminar zusammen. Dabei rückte die Frage einer Neudefinition des Verhältnisses von Person und Rolle im Lehrerberuf in den Mittelpunkt. Wieviel und welcher Stoff sollte vermittelt werden und wieviel Beziehungsarbeit ist notwendig? Unter dem existentiellen Druck auf die Lehrerrolle polarisierte sich die Gruppe in die beziehungsorientierten (Person) und die stofforientierten (Rolle) Lehrer. Jeder hielt an dem Teil der Lehrerrolle fest, der ihm am meisten Sicherheit versprach und klammerte die anderen bedrohlichen Anforderungen aus: die einen, auch emotionale Bezugsperson sein zu müssen; die anderen, als Lehrerautorität auch die Institution darstellen zu müssen. So kam es auch in dieser Berufsgruppe angesichts notwendiger beruflicher Neuorientierungen zur Konfliktabwehr durch Polarisierung.

Dieses in allen Untersuchungsgruppen ähnliche Muster, mit neuen Herausforderungen umzugehen, ist in der tiefenpsychologischen Theorie der Abwehrmechanismen als Spaltung und Projektion beschrieben worden (Anna Freud, 1964). Die Forschungsseminare zeigen, daß auf diese Weise nicht nur individuelle Konflikte abgewehrt werden, sondern auch gesellschaftliche Entwicklungen und Lernprozesse zwischen Institutionen und sozialen Bewegungen verhindert werden: Die innere Polarisierung, die die Institutionsmitarbeiter vornehmen, führt zu einer äußeren Polarisierung zwischen Institutionen und sozialen Bewegungen. Das, was durch Abspaltung aus dem bewußten beruflichen Rollenverständnis herausgehalten wird, weil es vielleicht zu Ängsten, Unsicherheiten und zu Konflikten mit der Institution führen würde, wird projiziert und bedroht die Institutionsmitarbeiter von außen. Es wird an denen als bedrohlich erlebt, die als Mitglieder der Protest- und Alternativbewegung gesellschaftliche Institutionen in Frage stellen: das Impulshafte, Bunte, Chaotisch-Unberechenbare von Demonstranten, das Emotionale und Moralische in der Friedensbewegung, das Fordernd-Anspruchsvolle und Grenzüberschreitende alternativer Selbsthilfeprojekte, der emotionale Hunger und die Wut der Hauptschüler. Die Verteidigung der eigenen Sicherheitsorientierungen rechtfertigt sich gegenüber der Bedrohung von außen quasi von selbst, notwendige Anpassungs- und Veränderungsprozesse geraten aus dem Blick.

6.2. Integrationschancen

Unter welchen Voraussetzungen dieser Zirkel aufgelöst werden kann, zeigt beispielhaft das Forschungsseminar mit Jugendoffizieren. Ich möchte versuchen, einige Bedingungen herauszuarbeiten, die dafür günstig waren.

Auf den ersten Blick verkörperten wir in keinem anderen Seminar so sehr den entgegengesetzten Pol wie in diesem: Es ist in der Tat so, daß Jugendoffiziere und Friedensforscher sich als Befürworter bzw. Kritiker der Sicherheitspolitik in öffentlichen Veranstaltungen gegenüberstehen. Auf den zweiten Blick gab es auch Übereinstimmungen: Bundeswehr und Friedensforschung distanzieren sich beide von rein emotional agierenden Anhängern der Friedensbewegung. Die dritte Irritation bestand wohl darin, daß sich die Gruppe nicht auf die männliche Solidarität mit dem Forscher, meinem Kollegen, verlassen konnte, sondern mit mir als Frau im Leitungsteam konfrontiert war.

Angesichts dieser Unsicherheiten war eine Positionsklärung unumgänglich. Die Frage, ob und inwieweit man uns als Forschern vertrauen konnte, stellte sich genau in dem Moment, als die konflikthafte „dunkle" Seite der Berufspraxis der Jugendoffiziere angeschaut werden sollte. Da wir ja auch die Gegenseite darstellten, mußten gerade die internen Konflikte und Rollenunsicherheiten vor uns verborgen werden. Der Verdacht bestand, wir würden aus den Schwächen und Konflikten der Jugendoffiziere eine Waffe für die Friedensbewegung schmieden.

Hier zeigte sich sehr anschaulich, wie die Vorstellung, die andere Seite sei ein feindliches Gegenüber, dazu dienen kann, Konflikte, Unsicherheiten und Schattenseiten vor sich selbst und anderen zu verbergen. Keine Schwäche zu zeigen, die Reihen geschlossen zu halten und das mit der Feindseligkeit des anderen zu begründen, gehört zur Konfliktabwehr durch Polarisierung.

Damit war die Grenze der Kommunikationsmöglichkeiten zwischen Jugendoffizieren und Friedensforschern erreicht. Für die weitere Zusammenarbeit bedurfte es einer Entscheidung, und zwar einer Entscheidung über Vertrauen oder Mißtrauen: Was sollte die Dynamik der Begegnung weiter bestimmen? Die Teilnehmer entschlossen sich, ihr Mißtrauen zu äußern und ihre Vermutungen einer Realitätsprüfung auszusetzen.

In dieser Entscheidung liegt eine wichtige Voraussetzung dafür, aus dem Polarisierungsmuster auszusteigen. Sie muß auf eigenes Risiko getroffen werden und kann nicht der anderen Seite zugeschoben werden. Wer sein Mißtrauen zugibt, verleugnet nicht länger, daß er auch unsicher, verletzlich und angreifbar ist. Die Person tritt hinter der Rolle in Erscheinung – darin liegt die Chance neuer Erfahrungen und Lernprozesse. Wie die Realitätsprüfung ausgeht, hängt jetzt allerdings auch vom Verhalten der anderen Seite ab. Polarisierungen können nur überwunden werden, wenn beide Konfliktparteien feindliches Verhalten und Feindfixierungen aufgeben wollen.

Im Kontakt mit der Polizei und der Bundeswehr waren wir aufgrund unserer eigenen sozialen und politischen Zugehörigkeiten am stärksten mit unseren eigenen Ängsten und Projektionen konfrontiert. Auch wir mußten uns entscheiden, ob wir daran festhalten oder neue Erfahrungen mit der anderen Seite zulassen wollten.

Eine Voraussetzung ist die Haltung, die innere Akzeptanz des Anderseins des anderen, die aus Polarisierungen herausführt. Das heißt nicht, den eigenen Standpunkt aufzugeben, vielmehr ihn überhaupt erst in eine Auseinandersetzung einzubringen, in der es nicht um Verteidigung geht, sondern um Verständigung und Entwicklung.

Das aber wiederum ist erst möglich, wenn sich die Beteiligten ihrer persönlichen und beruflichen Identität sicher sind; wenn sie Konflikte, die sich aus dem Spannungsverhältnis zwischen Person und Rolle ergeben, nicht abspalten müssen, sondern als Impulse für die Wahrnehmung und Gestaltung ihrer beruflichen Aufgaben nutzen können. Hierfür ist nicht nur die persönliche Reife des einzelnen Mitarbeiters ausschlaggebend, sondern ebenso die Werte, das soziale Klima und die Kultur einer Institution.

Deswegen müssen günstige Bedingungen für die Integrationsfähigkeit der Mitarbeiter ebenso von den institutionellen Rahmenbedingungen her formuliert werden: Je weniger das Bewegende und Konflikthafte aus den institutionalsierten Lebens- und Arbeitsabläufen ausgeklammert werden muß, um so eher sind die Mitarbeiter auch in der Lage, neue Anforderungen und Veränderungsimpulse aus den sozialen Bewegungen produktiv aufzugreifen.

Literaturverzeichnis

Büttner, Christian, Alternativen zur Tradition, Fortbildungsseminare zur Integrationsfähigkeit gesellschaftlicher Institutionen. Eine empirische Studie, unveröff. Manuskript, Hessische Stiftung Friedens- und Konfliktforschung, Frankfurt 1988, gekürzte und überarbeitete Fassung: ders., Gewalt vermeiden in gesellschaftlichen Konflikten, Erwachsenenbildung zur Auseinandersetzung zwischen Institutionen und „neuen Protestbewegungen", Mainz 1989

Der Bundesminister der Verteidigung, Jugend – Schule – Landesverteidigung, Zusammenfassung der Berichte der hauptamtlichen Jugendoffiziere der Bundeswehr über das Schuljahr 1983/84, Bonn 1984

Busch, Heiner/ Funk, Albrecht/ Kauß, Udo/ Narr, Wolf-Dieter/ Werkentin, Falco, Die Polizei in der Bundesrepublik, Frankfurt, New York 1985

Canetti, Elias, Masse und Macht, Düsseldorf 1960

Club of Rome, (Hrsg.), Das Ende der Verschwendung. Zur materiellen Lage der Menschheit, Stuttgart 1976

Coser, L. A., Theorie sozialer Konflikte, Neuwied, Berlin 1972

Dahrendorf, Rolf, Gesellschaft und Freiheit, München 1961

Deutscher Bundestag, (Hrsg.), Jugendprotest im demokratischen Staat, Zwischenbericht 1982 der Enquete-Kommisssion des deutschen Bundestages, Speyer 1982

Devereux, Georges, Angst und Methode in den Verhaltenswissenschaften, Frankfurt 1984

Ferguson, Marilyn, Die sanfte Verschwörung, persönliche und gesellschaftliche Transformation im Zeitalter des Wassermanns, München 1984

Freud, Sigmund, Massenpsychologie und Ich-Analyse (1921), Freud-Studienausgabe, Band IX, Frankfurt 1974

Global 2000, New York 1980, Report to the President of the U.S.: entering the 21st. Cent.; a Report rep. by the Council on Environmental Quality and the Department of State/ Gerald O. Barney, study director

Habermas, Jürgen, Die neue Unübersichtlichkeit. Frankfurt 1985

Haller, Michael, (Hrsg.), Aussteigen oder rebellieren, Jugendliche gegen Staat und Gesellschaft, Reinbek 1981

Hurrelmann, Klaus, Das Gymnasium ist auf dem Weg zum bundeswei-

ten Marktführer, Frankfurter Rundschau, Nr. 114, 17. 5.1988, S. 11
Knoop, Hans D., Problemfeld Hauptschule, Essen 1985
The Limits to Growth. A Report for the Club of Rome's Project on the Predicament of Mankind, New York 1972
Menzies, Isabel E. P., Die Angstabwehrfunktion sozialer Systeme – Ein Fallbericht. In: Gruppendynamik, H. 3, 5. Jg., Juni 1974, S. 183–217, Wiederabdruck in: Brocker, T. u. Kutter, P. (Hrsg.), Entwicklung der Gruppendynamik, Darmstadt 1985, S. 222–269
Merton, R. K., Social Structure and Anomie. In: ders, Social Theory and Social Structure, New York 1968, S. 185 ff.; ders., Social Structure and Anomie. Continuities, ebd., S. 215 ff.
Offe, Claus, „Arbeitsgesellschaft", Strukturprobleme und Zukunftsperspektiven, Frankfurt, New York 1984
Parsons, T./ Shils, E. A., (Hrsg.), Towards a General Theory of Action, Cambridge 1951; ders., Bales, R. F., Shils, E.A., Working Papers in the Theory of Action, New York 1953
Schroedter, Rolf/ Schlüter-Hingst, Cornelia, Existenzgründungen in der Sozialhilfe, Neue Praxis, H. 1, 1988, S. 32–38
Schmidbauer, Wolfgang, Die hilflosen Helfer, Reinbek 1977
Schmidbauer, Wolfgang, Helfen als Beruf, Reinbek 1983
Senghaas, Dieter, Abschreckung und Frieden, Studien zur Kritik organisierter Friedlosigkeit, Frankfurt 1969
Spiegel Titel „Gestört und seelisch tot". In: Der Spiegel, Nr. 15, 11. April 1988, S. 28 ff.
Theweleit, Klaus, Männerphantasien, Bd. 2, Frankfurt 1978
Volmerg, Birgit/ Volmerg, Ute/ Leithäuser, Thomas, Kriegsängste und Sicherheitsbedürfnis, Zur Sozialpsychologie des Ost-West-Konflikts im Alltag, Frankfurt 1983
Volmerg, Ute, Folie à Deux, Friedensbewegung und Abschreckungsexperten auf dem Weg in die Apokalypse? Friedensforschung aktuell, Ausgabe 7, Sommer 1983, Hessische Stiftung Friedens- und Konfliktforschung, Frankfurt
Werkentin, Falco, Die Restauration der deutschen Polizei, Frankfurt 1984
Zedler, Peter / Moser, Heinz, (Hrsg.), Aspekte qualitativer Sozialforschung, Opladen 1983

Einladungsschreiben zu den Forschungsseminaren

Wertwandel und ökonomische Krise.
Die Situation des Bereitschaftspolizisten in den aktuellen Auseinandersetzungen um die Zukunft unserer Gesellschaft

Leitung: Dr. Christian Büttner, Dr. Ute Volmerg

Angesichts der anhaltenden Konflikte zwischen neuen Alternativ-und Protestbewegungen einerseits und gesellschaftlichen Institutionen andererseits führt die Hessische Stiftung Friedens- und Konfliktforschung ein Forschungsprojekt durch, das zum Erhalt des „inneren Friedens" in der Bundesrepublik beitragen soll. In der Bundesrepublik hat sich, ebenso wie in anderen westlichen Industriegesellschaften, eine Konfliktzone zwischen diesen neuen Protestbewegungen und etablierten Institutionen der Gesellschaft gebildet. Mit der anhaltenden ökologischen und ökonomischen Krise gewinnt die Frage, ob die neuen Werte und Handlungsformen integriert werden können oder mit gewaltsamen Auseinandersetzungen zwischen verschiedenen gesellschaftlichen Gruppen zu rechnen ist, zunehmend an Bedeutung.

Eine wichtige Rolle für den Verlauf dieser Entwicklung spielen alle diejenigen, die in den Konflikten zu vermitteln haben. Dazu gehören insbesondere die Ordnungskräfte, die auf der einen Seite die Werte und Normen der bestehenden Gesellschaft schützen, andererseits aber auch gerade die Bedingungen garantieren sollen, unter denen ein freier Austausch über gesellschaftliche Alternativen stattfinden kann. In diesem Sinne haben Polizisten, ob sie nun bei einer Großdemonstration für den Frieden, einer Protestaktion gegen Atomkraft oder Umweltverschmutzung, bei einer Hausbesetzung oder bei einer Diskussionsveranstaltung die demokratischen Spielregeln überwachen, eine Mittler- und Schlüsselfunktion. Häufig entscheidet gerade der aktuelle Verlauf solcher Aktionen bzw. Veranstaltungen darüber, ob eine Annäherung verschiedener Standpunkte möglich ist oder ob gewaltsame Auseinandersetzungen zu einer Polarisierung gesellschaftlicher Gruppen führen.

Natürlich ist das Verhalten der Ordnungskräfte nur einer von vielen Faktoren, die den Verlauf einer Begegnung beeinflussen. Häufig haben sich die Konflikte bereits im Vorfeld zugespitzt und die Konfliktpartner stehen sich unversöhnlich gegenüber. Oder es geht um gesellschaftliche Interessengegensätze, die gar nicht vermittelbar sind. Dennoch wird von der Polizei erwartet, daß sie die Bedingungen der Möglichkeit, unterschiedliche Interessen, Werthaltungen und Ziele darzustellen und zu verhandeln, mit aufrecht erhält.

In unserem Forschungsseminar wollen wir uns mit folgenden Fragen befassen: Welche Erfahrungen haben Polizisten mit den neuen Protest- und Alternativbewegungen gemacht? Wie wirken sich Wertwandel und ökonomische Krise auf ihre Berufspraxis aus? Wie verlaufen aus ihrer Sicht die Auseinandersetzungen und welche Bedingungen entscheiden aus ihrer Sicht darüber, ob dieser Prozeß zur gesellschaftlichen Integration oder zur Polarisierung führt? Das kann und soll nicht die objektiven ökonomischen oder politischen Ursachen der Konflikte aufdecken, wohl aber die aktuellen Anforderungen, die hindernden bzw. fördernden Bedingungen klären helfen, unter denen die beruflichen Aufgaben erfüllt werden müssen.

Im Seminarverlauf wird es darum gehen, die alltäglichen berufspraktischen Konflikte mit Protesthaltungen, alternativen Werten und Handlungsmodellen zu diskutieren und simulativ zu rekonstruieren. Es versteht sich von selbst, daß der Erfolg einer solchen qualitativen Untersuchung wesentlich auch vom Erkenntnisinteresse der Beteiligten abhängt. Deshalb sollen die Teilnehmer auch keine „Versuchskaninchen“ sein, sondern mit uns gemeinsam die gesellschaftlichen Anforderungen und Bedingungen ihrer Berufspraxis untersuchen. Absolute persönliche Anonymität wird bei der wissenschaftlichen Auswertung zugesichert.

Jugendoffizier für eine Jugend in der Krise?

Leitung: Dr. Christian Büttner, Dr. Ute Volmerg

An der Hessischen Stiftung für Friedens- und Konfliktforschung führen wir eine emprirische Untersuchung durch, die die Konflikte zwischen gesellschaftlichen Institutionen und der neuen Alternativ- bzw. Protestbewegung zum Gegenstand hat. Hintergrund dieser Konflikte ist ein tiefgreifender Prozeß des Wertwandels, der durch die anhaltende ökologische und ökonomische Krise seine Dynamik erhält. Ein Kristallisationspunkt der Auseinandersetzungen ist die Friedens- und Sicherheitspolitik. Sie, die doch die bestehenden Werte und Institutionen schützen und im Notfall verteidigen soll, ist selber in die Wertediskussion hineingeraten. Jugendoffiziere stehen dabei in vorderster Linie der diskursiven und argumentativen Auseinandersetzungen. In dem Forschungsseminar wollen wir an Beispielen aus der Berufspraxis gemeinsam untersuchen, wie diese Auseinandersetzungen verlaufen und welche Faktoren darüber bestimmen, ob es zu einer Verständigung kommt oder nicht. Dabei gehen wir davon aus, daß es für den Bestand und die Entwicklung der demokratischen Gesellschaft der Bundesrepublik von großer Wichtigkeit ist, inwieweit Alternativen und Protestpotentiale integriert werden können oder ob sich die Gesellschaft mit der Gefahr gewaltsamer Auseinandersetzungen zunehmend polarisiert.

Konkret wollen wir uns mit folgenden Fragen befassen: Welche Erfahrungen haben Jugendoffiziere mit den neuen Protest- und Alternativbewegungen gemacht? Wir wirken sich Wertwandel und ökonomische Krise auf ihre Berufspraxis aus? Wo liegen sozusagen die „Knackpunkte“ in der konkreten Interaktion mit Jugendlichen und Erwachsenen, die einen Prozeß in Richtung Integration oder Polarisierung verlaufen lassen? Das kann und soll nicht die objektiven ökonomischen oder politischen Ursachen der Konflikte aufdecken, wohl aber die aktuellen Anforderungen, die hindernden bzw. fördernden Bedingungen klären helfen, unter denen Jugendoffiziere ihre beruflichen Integrationsaufgaben erfüllen müssen. Andere Gruppen, die wir in unserem Forschungsprojekt untersuchen wollen, sind Polizisten, Lehrer, Drogenberatungslehrer, Sozialarbeiter, Jugendrichter und berufliche Ausbilder. Es versteht sich von selbst, daß der Erfolg einer solchen qualitativen Untersuchung wesentlich auch vom Erkenntnisinteresse der Beteiligten abhängt. Deshalb sollen die Teilnehmer auch keine „Versuchskaninchen“ sein, sondern mit uns gemeinsam die gesellschaftlichen Anforderungen und Bedingungen ihrer Berufspraxis untersuchen. Absolute persönliche Anonymität wird bei der wissenschaftlichen Auswertung zugesichert.

Im Seminarverlauf wird es zunächst um eine Bestandsaufnahme von Situationen und Erfahrungen mit der Friedens- und Protestbewegung gehen, sei es in der Öffentlichkeit, sei es in der Schulklasse. In einem zweiten Schritt wollen wir einzelne Praxissituationen simulativ rekonstruieren (Videoaufnahme), um die situationsbestimmenden Faktoren genauer in den Blick zu nehmen. Die Szenen sollen in der Gruppe gemeinsam ausgewertet werden. Hier bietet das Seminar die Möglichkeit des Erfahrungsaustausches in der Berufsgruppe.

Auf der Suche nach alternativen Lebensformen. Sozialarbeit zwischen Integration und Polarisierung

Leitung: Dr. Christian Büttner, Dr. Ute Volmerg

Die anhaltende Entwicklung auf dem Arbeitsmarkt zwingt immer mehr Menschen dazu, soziale Hilfe und Unterstützung in Anspruch zu nehmen. Für die Zukunft stellt sich die Frage, ob sich die Gesellschaft weiter in Arbeitsbesitzende und Arbeitslose polarisiert oder ob es gelingt, auch diejenigen zu integrieren, die ihr Leben nicht über den in unserer Gesellschaft zentralen Wert Arbeit definieren können. Sie sind darauf angewiesen, sich auf Dauer mit der Mangelsituation zu arrangieren, alternative Lebens- und Überlebensstrategien zu entwikkeln, häufig außerhalb traditionell akzeptierter Werte und Lebenspläne. Die Palette möglicher Verarbeitungsformen reicht von der Gründung alternativer Betriebe und Selbsthilfeinitiativen bis zur Verweigerung und Flucht in die Drogenszene oder rechte Subkultur. Betroffen sind einmal diejenigen, die schon immer zum Klientel sozialer Dienste und sozialer Arbeit gehörten, jetzt aber mit noch weniger Aussicht auf einen Platz in der Arbeitsgesellschaft, zum anderen neue Gruppen wie z. B. arbeitslose Lehrer, Sozialarbeiter und andere.

Auf dem Hintergrund dieser Situation wollen wir auf der Studientagung gemeinsam untersuchen:

- Kommen neue Situationen, Aufgaben und Verhaltensanforderungen auf Mitarbeiter und Mitarbeiterinnen in der sozialen Arbeit zu?
- Wie sehen die Wertegrundlagen aus, nach denen bisher soziale Unterstützung und Beratung geleistet wurde?
- Reichen sie aus für neue Integrationsaufgaben oder müssen sie verändert werden?
- Wo geraten Mitarbeiter und Mitarbeiterinnen in sozialen Institutionen selbst in Wertekonflikte, konfrontiert mit unkonventionellen und alternativen Lebens- und Überlebensstrategien ihrer Klienten?

Im ersten Teil der Tagung wollen wir eine Bestandsaufnahme zu diesen Fragen vornehmen. Im zweiten Teil sollen einzelne typische Konflikt- bzw. Entscheidungssituationen simulativ rekonstruiert werden (Rollenspiel/Video), um sie auf verhaltensbestimmende subjektive und objektive Faktoren hin zu untersuchen.

Die Studientagung soll einmal einen Erfahrungsaustausch ermöglichen zwischen leitenden Mitarbeitern und Mitarbeiterinnen aus unterschiedlichen Bereichen der sozialen Arbeit. Zum anderen soll versucht werden, Wertegrundlagen und Perspektiven der sozialen Arbeit zu formulieren, die einem in der heutigen Situation spezifischen Integrationsbegriff angemessen sind.

Die Studientagung wird in Zusammenarbeit mit der Hessischen Stiftung für Friedens- und Konfliktforschung durchgeführt. Sie soll im Rahmen eines Forschungsprojektes ausgewertet werden, das die Integrationsfähigkeit gesellschaftlicher Institutionen in den Auseinandersetzungen mit den neuen Alternativ- und Protestbewegungen zum Gegenstand hat. Zu diesem Zweck wird das gesamte Seminar auf Tonband aufgezeichnet. Absolute persönliche Anonymität wird bei der wissenschaftlichen Auswertung zugesichert.

Hauptschule für das Leben.
Lehrer sein von Schülern ohne Perspektive

Leitung: Dr. Christian Büttner, Dr. Ute Volmerg

An der Hessischen Stiftung für Friedens- und Konfliktforschung beschäftigen wir uns mit der Frage, wie gesellschaftliche Institutionen mit der neuen Alternativ- und Protestbewegung umgehen. Hintergrund von Konflikten ist unserer Auffasssung nach ein tiefgreifender Prozeß des Wertwandels, der durch die anhaltende ökologische und ökonomische Krise seine Dynamik erhält. Darüber hinaus bedingt technologischer Wandel auch eine Verringerung des Arbeitsplatzangebots. Besonders betroffen von solchen Veränderungsprozessen sind daher Hauptschüler und damit auch Hauptschullehrer, die sich auf diese Zukunftsperspektive einstellen müssen.

Wie soll man auf diese Situation pädagogisch sinnvoll reagieren, welche Bedeutung hat diese Konfrontation mit der Krise für den Beruf des Hauptschullehrers? Diese Fragen bekommen dadurch noch eine zusätzliche Brisanz, daß das Jugendalter von seiner entwicklungspsychologischen Dynamik her ohnehin schon ein hohes Krisenpotential enthält (Protesthaltungen, Verhaltensauffälligkeiten usw.).

In unserem Forschungsseminar wollen wir an Beispielen aus der Unterrichtspraxis untersuchen, wie die Veränderungsprozesse genau aussehen und welche Handlungsanforderungen an den Hauptschullehrer bestehen. Andere Gruppen, die wir in unserem Forschungsprojekt untersuchen, sind Polizisten, Sozialarbeiter, Jugendoffiziere, Mitarbeiter in der Sozialverwaltung. Es versteht sich von selbst, daß der Erfolg einer solchen qualitativen Untersuchung wesentlich auch vom Erkenntnisinteresse der Beteiligten abhängt. Deshalb sollen die Teilnehmer auch keine „Versuchskaninchen“ sein, sondern mit uns gemeinsam die gesellschaftlichen Anforderungen und Bedingungen ihrer Berufspraxis untersuchen.

Im Seminarverlauf wird es zunächst um eine Bestandsaufnahme von Situationen und Erfahrungen aus der Unterrichtspraxis und mit der Lehrstellen- und Arbeitsplatzsuche gehen. In einem zweiten Schritt wollen wir einzelne Praxissituationen simulativ rekonstruieren und auf Video aufzeichnen, um die situationsbestimmenden Faktoren genauer in den Blick nehmen zu können. Die Szenen sollen in der Gruppe gemeinsam ausgewertet werden. Hier bietet das Seminar also die Möglichkeit eines detaillierten Erfahrungsaustausches. Für die anschließende wissenschaftliche Auswertung, für die absolute Anonymität zugesichert wird, werden wir das gesamte Seminar auf Band aufzeichnen.